中国語における修飾の様相

原 由起子 著

東方書店

はじめに

　本書『中国語における修飾の様相』は1985年から1997年までに発表してきた論文をまとめたものである。だいたいにおいて出版年順に配列してあるが、一部、扱っている問題の性質上、必ずしも出版年順にはなっていないものもある。以下、配列順に従って、内容を紹介してみる。
　本書を出版するに至った最初の出発点は「語気副詞"可"と"并""倒""却"」にある。この論文で、国語学で陳述副詞、叙法副詞と呼ばれるものに相当する語気副詞"可""并""倒""却"は、予測をどうとり込んでいるかを見ることによって、その意味・機能を明らかにできることを立証し、所謂連用修飾成分とは異なるものであることを明らかにした。この論文を書かなかったら、所謂連用修飾成分とは異なるものについて論じた「中国語副詞"并"と日本語の"決して"」、「"总"——修飾成分とは異なるものとして——」、「"还"と時間副詞——日本語との比較から——」を書くことはなかったであろう。これらの論文においては、"并"、"总"、"还"が所謂連用修飾成分とは異なるものとしてあり、前提句と現実句との間の関係を規定するものであることを明らかにした。所謂連用修飾成分とは異なるものがあることを明確にしたということは、逆に、連用修飾成分の範囲を規定するということになる。そこで発表したのが「"高兴"と"高高兴兴"」である。"高兴"は連用修飾語として異なる二つのレベルで働き、一つが動作者の一時的な心理状態を表し、それ自体事態1として、次の事態2発生の起因となるのに対し、もう一つは、話者（或いは主体）の評価を表す。それに対して"高高兴兴"が本来動詞に内属し、動作のあり方を規定することを本分とすることを筆者は立証した。この論文で"很高兴"を扱えなかったことが、「程度副詞"很"と状語の関係について」を書くきっかけとなった。この論文では、同じ位置にある連用修飾語を［動作以前］、［動作過程］、［動作以後］を描くものに分類し、［動作過程］と［動作以前］〈原因〉を表すものには"很"がつかないこと、同じ形容詞でも"很"がつくか否かによって動詞との意味関係が変ることを示した。

i

連用修飾語について考えたことによって，自然に関心が連体修飾語に向かった。連体修飾語については，「"有"構文と連体修飾」，「"有・N・VP"構造に於けるNとVPの関係」で，"有・N・VP"と"有・VP的・N"との違いを論じ，"有・N・VP"はVPを指標とするsubclassの有無のみをいい，その成員を個別的，示差的に捉えず，不特定，非限定的で，非具体的であることを述べ，それに対し連体修飾のかたちをとる"有・VP的・N"は，個別的，示差的，特定的，限定的，具体的であることを述べた。次の「"最"と数量詞の位置について」は，連体修飾語と数量詞の位置に関する問題を考えるきっかけになったものである。この論文で，"数量＋最＋形＋的"と"最＋形＋的＋数量"を比較して，前者は朱徳熙のいうように限定的ではなく描写的で，一時的状態をそのまま属性として捉えていて，"もっとも～のうちのひとつ"という意味で，程度としては"非常／特別"に相当し，後者は，程度の序列のなかの唯一最高(最低)をいうもので指示的であることを証明した。これは，その他の描写的形容詞が連体修飾語になるときも，数量詞が連体修飾語の後にくるものは指示的であることを示唆するものであった。続く「定語の指示機能──数量詞の位置から──」では，形容詞の重畳形式，"很／非常＋形"が定語になるときも数量詞がその前後に出現するが，数量詞が前にくるときは属性を表し，後にくるときは"最＋形＋的＋数量"と同じく指示的であると指摘した。その後もこの問題が頭から離れることはなかったが，「"一个什么样的人"と"什么样一个人"」に至って，長年抱えてきた問題の解決の糸口を摑めたような気がする。この論文では，前者は未知の対象を，それがもつ属性によって個別化，特定化することを求めるのに対し，後者は特定既知の対象に対する疑問で，その対象の属性を一定範囲のなかで，他者との相対的関係において捉えなおし，指示することを求めるものであることを明らかにした。この論文が突破口となり，次の「描写性形容詞と数量詞の位置」では，描写的形容詞が定語になるとき，数量詞はその前後に出現するが，数量詞が定語の前にくるときは描写的で，"一个什么样的N"に対する答としてあり，最大限特性による特定化に止まるのに対し，数量詞が後にくるものは，特定化以降にあり，"什么样一个N"に対する答えに相当し，性質による指示をしていることを述べた。最後に「"V了O動量"と"V了O。"」は，動量詞が目的語の後にくるものは，目的語の個別性が高く指示的であり，修飾とは関係がないように

見えて，定語の場合，数量詞が後にくるものが指示的であるのと共通しているので一緒に納めた。連体修飾語については，主に連体修飾語と数量詞の位置の関係について論じたものになったが，場所，時間，範囲，領属関係の連体修飾語と同じく指示的な連体修飾語があることを明らかにできたことが，細やかな成果であると思っている。

以上，「語気副詞"可"と"并""倒""却"」から，当初は必ずしも意図的ではなかったが，修飾に関し，互いに関連するものを書いてきたので，ここにまとめた次第である。本書にまとめるにあたり，特に「定語の指示機能——数量詞の位置から——」については少なからず修正を加えた。他の論文にも大幅な修正をしたいと思いながら果せていない。また，『中国語における修飾の様相』と題してはいるものの，その全容解明にはほど遠い。今後の課題として多くの問題が残っているが，その課題を克服する手がかりを得るため，今回これまでの研究を一応まとめさせていただいた。諸先生方からのご批判とご指導を賜ることができれば幸いである。

なお，本文中の例文に付した＊はその文が成立しないこと，？は不自然であること，▼はstressのある位置を表す。また，例文の出典は，書名の最初の二文字を略号として〈 〉内に示した。

目　次

はじめに　　i

語気副詞"可"と"并""倒""却"………………………………………………… 1
中国語副詞"并"と日本語の"決して"………………………………………… 31
"总"――修飾成分とは異なるものとして――………………………………… 49
"还"と時間副詞――日本語との比較から――………………………………… 77
"高兴"と"高高兴兴"……………………………………………………………105
程度副詞"很"と状語の関係について…………………………………………117
"有"構文と連体修飾………………………………………………………………135
"有・N・VP"構造に於けるNとVPの関係…………………………………151
"最"と数量詞の位置について……………………………………………………165
定語の指示機能――数量詞の位置から――……………………………………183
"一个什么样的人"と"什么样一个人"…………………………………………201
描写性形容詞と数量詞の位置……………………………………………………217
"V了O動量"と"V了O。"………………………………………………………235

おわりに　　253
初出一覧　　255

語気副詞"可"と"并""倒""却"

0．はじめに

(1) 関連副詞

　中国語における副詞の歴史と，これまでの各文法書の考え方を辿るには，張静『论汉语副词的范围』[1]が詳しい。その中で張静自身は副詞の定義を，"不能作主语或者谓语，只能作附加语―经常附加于动词，形容词，也可以附加于名词，代词，数量词，介词或其他副词，还可以附加于全句或不独立的谓语结构，换句话说，能够以作附加语时的同样意义作主语或者作谓语的，一律不算副词，不管别的特点如何"(主語や述語になれず，修飾語にしかなれない。よく動詞，形容詞を修飾し，また名詞，代名詞，数量詞，介詞やその他の副詞も修飾することができる。さらに文全体，或いは独立した主述構造も修飾できる。言い換えると，修飾語になる時と同じ意味で主語或いは述語になれるものは，他の特徴がどうであれ，一律に副詞のなかに入れない)としている。又，朱徳熙は副詞を"只能充任状语的虚词"(述語にしかなれない虚詞)と定義している。[2] 張静，朱徳熙ともに副詞は状語或いは附加語(＝修飾語)にしかならないとしているが，問題は関連副詞である。"也""就""又""却""才"等の関連副詞をどう考えるのか。状語とは，修飾とはなにか。確かに，位置は他の副詞と同様述語の前であるが，やはり述語を修飾していると言ってよいのか。

　朱徳熙は，状語とは"谓词性中心语前边的修饰语"(用言性被修飾語の前の修飾語)であるが，中心語の性質からだけでなく"还要考虑修饰语的性质以及整个偏正结构所处的语法位置"(更に修飾語の性質及び修飾構造全体がある文法的位置を考慮しなければならない)とし，更に，修飾語については"修饰语和中心语意义上的联系关系是多种多样的……概括起来说，修饰语

的语法意义在于限制或描写中心语"[3]（修飾語と被修飾語の意味的な関連性は多種多様である……概括して言うと，修飾語の文法的意味は被修飾語を限定し或いは描写することにある）と述べている。実際には，劉月華が言うように，"描写性状語"，"非描写性状語"，"描写性状語"が更に，M_1状語，M_2状語，M_3状語に下位分類され，修飾語と中心語との関係は多様である。[4]

　関連作用を持つとされる副詞は，もちろん描写性状語ではないが，かといって非描写性状語でもない。劉月華も"起关联作用的副词的位置"（関連作用をする副詞の位置）は述べているが，その修飾作用には触れていない。

　では，所謂関連作用とはなにか。"副词起关联作用"（副詞が関連作用をする）とは"某词在句子中既保留了原意，起了副词的修饰作用，又有了连词的关联作用"（ある語が文中で原義を保ちながら，副詞の修飾作用をし，そしてまた接続詞の関連作用がある）であるが，張静が前掲書のなかで，"起关联作用的副词"（関連作用をする副詞）を承認し難いとしたのも故なしとすることはできない。なぜなら，関連作用を持つとされる副詞の大部分は主語の後，述語の前に位置しているとはいえ，状語として述語を描写，説明或いは限定する作用が有るか否かが問題だからである。又，関連作用を持つからには，当然，構文的に単文ではなく，複文の単位で考えなければならない。（たとえ言語として顕現していなくても），複文単位であり，"連接作用"がありながら，なぜ文頭に立たないのか。[5] この位置の問題は関連副詞を考えるうえで軽視できない。

　更に，関連作用があり，同時に状語となりうるとして，それは何を修飾するのか。関連作用があり，複文単位で考えるべき副詞が文全体を修飾しているとしても矛盾はないように用われる。が，繰り返し言うが，なぜ文頭にこないのか。

　所謂関連作用があるとされる副詞と，その意味と機能を副詞全体のなかでどこに位置づけるのか。即ち，関連作用を持つというが，連詞の持つ関連作用との違いはなにか。そして状語として働くとして，何を以てどのような経緯を経て修飾するのか。何を以て修飾するかを考えることは，即ち中国語における副詞とはなにかを考えることである。

　以上の問題を，本稿では，特に，転折としても働く"可"と"幷""倒""却"について論じることにより考えてみたい。

（2）"可""并""倒""却"の位置

"可""并""倒""却"が文中で占める位置に関しては，伊地智善継1970が分類している。[6]

位置に関して更につけ加えると，"可"の前に"并""倒""却"がくることはないが，後には"并""倒""却"のいずれもが立ちえ，"可并不""可倒""可却"となる。このことは，"可"が"并""倒""却"と異なるレベルにあることを示している。

同書の分類で注目すべき点がひとつある。それは"倒也""倒还"の形式を例外としていることである。実際の採集用例に拠ると，"也""还"は"倒"の後にもよく現われている。"也""还"は"倒"に後置され，その原義を残しつつも多分に語気にかかわっているが，詳説は後節に譲る。

1. 前提

（1） 問題点

語気副詞は一般に意味の記述が難しく，"可""并""倒""却"も例外ではない。『八百词』『虚词例释』の説明も，[7] 学習者の疑問に答えるに充分とは言い難い。ここでは，紙幅の都合上，これらの説明で問題になる点だけを挙げ，本稿が検討しようとする方向を示すにとどめる。

"可"

1）"語気を強める"，"意外を表わす"と言うが，否定文で同じく"語気を強める""并"や，やはり"意外"を表わす"倒"との違い。これらと"却"との相違は？[8]

2）形容詞文に用いられるとき，他に修飾語を伴わず，文末に助詞を伴い程度の高いことを表わすと説明されるが，程度副詞でもない"可"が程度を表わすとはどういうことか。[9]

3）同じ形容詞文でも，"真"が共起すると称賛を表わすと説明されている。[10]

4）"可真"の形式で称賛を表わすと説明されるが，"真"が既に感嘆を表わし，"可"自身が称賛を表わすのではない。[11]

5）待ち望んでいたことや願望の実現への賛嘆を表わし"总算""终于"の意味があると説明されている点。"可"は"总算""总"等と共起しうる——即ち互いに異なる意味・機能を持つ。[12]

6）強調であり、肯定の語気を表わし、"真的""确实""的确"の意味を持つと説明されている。"可"と"真的""确实""的确"は互換可能のものではない。質問に対する答として成立するか否かが異なる。例えば次のようになる。[13]

 ① 昨天他来了吗？
   （きのう彼は来ましたか？）
 ①a 他确实来了。
   （彼は確実に来ました。）
 ①b 他的确来了。
   （彼は確かに来ました。）
 ①c 真的来了。
   （彼は本当に来ました。）
 ①d *他可来了。
   （彼は来ました。）

7）禁止・当為を表わす文に用いられ、"一定""无论如何""千万"の意味を表わすと説明されているが、"可"は"千万"と共起する。[14]

"倒"

"倒"は"意外"、"催促"（命令）、"让步"等、その表わすところが多彩だが、"倒"一語が、これだけの意味項目を持つとするより、このような意味を表わす文に用いることができるとするのが妥当である。それは"倒"のどのような性格に由来するのか？[15]

"却"

『虚词例释』の説明の通り、"却"は基本的には、一般的な道理や情理に反することを言う。"却"と"倒"は一部通用可能だが、本文で扱う語気副詞としての"却"と"倒"は互換不可である。

以上の問題点を解く端緒として、これらの副詞と前提との関係を見ることにする。

（2） 前提

次のような例がある。

② 金鹿：别哭别哭，这两颗糖给你吃。
小女孩：阿姨真好！
女顾客：哎呀，这<u>可</u>不行！看这孩子，快还给阿姨。〈金鹿〉
（金鹿：泣かないで泣かないで,このふたつの飴をあなたにあげるから。
女の子：お姉さんは本当にいい人ね！
女性客：あら，それはだめよ！ この子ったら，はやくお姉さんに返しなさい。）

②′ *哎呀，这<u>并</u>不行！

③ 吴母：噢，好啊，学习多长时间？
吴明：一年半。
吴母：噢，时间<u>可</u>不短啊。〈白玉〉
（呉母：ああ，いいわ，どれくらい勉強するの？
呉明：一年半です。
呉母：ああ，長いのね。）

③′ *噢，时间<u>倒</u>不短啊！

今，これらの②の"可"を"并"に，③の"可"を"倒"に入れ換えると，この文脈においては成立が難しくなり，②′，③′は不成立である。なぜ成立が難しいのか。その理由を考えてみたい。

一般に語気副詞，厳密に言うと，国語学では陳述副詞或いは叙法副詞と呼ばれるものは，話者がある事柄を述べるとき，その事柄に対してどんな予測を持ってのぞんでいるかを反映する。その予測の仕方に光をあてることが，これらの副詞の意味記述に有用だと思われる。今，それを簡単に，明示的にするため，どのような予測の文で，これらの副詞が働くかを問いと答の形で見ると，④，⑤，⑥のようになる。

④ 我看他不象个学生，你看呢？
（私は彼は学生らしくないと思うけど，あなたは？）
③に対する肯定→④a 是，他<u>可</u>不象个学生。
（そうですね，彼は学生らしくありません。）
④b *是，他<u>并</u>不象个学生。

語気副詞"可"と"并""倒""却"

　　　　　　　　　　（そうですね，彼は決して学生らしくあり
　　　　　　　　　　ません。）
　　　　　　④ c　*是，他倒不象个学生。
　　　　　　　　　　（そうですね，彼なら学生らしくありませ
　　　　　　　　　　ん。）
　　　　　　④ d　*是，他却不象个学生。
　　　　　　　　　　（そうですね，彼は学生らしくありませ
　　　　　　　　　　ん。）
⑤　我看他象个教授，你看呢？
　　（私は彼を教授らしいと思うけど，あなたは？）
　　⑤に対する肯定→⑤ a　是，他可象个教授。
　　　　　　　　　　（そうですね，彼は教授らしいです。）
　　　　　　⑤ b　*是，他倒象个教授。
　　　　　　　　　　（そうですね，彼なら教授らしいです。）
　　　　　　⑤ c　*是，他却象个教授。
　　　　　　　　　　（そうですね，彼は教授らしいです。）
　　⑤に対する否定→⑤ d　不，他并不象个教授。
　　　　　　　　　　（いいえ，彼は決して教授らしくありませ
　　　　　　　　　　ん。）
　　　　　　⑤ e　*不，他倒不象个教授。
　　　　　　　　　　（いいえ，彼なら教授らしくありません。）
　　　　　　⑤ f　*不，他却不象个教授。
　　　　　　　　　　（いいえ，彼は教授らしくありません。）
⑥　他象不象学生？
　　（彼は学生らしいですか？）
　　⑥ a　他不象个学生，却象个教授。
　　　　　（彼は学生らしくありません，教授らしいです。）
　　⑥ b　*他并不象个学生。
　　　　　（彼は決して学生らしくありません。）
　　⑥ c　*他倒象个学生。
　　　　　（彼なら学生らしいです。）
　　⑥ d　*他倒不象个学生。
　　　　　（彼なら学生らしくないです。）

⑥e ＊他却象个学生。
　　　（彼は学生らしいです。）
⑥f ＊他却不象个学生。
　　　（彼は学生らしくありません。）
　④は文中に否定を含むもの，⑤は文中に否定を含まないもの，⑥は聞手が答に対する予測を持たない場合である。
　たとえば，"我看他不象个学生，你看呢？"（私は彼を学生らしくないと思うけど，あなたは？）という文に対し，これらの副詞を入れて，その事実を肯定するような答の文を考えてみる。それが④a，④b，④c，④dである。これらの文は，その前提として，"他不象个学生"（彼は学生らしくない）という予測を肯定的にとりこんでいると考えられるが，その結果，"可"を入れた文は成立するが，"并"，"倒"，"却"などでは成立しない。⑤を肯定する答として，"可"を用いた⑤aは成立するが，"倒"，"却"を入れた⑤b，⑤cは不成立となる。逆に，⑤を否定する答として，"并"を入れた⑤dは成立し，"倒"，"却"を用いた⑤e，⑤fは成立しない。⑥に対する答としては，⑥aだけが成立し，⑥b〜⑥fはすべて不成立である。それは，これらの"并"，"倒"，"却"が前提とする予測と矛盾をきたすからで，逆に言えば，このことから，これらの副詞がどのような前提のもとに成立するかが窺えることになる。
　では，これらの副詞が前提とするところはなにかを見てみよう。
　1）"并"
　肯定的予測に対する否定として働き，予測の述部が示す判断，主張を否定的に強調する。更に，"并"は，予測と実際の差の大小に関心を持つ。それは，"并"が"不行"や"不能"等，絶対的で二者択一的判断を要求する語とは共起しないことから立証できる。たとえば，②′や⑦のようになる。
　　②′＊这并不行！
　　⑦ ＊这话，你并不能说。
　ここで，"不行"，"不能"が，"并"以外の"可"，"倒"，"却"と共起する場合と比較すると，次の表のようになる。

表1

	可＋不行	并＋不行	倒＋不行	却＋不行
成立・不成立	○	×	○	○

表2

	可＋不能	并＋不能	倒＋不能	却＋不能
禁　　　止	○	×	×	×
可　　　能	×	×	○	○

　表1から，"不行"は，"并"とだけ共起せず，"可"，"倒"，"却"と共起することがわかる。次に表2から，"不能"は禁止又は不可能を表わすが，"可"，"并"，"倒"，"却"等の副詞がついた場合に，そのうちのどちらを選択するかがわかる。"可＋不能"は禁止だけ，それに対して，"倒＋不能"や"却＋不能"は可能だけを表わす。ところが，"并＋不能"は，禁止，不可能，そのいずれとしても成立しない。

　2）"倒"
　予測に対し肯定，否定としてのはたらきはなく，一方に成立する論理が他方では成立しないことを表わす。

　3）"却"
　"倒"と同様に，予測に対し肯定・否定のはたらきはなく，一般的道理や情理に反することを言う点が"倒"とは異なる点である。

　4）"倒"と"却"
　"倒"と"却"の違いを，例文⑧，⑧′，⑨，⑩がよく表わしている。
　　⑧　今天这么冷，他却没有穿大衣。
　　　（きょうはこんなに寒いのに，彼はオーバーを着ていない。）
　　⑧′＊今天这么冷，他倒没有穿大衣。
　　　（きょうはこんなに寒い，彼はオーバーを着ていない。）
　　⑨　今天这么冷，大家都穿大衣，他倒没有穿大衣。
　　　（きょうはこんなに寒くて，皆オーバーを着ているが，彼はオーバーを着ていない。）
　　⑩　今天这么冷，他倒没有穿大衣（昨天那么热，他穿大衣）。
　　　（きょうはこんなに寒いが，彼はオーバーを着ていない〔きのうはあんなに暑かったが，彼はオーバーを着ていた〕。）
　⑧の"却"を"倒"に入れ換えた⑧′は不成立で，成立するには，⑨と

⑩のような文脈を必要とする。
　5）"并"と"却"
　否定文における"并"と"却"の違いを見ると，⑪，⑫のようになる。
　　⑪　我以为他一定来，他并没有来。
　　　　（私は彼はきっと来ると思っていたが，彼は来なかった。）
　　⑫　昨天他应该来，他却没有来。
　　　　（きのう彼は来るべきだったのに，彼は来なかった。）
　⑪の"并"と⑫の"却"を入れ換えることはできない。⑪の"以为"，⑫の"应该"が示す通り，"并"は予測と実際を，"却"は一般的道理・情理と実際との差異をいう点で対立を見せている。
　以上から，"可"についてまとめると，次のようになる。
　6）"可"
　（1）"并"とは異なり，肯定的予測であれ，否定的予測であれ，そのいずれに対しても，それを肯定的に前提としてとりこんでいる。
　（2）また，予測と実際の程度の差には関心がない。
　（3）そして，"倒"，"却"とも違い，その成立に，ふたつの相反する事柄を必要としたり，一般的道理や情理と実際の，不本意な関係を言うこともない。

2．"可"について

（1）"可"と動詞文

　1）動詞の種類と動詞文の形式
　"可"は一般に，動作動詞とだけでは共起しにくい。文末の語気助詞"了"を伴うことは必須の条件で，そのうえ動詞が結果補語を伴うことが必要である。結果補語がないと，たとえ文末の"了"があっても，その成立は難しくなる。次の例の通りである。
　　⑬　多少年谁也找不着，我可找到了。
　　　　（長年誰も見付けられなかったが，私が見付けた。）
　　⑭　＊我可找了。
　　　　（私が捜した。）

⑮　我可被他打坏了。
　　（私は彼に殴って痛め付けられた。）
⑯　*我可被他打了。
　　（私は彼に殴られた。）

⑬,⑮は成立するが，⑭,⑯は不成立である。ただ，"来"のような動詞は，それ自体が結果的である為，結果補語を伴わず，文末の助詞"了"を伴うだけで"可"と共起する。⑰がそうである。

⑰　你可来了。
　　（あなたは来た。）

動詞に結果補語が付くと，動作，行為だけではなく，その結果生じたある状況を述べることになり，重点は，むしろその結果の方にある。この結果補語の有無が"可"との共起に関係がある。ということは，"可"は新しい状況の出現や状況の変化——"コト"の実現に関心があると思われる。それは，2）からも明らかである。

2）確実・不確実

"可"は，"一～就～了"，"要是～就～了"等，"コト"の実現が確実であることを示すものと共起し，逆に，"大概""也许""恐怕""好象""仿佛""似乎"等，不確実であることを表わす語とは共起しない。

⑱　你一说，我可就明白了。
　　（あなたが言うと，私はすぐに分かった。）
⑲　你要是不说，我可就不明白了。
　　（あなたがもし言わないなら，私は分からない。）
⑳　*大概他可来吧。
　　（多分彼は来るだろう。）
㉑　*也许他可来，也不一定。
　　（もしかしたら彼は来るかもしれないけど決まっていない。）
㉒　*恐怕他可不来吧。
　　（恐らく彼は来ないだろう。）
㉓　*他可好象一切都听不见了。
　　（彼は一切聞こえないみたいだ。）
㉔　*仿佛他可高兴了。
　　（あたかも彼は嬉しいようだ。）
㉕　*他可似乎都忘了。

(彼はみんな忘れたかのようだ。)

⑱, ⑲は成立するが，⑳～㉕はすべて成立しない。

3 ）望・不望，已然・未然

"可"は"コト"の実現が確実であれば，話者が望む・望まないや，"コト"の已然・未然を問わず共起する。

㉖　何秀文(自语)：哎，春华怎么还不回来？
　　　何秀文：小声点，你可回来了。玉娟她……〈亲事〉
　　　(何秀文〔独り言〕：ああ，春華はどうしてまだ帰って来ないのだろう？
　　　何秀文：静かに，帰ってきたんだね。玉娟が……)
㉗　向警予：陈大伯，让您久等了！
　　　陈大伯：啊，警予同志，可把我急坏了，我认为……〈向警〉
　　　(向警予：陳伯父さん，お待たせしました！
　　　陳伯父：あっ，警予同志，心配したよ，私は……と思った。)

㉖は，心臓病の発作を起こした玉娟の看病をしている何秀文が春華の帰りを待ちかねている場面での発話であり，望んでいたことが実現した場合である。ところが，望まないことでも"可"は共起する。㉗の例がそうである。

㉘　镢柄成亲……十里八村的乡亲们赶来贺喜。这下子宝山家可就车水马龙，门庭若市了！〈镢柄〉
　　　(镢柄が結婚することになった……あちこちの村人達はお祝いに駆け付けた。その時は宝山の家は人が引っ切り無しに訪れ，門前市をなす賑わいになった！)
㉙　"那样一来，可就要碰到美军总司令部的墙壁了"〈帝国〉
　　　("そんなことをすると，GHQの壁にぶつかりますよ")

㉘は已然，㉙は未然である。已然・未然を問わないといっても，次のような例は成立しない。

㉚　*明天他可来吧。
　　　(明日彼は来るだろう。)

つまり，"コト"の実現の已然・未然を問わないが，推量と"可"は共起せず，未来における実現が確実と認められるものに限られるのである。[16]

4 ）実現に要した時間・労力

"可"は"コト"の実現に要した時間や労力を問題にしない。それは，時点を表わすものと共起するが，時段を表わす語とは共起しないこと，又，"コト"の実現の難易を表わす語と共起しないことからわかる。
〈時間〉
　㉛　韩宝山：……这次，我可说了，实实在在的！　〈鍬柄〉
　　　（韓宝山：……今度は，私は言った，ありのままに！）
　㉜　王力：……现在你可先别想那些事。〈方珍〉
　　　（王力：……今はああいったことを考えないようにしなさい。）
　㉛の"这次"，㉜の"现在"は時点を表わす。これに対し，時段を表わすものは，その長短にかかわらず共起しない。㉝，㉞は不成立である。㉝の"等了半天"は"才"と，㉞の"不一会儿"は"就"と共起する。
　㉝　*等了半天他可来了。（才）
　　　（長い間待って彼は来た。）
　㉞　*不一会儿他可来了。（就）
　　　（ほどなく彼は来た。）

〈労力〉
　㉟　*好容易可成功了。（才）
　　　（ようやく成功した。）
　㊱　*很快可成功了。（就）
　　　（すぐに成功した。）
　㉟の"好容易"は"コト"の実現の"難"を，㊱の"很快"は"易"を表わすが"可"はいずれとも共起しない。㉟の"好容易"は"才"と，㊱の"很快"は"就"と共起する。
　1）～4）から"可"を含む動詞文についてまとめると，"可"は，話者の望・不望や，"コト"の実現の已然・未然を問わず，新しい状況の出現・状況の変化——"コト"の実現に関心がある。又，"コト"の実現が確実であれば，その実現に要した時間や労力を問題にしないで，専ら"コト"が実現することが確実である時点に関心が払われる。
　以上，動詞文との共起関係に見られる特徴と前提から，"可"について，次の結論が得られる。
　"可"は，予測に対し肯定的に働き，述部の示す判断，主張を肯定し，専ら，"コト"のある時点での実現が確実であると認められるものに関心がある——即ち確認的である。又，その成立にふたつの命題を必要とせ

ず予測と実際の差，一方で成立する論理が他方では成立しないことや，一般的道理や情理との不本意な関係を言うのでもない。つまり，他者を顧みないという意味で専一的である。そして，絶対的で二者択一的な判断を要求する語との共起を妨げない。確認的で専一的であれば，他者との比較もありえず絶対的である。

（２）"可"と疑問文

　"可"は確認的，専一的，絶対的であるとの結論を得たが，ここで，確認的であるということと一見矛盾するかに見える疑問文との共起を見る。"可"は，"吗"で尋ねる諾否疑問文と共起し，反復疑問文や選択疑問文とは共起しない。
　　㊲　祝茗斋：……我问你，你可知道这种绿茶的制法吗，啊，真麻烦透了，先炒青，后搓揉，再烘焙……〈两面〉
　　　　（祝茗斋：……あなたに聞くけど，あなたはこの種の緑茶の製法を知っているかい，いやあ，本当にひどく面倒だ，まず煎って緑色にし，そのあとで揉み，さらに焙じる……）
　　㊳　*你可知道不知道？
　　　　（あなたは知っているかい，どうだね？）
　　�439　*你可知道，还是不知道？
　　　　（あなたは知っているかい，それとも知らないかい？）
　㊲は成立するが，㊳，�439は成立しない。更に注意すべきは，諾否疑問文と共起するとはいえ，㊲のような文脈を必要とすることである。即ち，話者自身は既知の情報を相手が知っているか否かを尋ねる文脈である。話者自身にとって未知の事柄で，答から新しい情報を得る場合は共起しない。㊵は不成立である。
　　㊵　*这怎么操作呢？我不知道，你可知道吗？
　　　　（これはどうやって動かすんだい？　私は知らないけど，君は知っているかい？）
　王了一が指摘しているように，"吗"で問うとき，話者は，その問いを肯定する答を予測している傾向にあるのだとすると，[17]　"可"と諾否疑問文との共起は，"可"が確認的であることと矛盾しない。又，㊲のような文脈のなかだから"可"が共起するのだが，逆に言えば，"可"が確認的

であるため，このような文型，文脈を選択すると思われる。一見矛盾するかに見える疑問文との共起も，実は"可"が確認的であることに沿うものなのである。

（3）"可"と形容詞文

　動詞文との共起関係から，"可"が確認的，専一的，絶対的であることを見た。確認的であることは，形容詞文においても，その形式から認められる。そして確認的，専一的，絶対的であることこそが，"可＋形＋了"の形式で，形容詞の程度が高くなる要因である。
　1）形容詞文の形式
　"可"は形容詞文と共起するとき，その他の修飾語を伴わずに，文末に"了"，"啦"等の語気助詞を伴うことが多い。
　　㊶　兰花嫂：……现在呀，群众的积极性可高啦。〈书记〉
　　　　（蘭花嫂：……今では，大衆の積極性は高いわ。）
　　㊷　"……那当然，英文写起来可容易了……"〈SE〉
　　　　（"……それは勿論，英語は書くのが易しい……"）
　㊸のように"了"，"啦"を伴わないと不自然で成立が難しくなる。
　　㊸　*今天我可高兴。
　　　　（きょう私は嬉しい。）
　以上から，形容詞文においても，"可"が確認的であることが言える。
　しかし，問題は，"可＋形＋了"の形式で，形容詞の程度が高いことを表わすという点にある。程度副詞でもない"可"が，なぜ程度を表わしうるのか。次に"可"と程度に関わる副詞との関係を述べる。
　2）"可"と程度に関わる副詞
　『虚词例释』には，"受'可'修饰的中心语通常是不带修饰成分的形容词或形容词组……"（"可"によって修飾される被修飾語は普通は修飾成分を伴わない形容詞か形容詞句である……）という説明がある。"通常"という表現の通り，絶対に修飾成分を伴わないわけではない。程度に関わるものでいえば，"很"，"还"等とは共起しないが，"太"とは共起する。
　　㊹　*这可很好。
　　　　（これはとてもいい。）
　　㊺　*这可还好。

　　　　（これはまあいい。）
　㊻　汉期：……我说教授先生，您可太偏心了……　〈至高〉
　　　（漢期：……教授，あなたはあまりにも不公平です……）
　㊹，㊺は不成立である。その理由として，㊹の"很"は"可"が結果的に表わす程度と等しく，重複を避けるため共起しないと考えられる。次に㊺の"还"は，程度のより高いモノと，低いモノと，それらと較べられるモノの三者が視野の中に捉えられていなければならず，専一的な"可"と矛盾するため共起しない。しかし㊻は成立する。"太"と共起するということは，少なくとも"可"自身が直接程度を表わすということではない。又，"真"とも共起する。
　㊼　马师傅：唉！经理对我可真不错！　〈春华〉
　　　（馬師匠：ああ！　支配人は本当に私によくしてくれる！）
　"太"が"可"と共起している例は僅かだが，"真"の例は多い。しかも"太"とは違い，"了""啦"等の文末助詞を伴わないことが多い。"真"は，朱德熙の指摘の通り，形容詞を修飾するときは，常に独立した感嘆文の謂語となり，他の程度副詞とは異なり，"真"を含む主述構造が更にembeddingされることは難しい。[18] 程度に関わるとはいえ，"太～了"も一種の感嘆文である。感嘆文は，眼前に実現されている"コト"に対して，話者がある感概を持って述べる文であるから，"可好了"においては"了"が，"太～了"においても同じく"了"が"コト"の実現を標示するのに対し，"可真好啊"という文では，"真"が実現を表わすmarkerともなり，確認的である"可"と衝突せず，重複もせず，共起を妨げない。
　確認的，専一的で，他者を顧りみない結果，絶対的でもある"可"であればこそ，程度副詞を伴わないのに程度が高いことを表わしうる。確認的，専一的，絶対的であれば，程度としては低いものになりようがない。しかし，あくまでも結果的に"可好了"は"很好"に相当するというにすぎない。
　このことは，"并"，"倒"，"却"と比較すると一層明らかになる。本稿では特に，この程度性について，"可"を"并"，"倒"，"却"と比較する。

3．"并"，"倒"，"却"について

（1）"并"

1）"并"と程度副詞

"并"は，必ず後に否定詞を伴うため，その後で共起する副詞には自づと制限がある。程度副詞は，"完全"，"太"，"怎么"，"算"等，否定形で用いられると，"あまり〜でない"というように，相対的程度になるものに限られる。

㊽ 他并不完全同意这些议论。〈真真〉
　　（彼はこれらの意見に決して完全に同意しているわけではない。）

㊾ 齐母：……大人物可并不太多呀。〈女店〉
　　（斉母：大人物は決して多くない。）

㊿ 不过对于这一切，我起先并不怎么关心。〈我发〉
　　（しかしこれら一切に対して，私は最初は決してさほど関心があったわけではない。）

㉛ 这个东西并不算好，但是价钱便宜一点儿。
　　（この品物は決して良いほうではないが，しかし値段は少し安い。）

2）"并"と助動詞

"并"は，一般に，助動詞とは共起しにくい。

㉜ *这话，你并不能说。
　　（この話は，あなたは決して言ってはいけない。）

㉝ *你并不要去。
　　（あなたは決して行ってはいけない。）

㉞ *你并不应该旷课。
　　（あなたは決して授業をサボるべきではない。）

㉟ *我并不要吃烧饼。
　　（私は決して"焼餅"を食べたいわけではない。）

㊱ *我并不能去。
　　（私は決して行くことができない。）

㊲ *他并不能看中文。
　　（彼は決して中国語を読むことができない。）

㊵〜㊼はすべて不成立である。しかし，次の例は成立する。

㊽　我并不一定要吃葱花烙饼。
（私は決して"葱花烙餅"を必ず食べたいわけではない。）

㊾　学英文也并不一定能看英文小说。
（英語を勉強しても決して必ず英語で書かれた小説を読めるとは限らない。）

㊿　他并不会说英语。
（彼は決して英語を話せるわけではない。）

㉑　我并不想去。
（私は決して行きたいわけではない。）

㉒　……护国战士虽然打倒了袁世凯，但是并没有能够挽救革命。〈求索〉
（……救国の兵士は袁世凱を打倒したけれど，しかし決して革命を救うことはできなかった。）

㊵，㊺，㊼と㊶，㊸のように"并不能"，"并不要"のかたちでは共起しないが，㊽，㊾のように"并不一定要"や"并不一定能"の形式だと共起しうる。また，㉒のように"并没有能够"のかたちでもよい。㊿の"并不会"，㉑の"并不想"は問題なく成立する。"会"は"表示擅长"（得意であることを表わす）[19] の場合は，程度副詞を前にとることができる。"想"も同様である。が，"能"や"要"は程度副詞をとらない。このように，前に程度副詞をとりうる"会"，"想"が"并"と共起し，程度副詞をとれない"要"，"能"は直接"并"と共起できず，"并不一定"や"并没有能够"の形式にする必要があるということは"并"の特性を物語るもので，"并"は絶対的で二者択一的な判断を要求する語とは共起しないことを裏付けている（第1章第2節参照）。

更に，"并"は，"完全""太""怎么""算"等，否定形で部分否定となるものと共起するが，これらの程度副詞を伴わなくても程度を表わしうる。たとえば，"今天并不冷啊"（きょうは決して寒くない）というとき，この"并不冷"（決して寒くない）は，程度としては"完全不冷"（全然寒くない）や"根本不冷"（全く寒くない）にではなく，"不太冷"（あまり寒くない）に相当する。

"并"は肯定的予測に対して否定的に働き，否定的予測に対してそれを肯定的に強調するのではない。そして，絶対的で二者択一的な判断を要

求する語とは共起しない。予測と実際の違いをいうため，結果として両者の差を言うことになり，自然程度性を獲得することになる。が，予測と実際という二者の差を言うものであれば，その結果獲得した程度性も絶対的なものにはならず，相対的なものに止まる。だから，上のように，"<u>并</u>不冷"は，程度としては"不太冷"に相当するのである。このことの傍証として次の例文を挙げる。

  ㉓ 然而，这<u>并</u>没有使他的良心受到谴责。〈从此〉
    （けれども，それは左程に代助の良心を螫すには至らなかった。）

このように，相対的ではあるが，程度性を獲得することにより，状語として述語を修飾するに至るのである。

（2）"倒"と"却"

 "倒"と"却"は，いずれもその成立にふたつの命題を必要とし，予測に対する肯定や否定の作用はない。この両者の相違は，"倒"は，一方で成立する論理が他方では成立しないことを言うのに対し，"却"は一般的道理や情理に反することを言う点にある。
 この相違は，"倒"と"却"が共起する副詞にも反映し，ひいては，語気副詞として，その表わすところが多彩か否かを分つ要因にもなる。
 1)"也"・"还"，"又"・"偏"
 伊智地善継1970は，"也"，"还"は"倒"の前にきて，"也倒"，"还倒"となることが多く，"倒也""倒还"は例外とせざるをえないとしている。[20] しかし，実際には，"倒也""倒还"の形式で現われることも少なくない。
  ㉔ 兰花嫂：(内心兹白)这个人真怪！没带钱粮<u>倒</u>也算了，怎么不肯
    留姓名呢。〈书记〉
  （蘭花嫂：〔内心独言を言って〕この人は本当におかしい！ お金や食
    糧を持っていなくてもまあいいけど，どうして氏名を残そ
    うとしないのかしら。）

㉔の"也"は，範囲副詞としての原義からの派生義であり，马真のいう"只好如此"（仕方がない）の意で，譲歩を表わす。[21]
  ㉕ "这些安排<u>倒</u>还可以，但还是太一般了，甚至有点俗气。〈露芭〉
    （これらの段取りはまあいいけど，しかしあまりにも一般的で，少し
    俗っぽくすらある。）

㊥は、"勉强过得去"（なんとか許容できる）を表わす"还"で、[22]理想的ではないが、どうにか許容できるという程度を表わす。日本語では"まあ～"と訳され、妥協・譲歩を表わす。

"也"，"还"が既に譲歩を表わしているのだから、"倒"自身は譲歩を表わすわけではなく、譲歩の意味を表わす文に用いることができると解釈すべきである。だが、"倒"は、"也""还"を伴わなくても譲歩を表わすことがある。次の例がそうである。

㊿A：你那项工作做完了吗？
　　B：还没有。
　　A：怎么，还没有。
　　B：还没有，不过还有半个钟头就要完了！
　　A：那倒好。
（A：あなたのあの仕事やり終えましたか？
　　B：まだです。
　　A：なんですって、まだですか。
　　B：まだです。でもあと半時間で終ります！
　　A：それならまあいいです。）

"并不好"がそうであったように、"倒"も、その特性に由来し、結果的に程度性を獲得する。"倒"は、第0章第2節で見たように、"可"とはレベルを異にし、その成立にふたつの命題を必要とし、両者の矛盾を言うものだから確認的ではない。又、ふたつの命題を必要とするからには専一的でない。非確認的で、専一的でなければ、絶対的とはなりえず相対的である。とすれば、"那倒好"（それならいい）が"很好"（とてもよい）に相当するはずもなく、程度としては"还好"（まあいい）となる。それも、㊿の例から明らかなように、"还有半个钟头就要完了"（あと半時間で終る）ならよいのである。それは"(假如)还需要很长时间就不行"（また長くかかるのならよくない）という前提（前句）が、文脈上存在するからこそであり、さもなければよくない。

"倒"は、ふたつの命題が、一方では成立するが他方では成立しない、という関係であるから、前句（前提）と後句の関係は非限定的である。だから、譲歩以外にも、催促（命令）、皮肉等も表わすことができると考えられる。[23]

"却"は"又"，"偏"とよく共起する。

⑥⑦ 金南鎮：……这画中的母亲，一面在鼓励着她的三个儿子跟恶魔格斗，一面却又含着眼泪把她最小的一个儿子也送到战斗中去啦！〈槿花〉

（金南鎮：……この絵のなかの母親は，一面では彼女の三人の息子が悪人と戦うのを鼓舞激励しているが，また一面では涙を浮かべて彼女の一番下の息子も戦闘のなかへ送り出そうとしている！）

⑥⑧ 高仲豪：（非常难过）唉！李队长，请你别要再说下去了！
　　李玉英：你很难过是不是？可是我却偏要说下去呢！……〈两面〉

（高仲豪：〔非常に辛そうに〕ああ！ 李隊長，どうかもうこれ以上おっしゃらないでください！
　　李玉英：君は辛いんだろう？ しかし私はどうしても言わなければならない！……）

⑥⑦の"又"は，"表示有矛盾的两件事情"（矛盾するふたつの事柄を表わす）である。24) このように"却"が"又"と共起するということは，一般的道理や情理と実際との不本意な関係を言うものであることを実証している。が，"又"も"却"もふたつの事柄の間の矛盾した関係を言うとすれば，同時に現われるのは矛盾する。しかし，実際には衝突することなく各々の機能を果たしている。それは，それぞれ異なる前提（前句）のもとに働いているからである。

⑥⑦は，"在鼓励着她的三个儿子……"（三人の息子が……するのを鼓舞激励している）という力強い様子からして，本来"不应该含着眼泪……"（涙を浮かべるべきでない）であるのに，実際には"含着眼泪"（涙を浮かべている）なのである。そこに不本意な関係がある。"却"を含む句全体は，言語として顕現していないが，実質的には"不应该含着眼泪……"を前提（前句）とする。これに対し"又"は，"在鼓励着她的三个儿子……"（三人の息子が……するのを鼓舞激励している）と"含着眼泪……"（涙を浮かべて……）というふたつの事柄の矛盾を言う。"又含着……"の前提（前句）は"在鼓励着……"である。"却"を含む句全体と，"又"以下の句とでは前提（前句）が異なる。即ち"却"と"又"は互いに異なるレベルにある。だからこそ両者は同時に出現しうる。

同様に⑥⑧の"偏"と"却"も，その前提を異にする。"偏"は"故意跟

外来要求或客观情况相反"(わざと外からの要求や客観的情況と相反すること)を表わし、"いかなる状況・条件のもとでも、あくまでも(或いは故意に)〜する"という意味である。"却"を含む句は"(本来)不应该再说下去"(〔本来〕これ以上言うべきでない)を前提(前句)とし、"(不应该再说下去),可是我却偏要说下去呢！"(〔これ以上言うべきでない〕しかし私はどうしても言わなければならない)となるべきところである。"偏"を含む句の前提(前句)は"你很难过"(君は辛い)で、"你很难过,可是我偏要说下去"(君は辛いだろうが、しかし私はどうしても言わなければならない)となる。そして"却"は、この"你很难过,可是我偏要说下去呢"(君は辛いだろうが、しかし私はどうしても言わなければならない)が本来"不应该说下去"(言うべきでない)という前提と矛盾していることを言う。

　"又"、"偏"は、"却"を含む句全体とは異なる前句を持つ、ふたつの後句が重なり合っている重層構造をなしている。

　ここで特筆すべき点は、"却"は妥協・譲歩を表わす"也"、"还"とは共起しないことである。これこそが"倒"と"却"を截然と分つ、大きな特徴である。⑭′、⑮′は成立しない。

　　⑭′ *没带钱粮却也算了……

　　⑮′ *这些安排却还可以……

"却"は"倒"とは違い、前提(前句)は常に一般的道理や情理であり、その前提と実際(後句)の不本意な関係を言うもので、前提(前句)と後句の関係は限定的である。従って譲歩の生まれる余地はない。"却"が妥協・譲歩を表わさないということは、"那却好"が"还好"と同じ程度性を獲得する契機を失うことである。

　"可"に対する"并"、"倒"、"却"は、個々には対立を見せながらも、その成立にふたつの命題を必要とし、二者の間の矛盾した関係を言うものだから転折的である。また、ふたつの命題を必要とするため、専一的ではなく二視的である。そして、非確認的で専一的でもないので絶対的とはなりえず相対的である。以上から、"可"が確認的、専一的、絶対的であるのに対し、"并"、"倒"、"却"は、転折的、二視的、相対的であることがわかる。

4．転折と状語

（1） 転折

1）転折の成り立ち

　転折とは本来，互いに独立し並立的な関係で捉えうる前句と後句の間の論理的矛盾を言うものである。その成立にふたつの命題を要し，既に転折的である"并"，"倒"，"却"は当然として，成立にふたつの命題を必要としない"可"も，ときに転折となる。確認的である"可"がどのように転折となるのか，その経緯を見ることにする。

　⑲　Ａ：他是个好人。
　　　Ｂ：他可并不是好人。
　　（Ａ：彼はいい人だ。
　　　Ｂ：彼は決していい人ではない。）
　⑳　Ａ：他是急性子的人。
　　　Ｂ：他可倒是是个好人。
　　（Ａ：彼はせっかちな人だ。
　　　Ｂ：彼ならいい人だ。）
　㉑　Ａ：他是我师傅介绍来的，不应该是坏人。
　　　Ｂ：他可却是个坏人。
　　（Ａ：彼は師匠の紹介で来たんだ，悪い人であるはずがない。
　　　Ｂ：彼はそれにもかかわらず悪い人だ。）

⑲〜㉑は，いずれもＢのＡに対する反駁となっている。これは，"可"が述部の示す判断，主張に対し肯定作用を持ち，"并不是好人"（決していい人ではない），"倒是个好人"（〔彼〕ならいい人だ），"却是个坏人"（それにもかかわらず悪い人だ）を肯定，即ち確認するからである。Ｂは，Ａの判断・主張と異なるが，それでも尚，Ｂ自身の判断・主張を確認するために反駁となるもので，ここに転折との接点がある。

2）述語の前の"可是"と文頭の"可是"

　述語の前の"可是"と文頭の"可是"の違いはどこにあるのか。次の例文で考えてみる。

　㉒　张乐仁：李先生，你应该提醒他：劳资协商会议就是为商量事的，

　　　　厂子是他的，事情可是大家的。〈春华〉
　　（張楽仁：李さん，あなたは彼に注意するべきだ。労資協商会議は事
　　　　を相談するものだ，工場は彼のものでも，事柄は皆のもの
　　　　だと。）
⑦③　$_A$以后，连糖水和鸡蛋也难以为继，糖水改成了饭团，看来，这年
　　月'大仙'也倒霉。可是$_B$他宽宏大量，从不计较，既没有降祸，
　　也没有赐福。〈大仙〉
　　（それ以後，砂糖水と玉子さえもままならなくなり，砂糖水はおにぎ
　　りに変った。思うに，その頃"大仙"は運がなかった。しかし彼は度
　　量が大きく，こだわることはせず，災いにもならなかったし，福にも
　　ならなかった。）
⑦②と⑦③の相違は，"是"の位置の違いによる。
⑦④　他是去了。
　　（彼は行った。）
⑦⑤　是他去了。
　　（彼が行った。）
⑦⑥　谁去了？　→　⑦④ *他是去了。
　　（誰が行ったのか？）　　（彼は行った。）
　　谁去了？　→　⑦⑤　是他去了。
　　（誰が去ったのか？）　　（彼が行った。）
⑦⑦　他真的去了吗？　→　⑦④　他是去了。
　　（彼は本当に行ったのか？）　（彼は行った。）
　　　　　　　　　　　　　⑦⑤ *是他去了。
　　　　　　　　　　　　　　（彼が行った。）

　⑦⑥の答として⑦④は成立しないが，⑦⑤は成立する。⑦⑦に対する答として
は，逆に⑦④が成立し，⑦⑤は不成立となる。⑦⑦の答として，⑦④は"去了"
が確実であることを言う。⑦④～⑦⑦の例から，⑦④の"是"は"去了"に，
⑦⑤の"是"は"他去了"全体に作用していることがわかる。この⑦④，⑦⑤
に"可"が付いた場合も，その作用域は同様である。この作用域の違い
が，述部の後の"可是"と文頭の"可是"との相違になる。
　⑦②の例は，更に"是大家的"（皆のものだ）を確認することにより，"厂
子是他的"（工場は彼のもの）との間に対比が生じる。"是"が判断・主張を
確認しうるのに，更に"可"により再確認されるため，"厂子是他的"と

語気副詞"可"と"并""倒""却"　23

の対比が一層明確にされる。それが転折となる。⑦は、"可是"が"他寛宏大量……"（彼は度量が大きく……）全体に対し確認的に働くため，A, B間に対比が生じ転折となる。

(2) 状語として

1) 程度性

語気副詞"可"と"并""倒""却"は，その成り立ちは異なるが，いずれも転折となる。これらが関連作用を持つことは既に明らかである。関連作用を持つこれらの副詞が，状語としてどのように働くのか。それは程度性を以て述語を修飾するのである。

既述の通り，"可"は確認的，専一的，絶対的であるため，程度としては低いものになりようがなく，"这可好了"（それはいい）というとき，程度としては"很好"（とてもいい）に相当する。これに対して，"并"，"倒"は，転折的，二視的，相対的であり，"并不冷"（決して寒くない）は"不太冷"（あまり寒くない）に，"那倒好"（それならいい）は"那还好"（それはまあいい）に等しい。"并"と"倒"の違いは，"并"は予測と実際の差異を言うのに対して，"倒"は，前提に支えられて，前句と相反する論理関係にある後句との差により，ときに譲歩を表わすことである。この譲歩を表わすところから程度性を獲得するのである。

以上，"可"，"并"，"倒"は，その経緯こそ異なるが，皆結果的に程度性を獲得するに至り，その程度性を以て述語を修飾する。ところが"却"は，同じく転折的，二視的，相対的でありながら，唯一，程度性獲得に至らなかった。それは，前提とするところにより，譲歩の生じる余地がないからであり，それが"那却好"（それにもかかわらずいい）が"还好"（まあいい）と同じ程度性を獲得する契機を失う由縁なのである。従って，"却"は，より転折的であると言える。

2) 述語の前にあることの意義

述語の前にあることの意義のひとつは，もちろん，上で述べた程度性獲得への契機を有することである。

一方，もともと転折的である。"并"，"倒"，"却"が文頭ではなく述語の前に位置することの意味はなにか？ それを，もっとも形式的に捉えやすいのが次のような例である。

⑦⑧　蔡锷：护国战争虽然打倒了袁世凯，可是并没有建立真正的民主共和国！〈求索〉
（蔡鍔：救国戦争は袁世凱を打倒したが、しかし決して真の民主共和国を打ち立てたわけではなかった！）
⑦⑨　我早就教育过你们，要多吃热量高的食物，才容易长成大胖子。可你不吃荤菜，倒去吃素菜违犯了学生守则第一条……〈胖子〉
（私は早くから君達に教えている。カロリーの高い食物をたくさん食べなければふとっちょにはなれないと。しかし君は肉料理を食べずに、野菜料理を食べて、学生規則第一条に違反した……）
⑧⑩　侦查纲要本身也曾提醒道；"过于倚赖凶犯的特征作为决定性资料的倾向依然存在，已经再三提请注意，这只是一两个人话，不足凭信"……但是实际上的做法却与这个指示恰恰相反，平泽被逮捕了。〈帝国〉
（すでに捜査要綱自身が、「犯人の特徴を過信し、決定資料とする傾きが今もって絶えないが、再三注意した通り、これは一、二の者が云うに過ぎぬから、全幅の信頼はかけられない」と自戒している通りなのである。……だが、実際は、それに反して平沢は逮捕されたのだ。）

　"并""倒""却"は、それ自身転折的でありながら、更に、"可是"（"可"），"是"等と同時に用いられることが多い。それは、各々異なる前提（前句）を有しているからである。具体的に言うと、⑦⑧の"但是"を含む句全体の前提（前句）は"护国战争……"（救国戦争……）であるが、"并没有……"（決して……したわけではない）は、実質的には"以为建立真正的民主共和国"（真の民主共和国を打ち立てたと思った）である。"护国战争打倒了袁世凯"（救国戦争が袁世凱を打倒した）であれば、"建立真正的民主共和国"（真の民主共和国を打ち立てた）かと思われたが、実際にはそうならなかったことを指すのである。"但是"を含む句全体は、それぞれ異なる前句を持つ、ふたつの後句が重なり合った重層構造を呈している。⑦⑨，⑧⑩も同様である。⑦⑨の"可"と"倒"，⑧⑩の"但是"と"却"は、各々異なる前提のもとに働き、"可"，"但是"を含む句全体は、互いに異なる前句を持つふたつの後句が重なり合った重層構造なのである。

　このように、同じく転折を表わしながら、文頭の"可是"，"但是"と述語の前の"并"，"倒"，"却"とでは、意味、機能を異にする。そして、文頭の"可是"，"但是"等と異なる作用を発揮する"倒"，"却"が、更

に他の副詞を後に伴い,"倒""却"と異なる前句(前提)を持つ後句が重なり合って重層構造を構成しうることは既に見た通りである。

こうして,それぞれの前提に支えられて,種々の語気を表出することになるのである。

[附記] 本稿は,中国語学会第34回全国大会(於神戸大学,1984年10月27日)における報告「'可'について」をもとに,更に加筆したものである。大阪外国語大学の大河内康憲先生,杉村博文先生に特に記して感謝の意を表したい。

〈注〉

1) 张静1961,「论汉语副词的范围」,胡裕树主编,『现代汉语参考资料』下册,上海教育出版社,1982。
2) 朱德熙1982,『语法讲义』,商务印书馆,1982。
3) 2)に同じ。
4) 刘月华1983,「状语的分类和多项状语的顺序」,中国语文杂志社编,『语法研究和探索』1,北京大学出版社,1983。
5) "忽然""当然""大概"等は文頭にたちうる。
6) 伊地智善継1970,「副詞分類の原理について」,『中国語学論集』(科学研究費研究「現代漢語の語法史的研究」報告書),文部省,1970。
7) 吕叔湘主编1980,『现代汉语八百词』,商务印书馆,1980。
北京大学中文系1955/1957级语言班编1986,『现代汉语虚词例释』,商务印书馆,1986。
8) 『现代汉语八百词』。
9) 『现代汉语虚词例释』。
10) 9)に同じ。
11) 例えば,"他可总是个好人"。
12) 9)に同じ。
13) 9)に同じ。
14) 例えば,"你可千万别忘了"。
15) 9)に同じ。
16) ここで問題になるのは"可"と助動詞との共起である。"可"は禁止,当為,可能("会")のいずれとも共起する。
可不能象你这么悲观。〈方珍〉
你可得记住了。〈镢柄〉
骂人哪。我可会揍你。〈方珍〉

当為，可能は，述語の示す"コト"の実現を望む。禁止は，裏返せば述部の示すこととは反対の"コト"の実現を強く望むことである。それは話者にとっては，譲歩の余地のない，確実に実現されなければならないことであり，"要是～就～了"と"可"が共起することに通じる。従って，文末助詞"了""啦"を伴わない場合も，"可"が共起するが，それは，"可"が"コト"の実現に関心があることと矛盾しない。

17) 王了一1957，『汉语语法纲要』，上海教育出版社，1957。
   "是'吗'字发问，虽然可用'是的'或'不是'答复，但是在发问的人的心目中，总是倾向于相信是'是的'……"
18) 2)に同じ。
19) 中国科学院语言研究所词典编辑室编1973，『现代汉语词典』，商务印书馆，1973。
20) 6)に同じ。
21) 马真1982，「说"也"」，『中国语文』1982年第4期。
22) 8)に同じ。
23) 〈催促〉（命令）
   明大人：你看，咱们还出得去城吗？洋兵可是快到啦，千真万确！
   田富贵：行！我有办法！你倒是帮帮我来呀！
   明大人：我？难道你不知道我的指甲是养了多年的吗？碰坏了多么可惜！
   田富贵：命都保不住了，还管指甲？我的明大人！〈神拳〉

これは『现代汉语虚词例释』の言う，"表示祈使的语气，并表示深究或催促"の"倒"である。"洋兵"が攻めてくることを恐れている明大人が，心配するばかりで"掘石"を手伝わないのに業を煮やした田富貵の発話である。"你倒是帮帮我来呀"の前句はなにか？ それは，明大人の"看看不管"の態度を見て，それを話手である田富貴の言葉で描写した"你不要这样看看不管"であり，本来なら"你不要这样看看不管，倒是帮帮我来呀"となるべきところである。だが，相手の態度に業を煮やし焦りを感じているのだから，話者の眼前の情況を更に描写する煩は避けて，肝心の，後句である"你倒是帮帮我来呀"だけを言うというのが自然な結果であろう。又，"你不要这样看看不管"という前提があればこそ"深究或催促"の語気を帯びるのである。

〈皮肉〉
   王小花：妈，晌午给我作点热汤面吧！好多天没吃过！
   周秀花：我知道，乖！可谁知道买得着面买不着呢！就是粮食店里可巧有面，谁知道咱们有钱没有钱呢！唉！

王小花：就盼着两样都有吧！妈！
　　周秀花：你倒想得好，可哪能那么容易！去吧，小花，在路上留神吉普车！

　　この"倒"は"表示跟事实相反，用于'得'字句，动词限于'说，想，看'等，形容词限于'容易，简单，轻松'等。主语限于第二，三人称，有责怪的语气"(『现代汉语八百词』)である。"你倒想得好"は"实际上不那么容易"を前句とする。このような前句(前提)があるからこそ，"跟事实相反"や"责怪的语气"を表わしうる。更に，形容詞が"好"という積極的意味を持つため，実際は違うのに，"好"を使用することにより，消極的意味の語"不好"を用いるより，より消極的に"反語的"になる。それ故"责怪的语气"を帯び，ときに皮肉ともなるのである。

24) 8)に同じ。

<主要参考文献>

王了一1957，『汉语语法纲要』，上海教育出版社，1957。
张静1961，「论汉语副词的范围」，胡裕树主编，『现代汉语参考资料』下册，上海教育出版社，1982。
伊地智善継1970，「副詞分類の原理について」，『中國語学論集』(科学研究費研究「現代漢語の語法史の研究」報告書)，文部省，1970。
吕叔湘主编1980，『现代汉语八百词』，商务印书馆，1980。
朱德熙1982，『语法讲义』，商务印书馆，1982。
刘月华1983，「状语的分类和多项状语的顺序」，中国语文杂志社编，『语法研究和探索』1，北京大学出版社，1983。
北京大学中文系1955/1957级语言班编1986，『现代汉语虚词例释』，商务印书馆，1986。
森中野枝1998，「中國語の副詞"倒"について」，『中國語学』245，日本中国語学会，1998。

<引用文献>

老舍1978，「女店员」，『老舍剧作选』，人民出版社，1978，<女店>
程玮1981，「SEE YOU」，『儿童文学选』，中国社会科学出版社，1981。<SE>
张微1981，「我发誓」，『儿童文学选』，中国社会科学出版社，1981。<我发>
刘博1981，「露芭的生日礼花」，『儿童文学选』，中国社会科学出版社，1981。<露芭>
任大霖1981，「大仙的宅邸」，『儿童文学选』，中国社会科学出版社，1981。<大仙>

杨楠1981,「胖子学校」,『儿童文学选』,中国社会科学出版社,1981。〈胖子〉
松本清张(文浩英译)1981,「帝国银行事件之谜」(松本清張1974,「帝銀事件の謎」,『日本の黒い霧』下,文藝春秋,1974),『日本的黑雾』,福建人民出版社,1981。〈帝国〉
阳翰笙1982,「两面人」,『阳翰笙剧作集』,中国戏剧出版社,1982。〈两面〉
阳翰笙1982,「槿花之歌」,『阳翰笙剧作集』,中国戏剧出版社,1982。〈槿花〉
老舍1982,「春华秋实」,『老舍剧作全集』,中国戏剧出版社,1982。〈春华〉
老舍1982,「方珍珠」,『老舍剧作全集』,中国戏剧出版社,1982。〈方珍〉
夏目漱石(陈德文译)1982,「从此以后」(夏目漱石1948,『それから』,新潮出版社,1948),湖南人民出版社,1982。〈从此〉
谌容1983,「真真假假」,『谌容中篇小说集』,湖南人民出版社,1983。〈真真〉
航鹰・曹琦1983,「金鹿儿」,『广播剧选集』,广播出版社,1983。〈金鹿〉
赵玲华・刘江江1983,「白玉兰」,『广播剧选集』,广播出版社,1983。〈白玉〉
集体编剧,刘样执笔1983,「亲事」,『广播剧选集』,广播出版社,1983。〈亲事〉
赵瑞泰・欧阳乙1983,「向警予」,『广播剧选集』,广播出版社,1983。〈向警〉
赵仲明・江涛1983,「镢柄成亲」,『广播剧选集』,广播出版社,1983。〈镢柄〉
刘志均・严冰1983,「书记推磨」,『广播剧选集』,广播出版社,1983。〈书记〉
陈大明・史永康1983,「至高天上的爱」,『广播剧选集』,广播出版社,1983。〈至高〉
刘保毅・李桦1983,「求索」,『广播剧选集』,广播出版社,1983。〈求索〉

中国語副詞"并"と日本語の"決して"

0. はじめに

中国語の"并"と日本語の"決して"は、必ずその後に否定詞を伴い、又、陳述副詞（中国語では語気副詞）でありながら、ときに、程度をも表わしうる点で共通する。しかし、両者は全面的に対応するものではない。日本語の"決して"一語がもつ意味と機能を、中国語では、"決"と"絶"が分担している。本稿では、"并"と"決して"の相違を明らかにし、同時に、両者が獲得する程度性についても検討する。"并"は、"あまり"、"さほど"等と同じ相対的程度を表わすが、"決して"は、"全然"に通じる絶対的程度だけでなく、相対的程度をも表わしうるものである。

1. "并"と"決して"の共通点

(1) 否定について

"并"と"決して"はともに、常に否定詞とともに用いられるが、その否定には、二種類の把握の仕方がある。[1] ひとつは、"ある肯定形式的(positive)なオプェクティフ(事態)に対する作用的な否定(negation)"であり、いまひとつは、"否定形式的(negative)なオプェクティフ(事態)に対する作用的な肯定(affirmation)"として把握される。"并"の否定へのかかわり方は前者で、肯定的予測に対する否定として働く。一方、"決して"は、両者を兼ね備えている。そのことを、以下に具体的に見ることにする。

（2）"并"

　まず，"并"が，肯定的予測に対する否定として働くことを具体的に明示すると，次のようになる。

　　① 我看他不象个学生，你看呢？
　　　　（彼は学生らしくないと思うが，君はどう思う？）
　　①に対する肯定
　　①′ *是，他并不象个学生。
　　　　（そうだね，彼は決して学生らしくない。）
　　② 我看他象个教授，你看呢？
　　　　（彼は教授らしいと思うが，君はどう思う？）
　　②に対する否定
　　②′ 不，他并不象个教授。
　　　　（いや，彼は決して教授らしくない。）
　　③ 他象不象学生？
　　　　（彼は学生らしいかい？）
　　③′ *他并不象个学生。
　　　　（彼は決して学生らしくない。）

　①は文中に否定を含み，②は文中に否定を含まないもの，③は，聞手が答に対する予測をもたない場合である。たとえば，"我看他不象个学生"（彼は学生らしくないと思う）(①)という文に対し，その事実を肯定するような答の文，それが①′である。この文は，その前提として，"他不象个学生"（彼は学生らしくない）という予測を肯定的にとりこんでいるが，このような場合，"并"を用いた文は不成立となる。逆に，肯定的予測をもつ②を否定する答として，"并"を用いた②′は成立する。③は，肯定，否定，いずれの予測ももっていないが，その答には，③′のように，"并"を用いることはできない。①′〜③′から，"并"は，肯定的予測に対する否定として働き，述部が示す予測を否定的に強調し，否定的予測に対して，それを肯定的に強調するのではないことは明らかである。

　このように，単に否定に対する強調ではなく，肯定的予測を実際とは違うものとして否定する"并"は，1）仮定条件句，2）疑念を表わす文，3）眼前描写文とは相容れない。[2)]

　1）仮定条件句

④ *如果放映的电影并不好看，大家坐着打瞌睡也不能怪他们。
（もし，上映されている映画が<u>決して</u>面白くなければ，皆が居ねむりをしても無理はない。）
2）疑念を表わす文
⑤ *我借给他的那本书是不是并没有意思？
（私が彼に貸したあの本は<u>決して</u>面白くなかったのかしら？）
3）眼前描写文
⑥ *啊，你看，水并不出来呀！
（あっ，ほら，水が<u>決して</u>出ない！）

1）仮定条件句，2）疑念を表わす文は，予測それ自体であり，3）眼前描写文とは，眼の前に，今遭遇している事態について，評価，反省する暇もなく，その事態を事態として，即言葉にするもので，そこに予測が介在するはずもない。"并"が，このような表現と共起しないのは当然である。

(3) "決して"

田中敏夫1983は，[3] 否定述語を，作用構造と対象構造に分けて捉えている。作用構造とは，"ある肯定的なことがらが'そうではないのだ'と打ち消されるとする構造把握"で，たとえば，"この本は面白くない"を，"この本"を"面白い"と呼ぶことへの否認と捉える。一方，対象構造とは，"文全体によって表わされる事態の対象的なありかたの由に重きをおいた理解の仕方"で，この把握における構造をいう。これによると，"決して"は，不成立の絶対性を表わすことにおいて作用構造を顕勢化する。即ち，"この本は決して面白くない"の"決して"は，"この本"を"面白い"と呼ぶことは斥けられなければならない，ということのその絶対性を表わすとしている。この捉え方は，"并"と同じである。日本語の"決して"も，1）～3）の文と相容れない。[4]

1）仮定条件句
⑦ *話が<u>決して</u>面白くなれば，あくびがでても不思議ではない。
2）疑念を表わす文
⑧ *彼女は<u>決して</u>やさしくないのだろうか？
3）眼前描写文

⑨　*あっ，水が決して出ない。

　ある肯定的事態の不成立の絶対性をいい，作用面で働く"決して"は，"仮にそこに設置されたことがら自体"（仮定条件句）や"単なる疑念の対象として仮にそこに想い浮かべられたことがらそれ自体"（疑念を表わす文），また，"直面する事態を，そのような事態そのものとしてさながら言語化し，対象面が卓越する"眼前描写文には使えない。[5]

　ある肯定文的事態の不成立，即ち，肯定的予測に対する否定である。だから，次のような文脈に生起する。

　　⑩　何とない様子，何とないみたいだということは，その実は，<u>決して</u>何ともないことではない。〈なま〉

　⑩のように，"決して"は，現実が予測と違っていることを示すための"先ぶれ"である"その実は"と共起する。更に，"決して"の訳語に"并"が用いられている例を挙げておこう。

　　⑪　泣き虫の私の眼から溢れる涙は，貧乏に生れついたのを怨めしく思う涙で，<u>決して</u>病気と戦い，生活と戦う父や，一年中手の平のざらざらしている母や，小さなときから工場や会社へ勤めつづけてきた兄たちへの，感謝の涙でははかった。〈黒い〉
　　　（我这个爱哭的孩子不禁流下了眼泪，那是抱怨自己生在这样穷苦家庭的伤心泪，<u>并</u>不是对那和疾病斗争，和生活斗争的父亲，对终年两手不停地操劳的母亲，或对从小在工厂，公司一直干到现在的弟兄们的感激的眼泪。）

　これらの例に見られる"并"と"決して"の対応は，あくまでも一面においてそうであるというにすぎない。次に，"并"と"決して"の相違点を見る。

2．"并"と"決して"の相違点

　"并"と"決して"の相違は，4）否定的決意，5）禁止，6）禁止的当為，7）否定的予測を表わす文との共起関係に反映している。[6] 前者は，これらの文と共起しないが，後者は共起する。そして，"并"が共起しない4）〜7）に，"決"（"絶"）が共起する。

（1）"并"

　"并"が，4)〜7)の文と相容れないのは，これらには，否定すべき肯定的予測が存在しえず，"ある肯定形式的(positive)なオブェクティフ(事態)に対する作用的な否定"としてある"并"と反発しあうからである。⑫〜⑯の例文は，いずれも成立しない。
　　4）否定的決意
　　　⑫ *以后我并不去找他了。
　　　　（今後は決して彼に頼むまい。）
　　5）禁止
　　　⑬ *这话，你并不能告诉他。
　　　　（この話は，決して彼に知らせるな。）
　　6）禁止的当為
　　　⑭ *你并不要去。
　　　　（君は決して行ってはいけない。）
　　　⑮ *你并不应该旷课。
　　　　（決して授業をさぼるべきではない。）
　　7）否定的予測
　　　⑯ *他并不会来吧。
　　　　（彼は決して来ないだろう。）
　ところが，⑫〜⑯の"不"の後に"一定"（きっと，必ず）を入れると，⑮を除き，すべて成立する。
　　　⑫′ 以后我并不一定去找他了。
　　　　（今後は，必ずしも彼に頼むとは限らない。）
　　　⑬′ 这话，你并不一定能告诉他。
　　　　（この話は，必ずしも君が彼に話せるというものではない。）
　　　⑭′ 你并不一定要去。
　　　　（君は必ずしも行かなくてよい。）
　　　⑮′ ?你并不一定应该旷课。
　　　　（必ずしも授業をさぼるべきだというわけではない。）
　　　⑯′ 他并不一定会来吧。
　　　　（彼は必ずしも来るとは限らないだろう。）
　たとえば⑫′は，"一定去找他"(必ず彼に頼む)という肯定的事態に対す

る否定になり，"并"の否定へのかかわり方と矛盾しない。⑬′，⑭′，⑯′も同様だが，⑬′は，否定のありかたが変った結果，禁止ではなく，可能表現になってしまう。⑮′の不自然さは，意味的に，或いは常識的に，"旷课"(授業をさぼる)が"一定应该"(必ず～すべき)とは考えにくいためである。しかし，その不自然さが逆に，⑮とは否定のありかたが違っていることを裏付けている。

ところで，"并"が共起しない4)〜7)の文に，"决"("绝")は共起する。

4) 否定的決意

　　⑫″ 以后我决〈绝〉不去找他了。
　　　　(今後私は決して彼に頼むまい。)

5) 禁止

　　⑬″ 这话，你决〈绝〉不能告诉他。
　　　　(この話は，決して彼に知らせるな。)

6) 禁止的当為

　　⑭″ 你决〈绝〉不要去。
　　　　(君は決して行ってはいけない。)

　　⑮″ 你决〈绝〉不应该旷课。
　　　　(君は決して授業をさぼるべきではない。)

7) 否定的予測

　　⑯″ 他决〈绝〉不会来吧。
　　　　(彼は決して来ないだろう。)

否定すべき肯定的予測が存在しないこれらの文に生起しうる"决"("绝")は，"否定形式的(negative)なオプェクティフ(事態)に対する作用的な肯定(affimation)"として，"并"とは異なるレベルで働いている。それは，"并"が"是"の後にこないのに対し，"决"("绝")は"是"の後に位置することからも明らかである。

　　⑰　即使陌生人，它对亲切的人也是决不加害的。〈西班〉
　　　　(見ず知らずの人でも親切な人には，決して怪我をさせるものではない。)
　　⑰′ *即使陌生人，它对亲切的人也是并不加害的。
　　⑰″ 即使陌生人，它对亲切的人也并不是加害的。

⑰の"决"を，⑰′のように"并"に置き換えることはできない。"并"は必ず，⑰″のように"是"の前に出る。中国語では，文中のモーダルな

成分は，三箇所，即ち，"M_1 主M_2 述M_3"のM_1，M_2，M_3の位置に出現する。[7] そのうち"是"は，M_1 或いはM_2 に現われるが，⑰の場合はM_2 にあたる。この"是"の前に"并"は位置する。M_2のなかでも階層をなしていて，"是"の更に上のレベルにあるということである。"是"は，繋辞用法が本来のものではなく，否定に対応するもの，その対極として肯定の判断の表出で，肯定の側の積極的主張の辞として存在する。[8] 動詞文の"是"（"S＋是＋VP"）は，文を題述文として定着させる。題述文は主題に対する説明を述べる判断文であるが，動詞がもっている題述性を更に明示的にし，主張と化しうるものである。"是"は，"名詞文（"S＋是＋N"）成立のための統辞論的形式語ではなく，話者が客体的事実の外から加える判断の表明"である。このような"是"の前に"并"はこない。肯定的予測に対して否定的に働く"并"が，"肯定の側の積極的主張の辞"である"是"にとりこまれる位置には立てないのである。

　無論，"决"（"绝"）は，"是"の前にも立つ。しかし，その場合も，"并"とは否定へのかかわりかたが異なる。"决"（"绝"）は予測とはかかわりなく，単に否定的事態を強調する。だから，⑱のような，聞手が，肯定，否定いずれの予測ももたない場合の答(⑱′)に用いることができる。

　⑱　他象不象文学家？
　　　（彼は文学者らしいかい？）
　⑱′　不象，他决（绝）不是文学家。
　　　（文学者らしくない。彼は决して文学者じゃない。）

このように，中国語の"并"と"决"（"绝"）は，否定へのかかわりかたを異にしている。

(2) "决して"

　一方，"决して"は，4）～7）の文と共起する。
　4）否定的決意
　　⑲　今後あんなところへは決して行かない。
　5）禁止
　　⑳　あんなところへは決して行くな。
　6）禁止的当為
　　㉑　あんなところへは決して行っていけない。

7) 否定的予測
　　㉒　彼は決して来ないだろう。

"決して"が，これらの文と共起する理由について，田中敏夫1983は，"否定的決意，禁止，禁止的当為等の文は，'行くか，行かないか'といった，絶対的で，二者択一的な選択性そのことに重点が置かれ，作用面が卓越するからで"，対象面で働く"'全然'ははるかに使いにくい"としている。確かに，"全然"を用いた⑲′～㉒′はおかしい。

⑲′? 今後あんなところへは全然行かない。
⑳′? あんなところへは全然行くな。
㉑′? あんなところへは全然行ってはいけない。
㉒′? 彼は全然来ないだろう。

しかし，⑲～㉒の"決して"は，本当に作用面で働いているのだろうか。次の㉓～㉖と比較してみよう。

㉓　決して絶対行くまいというのではない。時機がくれば一度行ってみたい。
㉔　決して絶対に行くなというわけではない。どうしてもというのなら行けよ。
㉕　決して絶対に行ってはいけないというわけではない。場合によっては，むしろ行くべきである。
㉖　決して絶対来ないだろうとは言わないが，来ない可能性が高い。

㉓～㉖の"決して"は，明らかに作用面で働いている。たとえば㉓は，"～というのではない"と呼応するかたちで用いられ，否定しているのは，"絶対行かない"ということを肯定した予測である。そして，"絶対"が対象面で働き，否定的決意を表わす"行くまい"を修飾している。以下，㉔～㉖も同様である。"絶対"は，"絶対行こう"のように肯定述語にも用いられるが，対象面で働くことは明らかで，否定述語に用いられたときは，否定的事態に対する，話者のゆるぎない確信を表わす。"決して"は，更にその上のレベルで，肯定的予測を否定している。もし，⑲～㉒の"決して"が作用面で働いているのなら，㉓～㉖と同様に，"絶対"と共起するはずである。しかし，⑲～㉒に"絶対"を入れた⑲″～㉒″は，明らかにおかしい。

⑲″*今後あんなところへは決して絶対行くまい。
⑳″*あんなところへは決して絶対行くな。

㉑"*あんなところへは決して絶対行ってはならない。
㉒"*彼は決して絶対来ないだろう。[9]

　⑲～㉒の"決して"は，作用面ではなく対象面で働いている。だから，⑲"～㉒"に於いて，同じく対象面で働く"絶対"と重複し，排斥しあう。日本語の"決して"は，作用面，対象面の両方で働きうるものである。そして，やはり対象面で働く"全然"を用いた⑲'～㉒'がおかしいのは，"全然"は，否定を誘導する陳述副詞とされながら，より程度副詞に近いからである。たとえば，"この本は全然面白くない"というとき，"全然"は，被修飾文節"面白くない"全体に係り，"面白さ"に欠けていることの完璧十全なさまを表わす。[10] 即ち，"あまり"，"たいして"等と比較すると明らかなように，それがあるか否かによって，表わす意味が程度的に異なるものである。このように，程度副詞に近いからこそ，⑲'～㉒'に於いて，"全然"は不自然になる。[11] 程度副詞は，サマに対する評価性が強く，命令，禁止，当為，依頼，勧誘等の叙法，つまり評価すべき対象としてのサマが実現されていない表現とは相容れない。

　ともあれ，"決して"は，中国語の"并"とは違い，作用，対象両面で働く。言い換えると，"并"一語では，"決して"のもつ意味，機能を担いきれない。"并"では対応しきれない部分を，"決"（"絶"）が分担している。"并"と"決"（"絶"）は，相補分布をなしている。

3．程度性の獲得

　"全然"が程度を表わしえたように，"決して"も程度を表わしうる。但し，その程度については，"全然"に通じる絶対的なものと，"あまり"，"さほど"，"たいして"等と同じ相対的なものがある。一方，"并"が獲得する程度性は相対的である。"決して"が二つの異なる程度を表わすことは，作用，対象両面で働き，中国語の"并"と"決"（"絶"）の意味，機能を併せもつことから，当然予測されることではある。とはいえ，程度副詞でもない"并"と"決して"の程度性獲得に至る経緯を明らかにしたい。

(1) "并"

　"并"はときに相対的程度を表わし，"并不AP"で，"あまり（さほど）～でない"の意味になるが，それは"并"のもつ特性により，あくまでも結果的にそうなるというにすぎない。だから，程度副詞との共起を妨げない。
　㉗　他并不很用功。
　　　（彼は決して勉強熱心ではない。）
　㉘　大人物可并不太多呀！〈女店〉
　　　（大人物というのは決してそれほど多くない。）
　"很"，"太"等は，否定形"不很"，不太"で相対的程度になる。また，"怎么"，"算"のように，それ自体は程度を表わさないが，"不怎么"，"不算"と，否定形になると，"あまり（さほど）～でない"という意味になるものとも共起する。
　㉙　不过对于这一切，我起先并不怎么关心。〈我发〉
　　　（しかし，それらすべてに対して，私は，はじめは決してそれほど関心をもっていなかった。）
　㉚　这个东西并不算好，但是价钱便宜一点儿。
　　　（この品物は決してあまりよくはないが，値段は安い。）
　また，助動詞については，既に見たように禁止，禁止的当為，否定的予測を表わす"不能"，"不要"，"不应该"，"不会"等と直接共起しないが，願望を表わす"想"（～したい），訓練の結果修得したことを表わす"会"（～することができる）とは共起する。
　㉛　我并不(太)想看这部电影。
　　　（私は決してその映画を〔それほど〕見たいわけではない）
　㉜　她并不(很)会弹钢琴。
　　　（彼女は決してピアノが〔そう〕うまいわけではない）
　これは，禁止，禁止的当為，否定的予測の文には，否定すべき肯定的予測が存在せず，絶対的で二者択一的な判断を要求するのに対し，"想"（～したい）や"会"（～することができる）は，"很想"，"很会"と，程度副詞の修飾を受け相対的に捉えうる。それが，相対的で，予測と実際の差異をいい，二視的な"并"と矛盾しないからである。予測と実際の差，それが程度性獲得への契機となる。"并"は，予測と実際が異なることをいうため，結果として，両者の差を表わすことになり，程度性を獲得する。

しかし，肯定的予測を否定し，予測と実際の差をいうものであれば，その結果獲得した程度性は，絶対的なものになるはずもなく，相対的なものになる。そこで，次のように，程度副詞を伴わなくても，結果的に，"あまり(さほど)～でない"という程度を表わす。

㉝　今天并不冷啊。
　　（きょうはさほど寒くない。）

㉝は，"寒い"かと思っていたが，現実には"寒くない"ということで，"并不冷"は，程度としては"完全不冷"，"根本不冷"(全然寒くない)ではなく，"不太冷"(さほど寒くない)に相当する。次の例文が，このことの傍証になる。

㉟　代助的个头并不矮，哥哥比他还要高得多……〈从此〉
　　（代助も背の低いほうではないが，兄は一層高く出ている……）
㊱　然而，这并没有使他的良心受到遣责。〈从此〉
　　（けれども，それは左程に代助の良心を螫すには至らなかった。）

そして，"全然"に通じる絶対的程度を表わす可能性があるのは，否定的事態を絶対的なものとして肯定する"绝"(决)だが，これらは，普通，動詞文に用いられ，形容詞文には"絶対"(ぜったい)が用いられる。

㊲　你这个办法绝对不好。
　　（君のそのやり方は絶対よくない。）
㊲′？你这个办法绝不好。
　　（君のそのやり方は決してよくない。）
㊳　他的病绝不会好。
　　（彼の病気は決して治らないだろう。）

㊲の"绝対"を"绝"に換えた㊲′は不自然である。但し，㊳のように，助動詞("会"～であろう)とともに，本来形容詞("好"よい)が動詞的(よくなる)に使われる場合には"绝"が用いられる。

（2）"決して"

"決して"は作用，対象両面で働くことから予測されるように，相対的，絶対的，いずれの程度をも表わしうる。それは，連体修飾句との関係からも明らかである。"決して"は一般に，クローズ性の弱い連体修飾句におさまりにくいとされる。[12] 確かに，連体修飾句が形容詞句である

場合、"決して"を用いることはできない。

㊴　?決して面白くない本
㊵　?決してやさしくない女性
㊶　?決して珍しくない話
㊷　?決してこわくない父親
㊸　?決しておいしくない料理

　"決して"が連体修飾句に用いられた㊴～㊸は不自然である。それは、この"決して"は"并"と同じく、前提事象(肯定的予測)を現実事象とは異なるものとして否定するもので、その前提なくしては存在しえない、そのようなレベルにあるからである。だから、肯定的事態に対する否定の形式"～はない"とは共起して連体修飾句になる。

㊴′決して面白くはない本
㊵′決してやさしくはない女性
㊶′決して珍しくはない話
㊷′決してこわくはない父親
㊸′決しておいしくはない料理

　たとえば、㊴′の"面白くはない"は、"面白い"という肯定的事態への否定であることを顕示しており、"面白くない"という否定的事態を肯定するような否定のありかたを排除する。そこで、肯定的予測に対する否定である"決して"と矛盾しない。この"決して"は作用面を顕勢化させている。とすれば、次の例文に於いて"決して"は程度としては、"あまり(さほど)"に等しい。

㊹　この本は決して面白く(は)ない。
㊺　あの女性は決してやさしく(は)ない。
㊻　こんな話は決して珍しく(は)ない。
㊼　彼の父親は決してこわく(は)ない。
㊽　ここの料理は決しておいしく(は)ない。

　肯定的予測を否定し、現実との差異をいう"決して"の、結果的に獲得する程度性が、絶対的であるはずはなく、当然相対的なものとなる。
　ところが、動詞が連体修飾句になる場合は、"決して"を用いることができる。

㊾　これ一冊あれば、決して退屈しない本、というのがあります。

私には「今昔物語」です。〈決して退屈しない本 → 绝(决)不会感到厌倦的书〉〈ロマ〉

�50　太宰を訪ねてきた小山君を連れて一緒に散歩したとき，決して礼を言わない青年として紹介された。

〈決して礼を言わない 青年 → 绝(决)不会道谢的青年〉〈荻窪〉

㊾，㊿の"決して"は，中国語訳が示すとおり"绝"("决")に対応するもので，"并"では訳せない。

　形容詞の否定形"～(ク)ナイ"は，否定後も，ある状態が存在するが，動詞の否定形は，"～シナイ"という動作が発生するわけではない。つまり，"やさしくない"といえば，"ちょっときつい"というようなことが想起されるが，"退屈する"や"礼を言う"を否定しても，"退屈しない"(㊾)や"礼を言わない"(㊿)という動作は発生しない。即ち，"退屈する"か"退屈しない"か，または"礼を言う"か"礼を言わない"か，絶対的で二者択一的な判断である。㊾，㊿の"決して"は，対象面で働き，否定的事態"退屈しない"，"礼を言わない"を絶対的なものとする。否定的事態を，絶対的なものとして肯定する。そこに，程度としては"全然"に通じていく可能性がある。形容詞文に於いては一般に"決シテ～(ク)ハナイ"となるが，助詞"ハ"を用いずに，"決して珍しくない"などということも少なくない。"決して珍しくはない"の"決して"は，作用面で働き，相対的程度しかありえないが，"決して珍しくない"となると，"決して"は㊾，㊿と同じく対象面で働き，"全然"と同じ相対的程度を表わす可能性がある（但し，あくまでも対象面で働くからで，田中敏夫1983のように，作用面で働くからではない）。絶対的程度を表わす可能性はあるが，形容詞文は，本質的には，作用面で働く"決して"を選択するものであることは，連体修飾句との関係から既に明らかである。述定文では許容されても，連体修飾句では"決シテ～(ク)ハナイ"としなければならない。形容詞は，否定形でも，常にある状態が実現している。それが，予測と現実を二視的に捉え，作用面で働く"決して"と結びつきやすくさせる。

4． 程度を表わすものとして

結果的に程度性を獲得したとはいえ，“并”，“決して”はやはり，程度副詞とは，そのふるまいを異にしている。それは，両者の連体修飾句との共起制限から明らかである。

“決して”については既に見たとおりだが，所謂程度副詞は，連体修飾句内におさまる。

(51) 非常に（とても，もっとも，割合）面白い小説

先に見た，4）否定的決意，5）禁止，6）禁止的当為，7）否定的予測等の文と共起しない“全然”は，連体修飾句になり，ここでも程度副詞に近いことを示している。

(52) 全然面白くない話を延々一時間も聞かされた。

(53) 彼は全然こわくない父親だ。

しかし，“あまり”，“さほど”，“たいして”になると，情況は少し変る。

(54) あまり（さほど，たいして）面白くない話を得意になってはなしている。

(54)′ あまり（さほど，たいして）面白く（も）ない話を得意になってはなしている。

(54)，(54)′ともに問題はなく，助詞“も”を用いた(54)′のほうが，話者の不満の意を鮮明に表わす。しかし，これらは元来，肯定的事態に対する否定としてあるもので，“AハBデアル”構文のなかでは連体修飾句にならない。次の例が，そのことをよく表わしている。

(55) ?? これはあまり（さほど，たいして）面白くない小説だ。

(55)′ ? これはあまり（さほど，たいして）面白く（は／も）ない小説だ。

(55)″ これはあまり（さほど，たいして）面白い小説ではない。

(55)～(55)′は程度の差はあるが，いずれも不自然で，普通は(55)″のようになる。“并”は，“あまり”と同じ程度になるが，連体修飾句への制限はさらに厳しい。

(56) 她买了一个很（非常，挺，最，比较）好的東西。
（彼女はとても〔非常に，たいへん，もっとも，割合〕よい物を買った。）

(57) *她买了一个并不好的东西。

　　　　（彼女はあまりよくない物を買った。）
　⑤⑦′　她买的东西并不好。
　　　　（彼女が買ったのはあまりよくない。）
　程度副詞を用いた⑤⑥はよいが，"并"を用いた⑤⑦は成立せず，⑤⑦′のように述語にしなければならない。"并"は，既に述べたとおり"是"の更に上のレベルで働き，前提事象（肯定的予測）に対して，それとは異なるものとして現実事象を捉える。前提事象に支えられて存立する副詞であり，それは，程度を表わす場合も変らない。前提事象を離れて，それ自身が程度を表わすには，"并"は未分化である。そして，否定的事象を絶対的なものとして肯定する"绝"は無論のこと，"絶対"も，形容詞の連体修飾句内におさまらない。

　日本語の"全然"に対応するのは"完全"だが，"完全"も連体修飾句内に用いることができる。
　⑤⑧　他说完全不正确的话。
　　　　（彼は全然正しくないことを言った。）
　⑤⑨　那是完全不正确的办法。
　　　　（それは全然正しくないやり方だ。）
　この"完全"は，"完全正确"（全く正しい）のように，肯定述語にもよく用いられる。

　また，"不很（不怎么，不那么，不算）～"（あまり〔さほど，たいして～（で）はない〕）も連体修飾句内に使える。
　⑥⓪　他买了一个不很（不怎么，不那么，不算）好的东西。
　　　　（彼はあまり〔さほど，たいして〕よくない物を買った。）
　しかし，次の例を見るとわかるように，これらは，常に同じように連体修飾句になるわけではない。
　⑥①　这是不很好的东西。
　　　　（これはあまりよくはない物だ。）
　⑥②　这是不怎么好的东西。
　　　　（これはさほどよくない物だ。）
　⑥③＊　这是不那么（不算，不太）好的东西。
　　　　（これはさほど〔たいして〕よくない物だ。）
　⑥④　这不是那么好的东西。
　　　　（これはさほどよい物ではない。）

中国語副詞"并"と日本語の"決して"　　45

⑥5　这<u>不算</u>是好的东西。
　　　（これはよい物である<u>とはいえない</u>。）
　⑥6　这不是<u>太</u>好的东西。
　　　（これは<u>たいして</u>よい物ではない。）
　"不很～"，"不怎么～"（⑥1，⑥2）は，"A是B"（AハBデアル）の構文でも，程度副詞同様のふるまいを見せているが，"不那么～"，"不算～"，"不太～"は，連体修飾句におさまらず，⑥3は，⑥4～⑥6のようにしなければならない。⑥3と⑥4～⑥6は，これらが，もともと肯定的事態に対する否定としてあることを物語っている。だから，話者の肯定の判断の表出で，肯定の側の積極的主張の辞として存在する"是"によってとりこむことができないのである。
　以上，"并"と"決して"は，結果的に程度性を獲得したものの，その出自から，程度副詞とは，自づと，そのふるまいを異にし，程度を表わすものとしての限界がある。

　［**附記**］本稿は，『日本語と中国語の対照研究』第10号（日本語と中国語対照研究会，1985）に発表した論文「〈并〉——〈決して〉との比較から」に加筆しまとめたものである。

<注>

1) 川端善明 1978，「形容詞文・動詞文概念と文法範疇——文法の構造について——」，『論集日本文法，日本語5』，角川書店，1978．
2) 田中敏夫 1983，「否定述語・不確定述語の作用面と対象面——陳述副詞の呼応の内実を求めて——」（『日本語学』10月号，明治書院，1983）で用いられた用語である。
3) 2) に同じ。
4) 2) では1) 仮定条件句，2) 疑念を表わす文については"使いにくい"，3) 眼前描写文には，"ほとんど使用不可能"としているが，本稿では，1)～3)を通じて"使用不可能"とする。
5) 2) に同じ。
6) 4) 否定的決意，5) 禁止，6) 禁止的当為については3) に同じ。
7) M_1の位置には，連詞（接続詞）の他，一部の副詞，M_2には語気助詞が現れる。
8) 大河内康憲 1975，「是のムード特性」，『大阪外国語大学学報』33，1975．

9)"彼は全然来ないのではないか"とすればいえる。
10) 小川輝夫 1984,「否定誘導表現——陳述副詞の機能再考——」,『文教国文学』第15号,1984。
11) 工藤浩 1983,「程度副詞をめぐって」,渡辺実編,『副用語の研究』,明治書院,1983。
12) 11)に同じ。

<主要参考文献>

鈴木一彦 1962,「打ち消して残るところ——否定表現の結果」,『国語学』50,1962。
松延市次 1964,「《焼ける前》と《焼けない前》」,『講座現代語』第6巻,口語文法の問題点,角川書店,1964。
岩倉国浩 1974,『日英語の否定の研究』,研究社出版,1974。
佐川誠義 1976,「日本語の否定の範囲」,『言語研究』70,1976。
澤田治義 1978,「日英語文副詞類(Sentence Adverbials)の対照言語学的研究——Speech act 理論の視点から——」,『言語研究』74,1978。
花井裕 1980,「概略表現の程度副詞——「ほとんど」などについて——」,『日本語教育』42号,1980。
太田朗 1980,『否定の意味』,大修館書店,1980。
宮地裕 1980,「否定表現」,国語学会編,『国語学大辞典』,東京堂出版,1980。
宮地裕 1981,「文論」,『新版〈文論〉』,明治書院,1981。
原田登美 1982,「否定との関係による副詞の四分類——情態副詞・程度副詞の種々相——」,『国語学』128,1982。
小川輝夫 1984,「否定表現の原理」,『文教国文学』第14号,1984。
小川輝夫 1984,「否定誘導表現——陳述副詞の機能再考——」,『文教国文学』第15号,1984。

<引用文献>

老舎 1978,「女店員」,『老舎劇作选』,人民出版社,1978。〈女店〉
张微 1981,「我发誓」,『儿童文学选』,中国社会科学出版社,1981。〈我发〉
夏目漱石(陈德文译)1982,『从此以后』(夏目漱石 1948,『それから』,新潮出版社,1948),湖南人民出版社,1982。〈从此〉
永井龙男(海澄波译注)1984,「黒い御飯(黑米饭)」,『日语学习与研究』1984年第1期。〈黒い〉
佐藤春夫(岳久安译注)1984,「西班牙犬の家(西班牙犬之家)」,『日语学习与研

究』1984年第3期。〈西班〉

田辺聖子 1985,「ロマンのページ」,『文車日記——私の古典散歩』,新潮社,1985。〈ロマ〉

井伏鱒二 1985,『荻窪風土記』新潮文庫,1985。〈荻窪〉

大野晋 1986,「なまめかし」,『日本語の年輪』,新潮社,1986。〈なま〉

"总"
—— 修飾成分とは異なるものとして ——

0. はじめに

　この文は，"毕竟，总归，终归"の意を表すとされる"总"について，その意味と機能を明らかにしようとするものである。
　"总"は，修飾成分とは異なり，前提と現実句の間の関係の捉え方を規定するものとしても働く。前提と現実句，この二者の関係の規定のしかたを解明するには，従来，"推測，估计"を表すものとして，別にたてられている"总"をも区別せず，同時に検討する必要がある。そうしてはじめて，同じく因果関係を表す複文中に現れながら，"总"と"就"が排斥しあう理由，更には，"总"の特性を明確に把握することができる。
　多くは数量表現とともに用いられ，"推測，估计"を表すとされる"总"は，"毕竟，总归，终归"の意を表す"总"に収斂されるものである。

1. 修飾成分とは異なるものとして

　中国語の状語にはさまざまな成分が包含されている。その状語について刘月华1983[1]は，描写性状語と非描写性状語に分け，描写性状語を更にM_1状語，M_2状語，M_3状語に下位分類している。また，朱德熙1982は，状語とは"谓词性中心语前边的修饰语"[2]（用言性被修飾語の前の修飾語）であり，更に，修飾語については"修饰语和中心语意义上的联系关系是多种多样的……概括起来说，修饰后的语法意义在于限制或描写中心语"（修飾語と被修飾語の関連性は多種多様である，……概括して言うと，修飾後の文法的意味は被修飾語を限定或いは描写することにある）としている。が，問題は，描写性状語でもなく，非描写性状語でもない，所謂"关联副词"

と呼ばれるものである。"关联副词"とは、张静1961で述べられているように"某词在句子中既保留了原意，起了副词的修饰作用，又有了连词的关连作用"[3]（ある語が文中で原義を保ちながら、副詞の修飾作用をし、そしてまた接続詞の関連作用がある）で、連詞とともに、或いは単独で複文中に用いられる。"关联副词"の多くは、"A副B"のかたちで、後句の述語の前に位置するが、その際、当然ながら、後句全体を修飾する、という見方でこれらの副詞を捉えきれるものではない。"关联副词"であるからには、AとBの間の関係を規定するのであり、またときには、"A副B"と顕現していても、Aではなく、別の前句Xを擁し、XとBとの関係の捉え方を規定する場合さえある。Xとは前提であり、前提と現実句（後句）との関係を明らかにすることこそが、中国語の"关联副词"の構文的役割の解明に通じるものである。

　国語学では、石神照雄1978[4]のなかで、従来の構文論を、"従来のような、要素結合的な構文観により、述語が措定されると、これに先行するものを連用修飾語ないしは連用修飾成分という名称の下に、いわゆる係り受けの線状的な語連続の把握に終止する"とし、"文の内部構造を論じる'構文論'"でなければならないと、次のように述べている。

　　文の内部構造を論じる'構文論'とは、文の部分としてある文の構成要素——構文成分——に、予め一定の構文機能の存在を設定し、それらの組合せによって機能の顕現を云々することではなく、組織としての全体である文において一定の関係の下にそこにある部分としての語がそこにある本質をこそ論ずべきものなのである。機能は本質をとらえることによりいわば結果としてそこに見出し得るものなのである。

　上のような立場から文を見たとき、修飾関係は、（1）広義の連用修飾と（2）狭義の連用修飾とに分けられる。（1）は補充関係——いわゆる格関係であり、"各個に具有する〈内的論理構造〉の〔関係項目〕の内容を構文成分として満たすか否か、という述語となる属性表現の語自体の個有の性質による構文上既定の関係としてあるもの"であり、たとえば、①の"食べる"は、〔関係項目〕として、〔主体〕（太郎）、〔対象〕（りんご）を要求する。

　　①　太郎がりんごを食べる。
　　　　（〔主体〕→太郎，〔対象〕→りんご）

それに対して，（2）狭義の連用修飾の関係は，②の"美しく"と"咲く"のような関係をいう。

② 桜の花が美しく咲く。

即ち，石神照雄1978が述べているように"コト（事象）の一定のサマ（属性）の面を時間性的に捉え動詞として表現し，別の面を非時間性的に捉え形容詞及びこれに類する形容動詞，情態副詞等の語として表現することにより，コト（事象）のサマ（属性）を同時に二重的に捉え表わしている"もので，これが修飾関係——いわゆる狭義の連用修飾——と呼ばれるものの本質であるとしている。

このように，修飾成分としてあるには，"それが句の述語となり主語—述語相関の句として，モノ（実体）とサマ（属性）との統一として一定のコト（事象）を表わすもの"でなければならない。

ところが，修飾成分とはその質を異にするものがある。それらは，"事象間の関係性を捉えたものとはいえ，とりあげる現実事象と関係を結ぶ事象は何ら客観的には存在せず，前提事象という予想として，言語主体によって主観的に設定されることによって事象間の関係性が存立する"のである。そして，"現実事象と言語主体によって主観的に設定される予想としての前提事象との相対的な関係としての関係性を，素材としての事象を直接とらえうる現実の立場で把握したものを，〈程度性〉と称する"とし，この〈程度性〉を本質とするものを，〈程度性副詞〉としている。

中国語においても，"关联副词"と呼ばれ，所謂語気にかかわる副詞は，原1985で論じたように前提（予測）と現実句との関係を見ることではじめて，その語のもつ本質を規定することが可能であり，前提（予測）と現実という二事象間の関係性を問題にするからには，当然，そこに二事象間の差異が生じ，その差が程度性獲得[5]への契機となる。

"总"は，時の補充成分（広義の修飾成分）以外に，修飾成分とは異なるものとして，前提と現実事象との間の関係の捉え方を規定するものとしても働くが，本稿では後者を特にとりあげる。

2. 問題点の提起

(1) 先行文献から見る問題点

　本稿で扱う"总"について更に明確にするため、呂叔湘1980[6]と北京大学中文系1955/1957级语言班1986[7]の説明から問題点を提起する。

　1) 本稿が扱うのは、『现代汉语八百词』、『现代汉语虚词例释』が、"毕竟，总归"、"终归"の意を表すとしているものだが、両書とも、それとは別に"推测，估计"を表すものとして一項設けている。しかし、これからの検討により明らかになるが、これらは別々のものではなく、両者は互いに関連しあうもので、本来、後者は前者に収斂されるものである。そこで、本稿では両者を区別せず、同時に検討する。

　2)（1）"推测，估计"を表すとき、"常和'大概'连用"といい、"大概"と連用されるとしながら、"总"自身が"推测，估计"を表すとはどういう意味なのか。たとえば、③と④の違いはどこにあるのか。

　　③　大概有二十多年了。〈八百〉
　　　　（だいたい二十数年になる。）
　　④　大概总有二十多年了。〈八百〉
　　　　（だいたい二十数年にはなる。）

更に、単に"推测，估计"を表すだけなら、"会"等の助動詞でもことたりるが、"总"はその助動詞ともよく共起する。

　（2）また、"表示推测，估计"であるときは"多用於数量"とあるが、その数量の大小について制限はないのか。数量の大小に関する話者自身の判断とのかかわりはどうか（『现代汉语八百词』）。

　3)"终归"の意を表す時、"前边往往有表示无条件的副词"（前にはよく、無条件を表す副詞がある）、或いは"虽然没有这样的副词出现，但是句子本身，也含有无条件的意思"（このような副詞が出現していないが、しかし文自体無条件の意味も含んでいる）とあるが、その"无条件"とはどのようなものか。たとえば、⑤のような発話が、いかなる障碍をも克服して、コトの成就を意図する"意図性"を有するということなのか（『现代汉语虚词例释』）。

　　⑤　我总要去。

（私は行かなくてはならない。）

　また，⑥は相手に対して絶対的な強制力をもつということだろうか。

　⑥　你<u>总</u>得去一趟啊。

　　　（あなたは一度は行かなくてはならない。）

以上の問題点を明らかにするために，以下，検討をすすめていく。

(２)　"总"が働くレベル

　"总"はどのレベルで働くのか，具体的に見ていく。

　⑦　我希望你<u>总</u>来。

　　　（私はあなたがいつも来るよう希望する。）

　⑧　我<u>总</u>希望你来。

　　　（私はいつもあなたが来るよう希望している。）

　　　（私はどうしてもあなたが来るよう希望する。）

　⑦,⑧の"总"の位置が示すように，"总"は二つの異なるレベルで働く。

　まず，⑦は，『现代汉语虚词例释』，『现代汉语八百词』でそれぞれ，"表示过去经常如此，现在也仍然如此，与副词'老'的用法相近"（いつもそうであり，今もそうであることを表し，副詞"老"の用法と近い），"表示持续不变；一向，一直"（持続して変らないことを表す；これまでずっと，ずっと）とされている意義で，時の補充成分として一義的に，"いつも，ずっと"という意味を表す。

　これに対して，⑧はambiguosである。ひとつは，⑦と同義で，いまひとつは，前掲二書が，"表示'终归'的意思"，"毕竟，总归"とするもので，本稿でとりあげるのは後者である。

　⑦,⑧いずれも，李临定1983のいう"判断双谓句"[8]である。"判断双谓句"とは次のような文をいう。

　⑨　不会，他不会跑得这样快！〈判断〉

　　　（そんなことはない，彼はこんなに速く走れない！）

　即ち，⑨のような助動詞文において，"会"を"判断谓语"，"跑得这样快"を"后谓语"とし，この"判断谓语"と"后谓语"からなる文が"判断双谓句"である。

　李临定1983は助動詞を状語と分析し，その後の動詞を謂語（助＋動）と
　　　　　　　　　　　　　　　　　　　　　　　　　　　　　状　謂

する"状语说"、或いは助動詞を"谓语动词"と分析し、その後の動詞句を賓語(助＋動＋目)とする"宾语说"があるが、その両者が否定されること、"判断谓语"は"X不X？"のかたちがあり、"不"(或いは"没")で否定できること、また"后谓语"は形式的には変化に富み、"判断谓语"(＝助動詞)の位置を後に移したのち、主語の直後に位置することができる等の理由から、"判断谓语"と"后谓语"はいずれも"谓语性"(述語性)のものである。そして、なぜ"判断谓语"と呼ぶのか、その理由について、次のように述べている。

　　这是因为这样的谓语只是表示一种判断(在可能性，必要性，意愿，难，易，估价等方面)：肯定或者否定。它们的形式一般也只有三个：肯定式，否定式(加"不")，肯定，否定相加的"X不X"式，和后谓语相比较，判断谓语不是叙述性的。

　　(それはこのような述語はただ一種の判断〔可能性，必要性，願望，難，易，評価の面において〕、肯定或いは否定を表すだけであるからである。それらの形式も一般に三つしかない。肯定，否定〔"不"を加える〕，肯定と否定を加えた"X不X"の形式である。"后谓语"と比べると、判断謂語は叙述性のものでない。)

では、"判断谓语"の示す判断とはなにか。同じく李临定1983は次のように述べている。

　　"判断谓语"和句中其他成分的关系，有一种可能的分析是：它是和主语，后谓语发生关系的，也就是说它对主语，后谓语所表达的内容作出判断。(下線部筆者)

　　("判断謂語"と文中のその他の成分との関係は、可能な分析は、それは主語，"后谓语"と関係を生じる。即ちそれは主語，"后谓语"が表している内容に対して判断をするのである。)

即ち、"判断谓语"は主語とだけ、或いは"后谓语"とだけ関係があるのではない。"后谓语"が"叙述一件事"(ひとつの事を述べる)であるのに対し、"判断谓语"は更に、そのコト(事象)に対する言語主体の判断を示すものである。

"总"は、この"判断双谓句"とよく共起し、言語主体のコトに対する判断を示す"判断谓语"の前にたつ。ということは当然、更に上の層次で働いていることになる。

以下に例を挙げる。
1）"总"と動詞文
"总"は，"可以"，"会"，"应该"，"得"，"要"，"能(够)"，"肯"，"算"[9]等を"判断谓语"とする"判断双谓句"と共起する。

⑩ 这点绵花总可以给他一点温暖，希望他快些好起来吧！〈四季〉
（この少しの綿は彼を少し暖くすることはできる。彼にはやく，よくなってもらいたい！）

⑪ 咱们坐下来等鱼吧，河里总会有鱼来的。〈三只〉
（座って魚を待とう，川には魚がいて来る。）

⑫ 不管怎样，妈妈总是爱我们的，她说的话总不应该忘记啊！〈三只〉
（どうであれ，お母さんはいつも私達を愛している，お母さんが言ったことは忘れてはならない！）

⑬ 我是说：总得闹出个名堂来呀，总得有个一定的办法呀！〈神拳〉
（私は，何らかの結果は出さなくてはならない，一定の方法はなくてはならない，と言っているのだ！）

⑭ 这时，石野贞一郎总要环视一下四周，然后三步并做两步就钻进千惠子的房里。〈证言〉
（石野貞一郎は四囲を注意し，いつも素早く千惠子の家に消えた。）

⑮ ……她也相信蚂蚁子终久总能够渡河…… 〈一只〉
（……彼女も蟻もついには川を渡ることができると信じている……）

⑯ 怎么说，他总不大肯信。〈判断〉
（どう言ったらいいか，彼はあまり信じようとはしない。）

⑰ ……肉切得好不好得，总算切出来了，没耽误了事！〈女店〉
（……肉を切るのがうまいかどうかは別にして，なんとか切れて，手間取らなかった！）

これ以外に，心理活動動詞"觉得"，"以为"，"记得"，"相信"等ともよく共起する。

⑱ 而且长此默不作声，总觉得凶手在盯着她，弄得她心神不安。〈残酷〉
（しかも長い間声を立てない。犯人が彼女を見張っているみたいで，彼女を不安にした。）

⑲ 不过你一贯瞧不起干活的人，总以为它们是傻瓜，可以随便摆布

......〈磨工〉

(しかしあなたは一貫して力仕事をする人を軽蔑していて、彼らは馬鹿だと思い、思うようにできると思っている……)

⑳ 您总记得去年我在这大树傍告诉过您……〈新年〉

(去年私がこの大木の側であなたに申し上げたことを覚えていらっしゃるでしょう……)

㉑ 光听它们的话，还不能作真，我总不相信这么好的天气，没有风也没有云，会下雨！〈大雨〉

(それらの話を聞いただけでは、当てにはならない。私はこんないい天気で、風もなく雲もないのに、雨が降るなんて信じない！)

⑱～㉑のような動詞文は"判断双谓句"とはされていないが、"觉得"、"以为"、"记得"、"相信"等の語のもつ意味と機能から、あるコト(事象)に対する判断を示すものである点で、"判断双谓句"に準ずるものといえる。

2）"总"と形容詞文

一般に"总"は、形容詞と直接"总＋形"[10]のかたちで共起しない。㉒，㉓は成立しない。

㉒ *他总好。

(彼はいい人ではある。)

㉓ *我总痛快。

(私は愉快ではある。)

ただ、次のような例がある。

㉔ 所以他们说要替我治病，我想也好，治了总好些。〈我在〉

(だから彼らは私の病気を治してくれると言った。私はそれもいいと考えた。治ったほうがいい。)

㉕ 是呀，无论怎么说吧，他总算有了点事作；好歹的大伙儿不再说他是废物点心，我的心里总痛快点儿！〈龙须〉

(そうなんですよ、何と言っても、どうにか仕事ができて、何かと言うと皆がもう彼は役立たずだと言わなくなるのが、私には嬉しいのです。)

㉔，㉕が成立するのは、形容詞のあとの比較を表す成分"些"、"(一)点儿"と関係があるが、詳細は後に述べる。

以上、"总"は、コト(事象)に対する判断を示す"判断谓语"や心理活

動動詞"觉得","以为","记得","相信"等の前に位置し，これらの語の更に上の層次で働いている。更に"总"は，単文の単位におさまるものではなく，複文構造のなかで機能しているのだが，それについては次章で述べることにする。

3. 複文構造のなかで

(1) 転折と順接

『现代汉语虚词例释』のいう，"无条件"(無条件)を表す副詞と連用され，或いはそのような副詞がなくても"无条件"の意味を含む，というのは次のようなことをさしている。

㉖ 依据国内国际条件，不论抗战路程上有多少困难，中国人民总是要胜利的。〈虚词〉
(国内，国際的な条件に基づいて，抗戦の道程には，どれほどの困難があろうとも，中国人民は勝利する。)

㉗ 他不管对方听，话总得往下说。〈虚词〉
(彼は相手が聞こうと聞くまいと，話し続けなければならない。)

即ち，㉖，㉗のように，"不论"，"不管"等と呼応するかたちで用いられるが，その"不论～"，"不管～"がなくても，"无条件"であることを示すというのである。

確かに"总"は，㉖，㉗のような文脈に出現することが多い。『关联词语』编写组1981[11]の分類に拠ると，"无论～也(都)～"は，"充分条件关系(偏正复句)"(充分条件関係〔修飾関係にある複文〕)の下位分類，"排除的充分条件"(排除的充分条件)を表す"复句"(複文)である。"总"はこのような複文に用いられる副詞のひとつである。

このように複文のなかで機能しているのなら，前句と後句の関係をどのように捉えているのだろうか。

同じく『关联词语』编写组1981のなかで，"总"は"还是"，"还要"とともに"含转折意味的副词"(転折の意味を含む副詞)として"关联词语"(関連詞語。"然而"，"却"等)が省略された複文のなかで，"转折关系"(転折関係)を明確に示しうるものとされ，次のような例が挙げられている。

㉘ 虽然不断给他提些意见，对方总是振振有词地巧言遮辩。〈关联〉
　　（絶えず彼のために意見を言ったけれど、相手はもっともらしいことを言って、うまく言い逃れをした。）

では、"总"は常に転折的に用いられるのだろうか。㉘の例を見る限りでは、"含转折意味的副词"で"转折关系"を表すものという説明に矛盾はない。しかし、次のような例がある。

㉙ 既然干了这么多年，总会领一笔可观的退职金的。〈残酷〉
　　（こんなに長く働いたのだから、まとまった退職金をもらうだろう。）

㉙は"因果关系"（因果関係）を表す複文で、㉘とは逆に順接的である。更に、㉚、㉚′、㉚″、㉛を見てみよう。

㉚ 一般的贫穷人连自己都不能糊口，<u>偏偏</u>要出生许许多多的阿猫阿狗的儿女。〈一只〉
　　A　　　　　　　　　　　　　　　　B
　　（一般の貧しい人は自分さえ養えないのに、それにもかかわらず、たくさんの子供を産む。）

㉚の"偏偏"は、"表示故意跟外来要求或客观情况相反"[12]（わざと外からの要求や客観的情況と相反することを表す）であり、"A偏偏B"とは、"AであるにもかかわらずBである"という意味で、AとBの関係を転折的に捉えるものである。この"偏偏"を"还"に入れ換えた㉚′は成立するが、"总"に置き換えた㉚″は不成立で、"总"を用いた文が成立するには㉛のように改めなければならない。

㉚′ 一般的贫穷人连自己都不能糊口，<u>还</u>要出生许许多多的阿猫阿狗的儿女。
　　（一般の貧しい人は自分さえ養えないのに、それでもたくさん子供を産む。）

㉚″* 一般的贫穷人连自己都不能糊口，　<u>总</u>要出生许许多多的阿猫阿狗的儿女。
　　A　　　　　　　　　　　　　　　　B
　　（一般の貧しい人は自分さえ養えないのに、たくさんの子供を産む。）

㉛ <u>一般的贫穷人连自己都不能糊口，</u>　<u>总希望只有一个孩子，或者根本不想要有孩子。</u>
　　A　　　　　　　　　　　　　　　　B
　　（一般の貧しい人は自分さえ養えないので、一人の子供だけを望み、或いは子供は全然いらないと思う。）

㉚のAとBの関係は転折的だが、㉛のA′とB′は、論理的に"A′なのでB′"という"因果关系"（因果関係）にあり、順接的である。

このように"总"は、"偏偏"や"还"が捉えたのと同じ関係では、前句と後句の間を関係づけられない。

更に、"总"は"转折关系"（転折関係）を担いうる副詞"还"とも共起する。

㉜ <u>阿力在它傍边浇水，拔土，</u> <u>但是石头总还在那儿种子不见伸出来。</u>〈奇异〉
　　A　　　　　　　　　　　　　B

（阿力はその側で水をやり、土をほぐした。しかし、石はやはりそこにあり、種は育たなかった。）

"还"は、"虽然"、"尽管"等と同時に、或いは単独で用いられ、"动作或状态不因为有某种情况而改变"[13]（動作或いは状態がある種の状況によって変らない）を表す。即ち、㉜のAとBの間の"转折关系"を担うのは"还"であり、"总"ではない。"总"は"转折关系"を表す複文にも用いることができるというにすぎない。このことに関して、『关联词语』編写组1981の"排除的充分条件"（排除的充分条件）の説明はたいへん示唆的である。

具有排除的充分条件关系的复句，一般简称为排除条件复句。排除条件复句里出现的是被排除的条件和结论。如："无论你是学生还是教师，都要遵守学校规章制度。""你是学生还是教师"这个条件与结论"都要尊守学校规章制度"无关，这里指出的是一个与结论无关的条件。但是这一类句子同时又隐含着一个更大范围里的条件：<u>"（只要）你是属于学校的人"，这个条件与结论是充分条件关系。</u>……（下線部筆者）

（排除的充分条件関係を具えている複文は、一般に排除条件複文と略称する。排除条件複文に出現するのは排除される条件と結論である。たとえば、"学生であろうと教師であろうと、皆学校の規則制度を遵守しなければならない。""学生であろうと教師であろうと"というこの条件は、結論"皆学校の規則を遵守しなければならない"と無関係で、ここで指しているのは結論とは無関係な条件である。しかしこの類の文は、同時に更に大きな範囲の条件を隠し持っている。"学校に属する人で〔さえ〕あれば"、というこの条件と結論とは充分条件関係である。……）

下線部分からわかるように、"无论A都（也）"において、AとBが"充

分条件関係"にあるのではない。特に＝部分が示すように、A以外のXが存在し、そのXとBが"充分条件関係"である。だからこそ、"表示任何条件下结论都不会改变"（如何なる条件のもとでも結論は変らない）で、AとBを転折的に捉える"无论A都(也)B"（AであろうともBである）が、"排除的充分条件"（排除的充分条件）とされているのである。

"无论A都(也)B"（AであろうともBである）において、A以外のXが存在し、XとBが充分条件の関係にある、ということは当然、"无论A总B"（Aであろうとも最低限Bである）のなかで"总"は、Aを前句に、Bを後句として二者の関係を規定するものではないことを意味する。"总"は、転折関係を表す複文によく出現するが、"总"そのものが転折関係を担っているのではない。"无论(不管,任凭,虽然)A总B"（Aであろうとも最低限Bである）として顕現しているAを前句とするのではなく、A以外のXが存在し、そのXと後句Bとの関係の捉え方を規定するものである。

XとBの関係については更に詳しく見る必要があるが、基本的には、XとBは因果関係でなければならない。それは、㉙～㉛で見たように、"既然A总B"（Aであるからには最低限Bである）となること、"偏偏"や"还"と互換不可で、転折関係を担いうる"还"とも共起し、"总"自身が転折関係を担うものではないこと等から明らかである。

但し、ここで注目すべきことがある。因果関係を表す複文には"既然～就～"（～であるからには～）、"因为～就～"（～なので～）と、副詞"就"が同時に用いられることが多いが、"总"は"就"と共起しない。㉙'は成立しない。

㉙'＊既然干了这么多年，就总会领一笔可观的退职金的。〈残酷〉

"总"が"就"と共起しないということは、実は、"总"の特性を語るうえで無視できない、重要なことである。これは、単に、前句と後句を因果関係として捉えている、というだけでは不充分であることを示している。なぜ"总"が"就"と共起しないのか、その理由を次に考えることにする。

（2）"总"と"就"

"总"が"就"と共起しないのはなぜか。その理由を明らかにするために、1）"总"と数量表現、2）"总"と比較文について検討する。

1)"总"と数量表現

"总"と数量表現との共起に関して,第2章第1節に挙げた問題点2)について検討する。即ち,次の2点である。
（1）"大概"と連用されるのに,"总"自身が"推測,估計"を表すとはどういうことか。
（2）数量の大小に関する制限の有無,或いはその大小に関する話者自身の判断とのかかわりはどういうものか。

まず（1）は,例文③と④が同じかどうかということである。
　③　大既有二十多年了。〈八百〉
　④　大既总有二十多年了。〈八百〉

結論的に言うと,両者が全同であるとは考え難い。なぜなら,"大概"が既に"对情况的推测"[14]（情況に対する推測）を表しているのに,更に同じ意義を担う語を用いるのは,矛盾するからである。共起するということは,互いに異なる次元で,それぞれの役割を果しているのである。

では,③と④はどう違うのか。その差異を明らかにするため,次に（2）について見ることにする。

"总"は,数量が小であることを示す語（"几句","一点","点儿"等）と共起するが,逆に大であることを示す語（"很多"等）とは共起しない。
　㉝　你学过英文将近十年了,总应该会说几句。
　　　（あなたは英語を学んで十年近くになるのだから,少しは話せるはずだ。）
　㉞　你干了十年活儿,总应该有一点存款。
　　　（あなたは十年働いたのだから,少しは貯金があるはずだ。）
　㉟　别的不说,咸菜总得买下点呀。
　　　（他のはともかく,漬物は少し買わなくては。）
　㊱　*他是个财主,总有很多钱吧。
　　　（彼はお金持ちだから,たくさんお金は持っているだろう。）
　㊱′他是个财主,一定有很多钱吧。
　　　（彼はお金持ちだから,きっとたくさんお金は持っているだろう。）

㉝～㉟は成立するが,㊱は成立しない。しかし,㊱′が示すように"一定"は"很多"等,数量が大であることを示す語と共起する。

更に,例文㊲も成立し難い。
　㊲　*你学中文将近五年了,至少总应该说几句。

"总"　61

（あなたは中国語を学んで五年近くになるのだから，少くとも少しは話せるはずだ。）

　"总"が，数量が小であることを示す語と共起し，大であることを示す語とは共起しないことが明らかである以上，㊲の不成立は，"至少"と"总"が相反するからではなく，両者が非常に近いためである。

　以上，㉝〜㊲からも，③"大概有二十多年了"と④"大概总有二十多年了"が異なるものであることが明らかになった。

　数量が小であることを示す語と共起し，"至少"のように最低限度を表す語とは，その意味が重なるために共起しないことから，"总"は，話手自身が数量を小と捉えるときに用いられると見られる。そのことは，次に見る比較文との共起関係から一層明らかになる。

　2）"总"と比較表現

　"总"は比較文（"比"字句）において，"更"や"还"と共起せず，"A总比B更（还形）"とはいえない。

　㊳〜㊵に"总"を入れた㊳′〜㊵′は成立しない。

　㊳　对！你说比我说更有劲儿。〈全家〉
　　　（そうだ！あなたが言うほうが私が言うよりもっと効果がある。）
　㊴　我倒爱听新闻，还有对农村广播什么的，听听心里亮，内当家比我还爱听。〈内当〉
　　　（私はニュースを聞くのが好きだ，それに農村ニュース等についても，聞くと気持がすっきりする，家内は私よりもまだ聞くのが好きだ。）
　㊵　难以理解的是，美军方面发出了完全莫须有的消息：在远州滩外发现了"木星号"，全体人员获救。这消息比幻影还要离奇。〈木星〉
　　　（が，ふしぎなのは，有りもしない「もく星号」の姿を遠州灘沖で発見し，全員を救助したという米軍からの情報であった。幻を見たとしてもこれほど奇怪なことはない。）

　㊳′＊你说总比我说更有劲儿。
　㊴′＊内当家的总比我还爱听。
　㊵′＊这消息总比幻影还要离奇。

　陆俭明1980がいうように，"比"字句における"更"や"还"（"还要"）は，Bが既に一定の程度に達していて，Aは，更にBを超えるものであ

ることを示す。[15] "这个比那个更好"(これはあれよりもっといい)は、比較の基準となる"那个"も"好"といえる程度に達しており、"这个"はそれより更によいことをいう。このような"更"や"还"("还要")と共起しないということは、"A总比B形"は、比較の基準となるBが"更"や"还"("还要")とは相容れないものとして設定されていると考えられる。

ここで、比較文について考えてみたい。石神照雄1980[16]は、比較について次のように述べている。

> 比較とは、体言として表されるモノ(実体)とモノ(実体)との関係を言うのではなく、〈内的論理構造〉相互の相対的な関係、即ちモノ(実体)とサマ(属性)との統一としての(事象)相互の相対的な関係を捉えることである。

たとえば、㊶の例で考えてみる。

㊶　次郎の部屋より太郎の部屋は広い。

㊶の内部構造の把握とは、"次郎の部屋"を〔主体項目〕とする"広い"の〈内的論理構造〉と、"太郎の部屋"を〔主体項目〕とする"広い"の〈内的論理構造〉とを捉え、その相対的な関係を把握することで、即ち、次郎の部屋が広いというコト(事象)と、太郎の部屋が広いというコト(事象)との相対的な関係を把握し、これを構文上に表したものである。

比較表現を存立させる内部構造としての二句の相関がどのようなものか、次に具体的に見る。

㊶の"次郎の部屋が広い"(㊶a)と"太郎の部屋が広い"(㊶b)の二つのコト(事象)の間には、それ自体として関連はない。共に部屋の広さをいうものではあるが、それは個別的なものとしてあり、修飾関係とは違い、石神照雄1980が述べているように"ある対象の部分として両者が統一されるものとして存立するのではない"のである。即ち、"言語主体が二句の間に何らかの関係設定を行なうことによって、そこに相関の事実が生ずる"こととなり、相関の為の主体的な作用が存在するのである。

比較表現の場合、〈程度性副詞〉の前提句と現実句に対応するのは、比較の基準となる事象を表す句である基準句と現実に比較されるものとしての事象を表す句である現実句である。比較表現における基準句は、前提句とは違い、現実句と同じ属性を有すると見なされる事象を内容とすることが必要である。基準句をなす事象は、この条件の下に、石神照雄1980のいうように"時間的にも空間的にも何ら制限されることなく、言

語主体によって自由に取り上げられたもの"である。即ち，"基準句は，同一属性を有するという点では現実句との類似性を有するが，そのことは基準句と現実句とが事象としてのつながりを持つことを意味するものではない。ここに於いて，両者に相関の事実を生ぜしめ，その関係性を明らかにするところのものが必要とされる。これが比較という作用それ自体を表わすヨリである"ということになる。

以上のことを中国語に置き換えると次のようになる。

㊷　<u>张三的屋子</u>比<u>李四的屋子</u>大。
　　　A　　　　B
　　（張三の部屋は李四の部屋より広い。）

比較文㊷は，モノA"张三的屋子"とモノB"李四的屋子"の関係をいうのではなく，"张三的屋子大"（張三の部屋は広い）(㊷a)と"李四的屋子大"（李四の部屋は広い）(㊷b)の個別の二事象として捉え，㊷bが基準句，㊷aが現実句となる。基準句㊷bは"言語主体によって，自由にとりあげられたもの"で，その基準句と"現実に比較されるものとして事象を表わす句"として現実句㊷aがある。そして，基準句と現実句の間に"相関の事実を生ぜしめ，その関係性を明らかにするもの"が"比較作用それ自体"を表す"比"である。

このような比較文"A总比B形"において，"总"は，基準句を最低限度を表すものとして設定するのである。それは，刘月华・潘文娱・故搢1983で述べられている"A在程度上又深了一层，同时含有B已有了一定程度的意思"[17]（Aは程度上上回り，同時にBもすでに一定の程度に達しているという意味）を表す"更"や"还"（"还要"）等と共起しないこと，また，1）で見た数量表現との共起関係，即ち，数量が大であることを示すものとは共起せず，小であることを示す語と共起すること，更に，意味的に重なるため最低限度を表す語"至少"を排拆すること等から明らかである。このことは，例文㊸の文脈がよく表している。

㊸　四嫂：别那么说，他<u>总</u>比我的那口子强点，<u>他不是这儿（指头部）有点毛病吗？我那口子没有毛病，就是不好好地干！拉不着钱，他泡蘑菇；拉着钱，他能一下子都喝了酒。</u>〈龙须〉

　　（四嫂：そんなふうに言わないで。彼はうちのよりはましよ，彼はここ〔頭を指して〕に病気があるじゃあないの？ うちのはどこも悪くないのに，真面目に働かない！〔"洋车"に乗る客がな

くて〕お金が入らないと，なにかと言って絡むし，お金が入ったら入ったで，全部お酒を飲んでしまう。）

下線部分が示す通り，どこも悪くないのにきちんと働かず，("洋车"に乗る客がなくて）お金が入らないと，なにかといってからむし，お金が入ったら入ったで，全部お酒を飲んでしまう，そのような自分の夫に比べたら，"他"はまだよい，というのである。

"A总比B形"というとき，まずBを最低限度に据え，そのうえでAをBと比較する。とすれば，Aの程度も所詮は高いものになるはずがない。"总"は，話者がAとBをそのような関係で捉えていることを示すものである。

ところで，第2章第2節の，2)で触れたように，"总"は一般に，形容詞と直接"总＋形"のかたちでは現れず，"他总好"(㉒)や"我总痛快"(㉓)とは言わないが，形容詞の後に比較を表す成分"些"や"(一)点儿"がある"总形些(一点儿)"は言える。数量表現と比較表現との関係をみてきたいま，ここでもう一度，㉔，㉕の例を考えると：

㉔ 所以他们说要替我治病，我想也好，治了总好些。〈我在〉

㉕ 是呀，无论怎么说吧，他总算有了点事作；好歹的大伙儿不再说他是废物点心，我的心里总痛快点儿！〈龙须〉

普通，形容詞とは直接共起しない"总"が㉔，㉕において共起するのは，まさに比較を表す成分"些"，"(一)点儿"にささえられてのことで，この場合の"总"は本来，"比"字句における"总"と同じレベルにあるのである。㉔，㉕は，次のようになると考えられる。

㉔ 治了总(比不治)好些。
　　(治ったほうが〔治らないより〕いい。)

㉕ 大伙儿不再说他是废物点心(比大伙儿说他是废物点心)我的心里总痛快点儿。
　　(皆がもう彼は役立たずだと言わなくなるのが〔皆が彼は役立たずだと言うより〕私には嬉しい。)

3)まとめ

第3章で述べたことから，"总"についてまとめると次のようになる。

(1)因果関係

"总"が捉える前句と後句の関係は因果関係である。それは以下の理由から明らかである。

"偏偏"や"还"が捉えるのと同じ関係では前句と後句の間を関係づけられず，因果関係を表す複文に，"既然A总B"として共起し，また，転折関係を担いうる副詞"还"とも共起すること，そして，転折関係を表す複文に"无论(尽管，任凭，虽然)A总B"と現れていても，BはAを前句とするのではなく，A以外のXが前提句(前句)として存在すること等の理由による。

(2)必要最低条件

"总"は前句と後句を，単に因果関係として捉えるだけではなく，前句に対して後句が必要最低条件であるものとして二者の関係を規定する。それは，数量が小であることを示すもの(或いは小とみなすもの)と共起し，大であることを示す語(或いは大とみなされるもの)とは共起しないこと，また，比較文において，"更"や"还"("还要")と共起せず，基準句を最低限度にあるものとして設定することから明らかである。

(3)"A总B"と"虽然A总B"

(1)，(2)から，"总"の現れている構文を次のように規定できる。

㊀順接的な複文に"A总B"として顕現する場合：

 A(=X) 条件(前提句＝前句)
 B   結果，条件Aから必然的に導き出される結果(現実句＝後句)
 A(=X)とB A(X)に対してBは必要最低条件

A，B，そしてAとBは上のように規定され，"A总B"は"A(=X)なので(少なくとも)Bである"となる。

㊁転折的な複文に"虽然(无论，尽管，任凭)A总B"として顕現する場合：

 A 条件$_2$
 X 条件$_1$(＝前提)
 B 結果，Xから必然的に導きだされる結果(現実句＝後句)
 XとB Xに対してBは必要最低条件

この場合，Bは，AとXの二つの異なる前句に対する後句として重層構造をなしていて，"虽然(无论，尽管，任凭)A总B"は，"Aであるが(Xなので)Bである"となる。

転折的複文における，上のようなA，X，Bの関係は，次の例文からも見てとれる。

㊹ 八弟休得气恼！想那根鬃毛，也算不得什么，让它去吧！今天我俩兄弟难得相会，虽吃不成酒席，总不成没个消遣。〈猪八〉
　　　　　　　　　　　　　　　　　　　　　　　　　Ｘ
　　　　　　　　　　　　　　　　A　　　　B
（八弟怒るな！　あの毛なんてどうってことない，放っておけ！　きょうは我等兄弟がせっかく会えたのだから，酒宴とまではいかなくても，せめて楽しく過ごさなくてはならない。）

㊹は，形式的には，"虽A总B"として顕現しているが，実質的には，X"今天我俩兄弟难得相会"が，Bに対する前句としてあり，"(きょうは我等兄弟がせっかく会えたのだから)酒宴とまではいかなくてもせめて，楽しく過ごさなくてはならない"となる。

（4）"就"との関係

（1）～（3）から，前句と後句が因果関係にありながら，前句に対して後句は充分条件とはならず，必要最低条件にとどまることこそが，"总"が"就"と共起しない理由である。

因果関係を表す"既然A就B"は，『关联词语』编写组1981によると前句Aと後句Bが"充分条件关系(直陈的充分关系)"（充分条件関係〔直接的充分関係〕）にあり，"即有了前一分句的条件，就一定会有后一分句的结果"（前の分句の条件があれば，必ず後の分句の結果になる）であることを表す。

このように，前句に対する後句の関係が，一方は必要最低条件であり，一方は充分条件と異なり，"既然A总B"と"既然A就B"とでは，AとBの関係の捉え方が異なるのである。

この"总"と"就"の違いはまた，比較文における"更"，"还"("还要")との共起関係にも反映される。"就"は"A就比B形"となり，"更"や"还"("还要")と共起する。

㊺　如果群众知道我现在还替潘景川说话，把群众对走资派的批判说成是捏造，我的罪过就比潘景川更严重。〈开拓〉
（もし大衆が私が今潘景川のために話し，大衆の走資派に対する批判を捏造であると言っているのを知ったら，私の罪は潘景川よりもっと重い。）

㊺の"更"を"还"或いは"还要"に置き換えた㊺′，㊺″も成立する。

㊺′ ……我的罪过就比潘景川还严重。
㊺″ ……我的罪过就比潘景川还要严重。

"总"が，前句と後句を因果関係で，しかも前句に対して後句が必要最

低条件であるものとして捉えるものであることが，次に見る"総算"の後にくる成分を規定することになり，更に"意図性"，"強制力"の有無の問題にもかかわっていく。

4．"意図性"と"強制力"

1)"総算"＋形

"総＋形"とはならなかったが，"総算"は比較を表す"些"や"(一)点儿"を伴わない形容詞と共起する。これは"算"の"～の方に入る"，"～の範疇に入る"という意味が，"～の方に入らない"，"～の範疇に入らない"モノと比較をしていることになるからだと思われる。

"総算"は"还算"とはどう違うのか。たとえば，"还算好""総算好"はどのように区別されるのか。

崔永华1982によると，"还算"は，"表示A这种性质或状态的程度很浅，对这种情况勉强表示满意"[18]（Aという性質或いは状態の程度が低いことを表し，そのような情況に対してなんとか満足を表す）であり，この形式は，Aa（褒義形容詞）及びごく少数のAc（中性形容詞）を要求し，マイナス評価に傾きやすい語("小"，"少"等)とは共起しない。[19] 当然Ab（貶義形容詞）は排斥される。たとえば次のようになる。

㊻　"他们的学习都还好吧？"她又问，我点点头，回答："还算可以。"（Aa）
（"彼等の成績はみんなよいのでしょう？"　彼女はまた尋ねた，私は頷いて答えた。"まあまあです。"）

㊼　他下棋的水平还算高。（Ac）
（彼の将棋の腕はまあまあだ。）

㊽　*这小伙子还算懒。（Ab）
（この若者はまあまあ怠けている。）

㊾　*他的神色还算可怕。（Ab）
（彼の表情はまあまあ恐い。）

"可以"(㊻)，"高"(㊼)等とは共起するが，"懒"(㊽)や"可怕"(㊾)とは共起しない。

"総算"はどうだろうか。

(50) 别哭！别哭！千万别把眼睛哭红了！……这门亲事总算门当户对；两边儿都穷，可都是好人家。〈神拳〉

(泣かないで！ 泣かないで！ 泣いて目が赤くならないように！……この縁組はまあまあ釣り合いがとれている。両家とも貧しいけど，どちらもいい人だ。)

(51) 真没想到啊！共产党给咱们修茅房，抓土匪，还要修沟，总算不错可是，他们也教年轻的去自由……〈龙须〉

(思いもよらなかった！ 共産党が私達のためにお手洗を修理してくれて，土匪を摑まえてくれて，そのうえ溝を修理してくれるなんて。まあまあだ，しかし彼らはまた若い者に自由を教える……)

(50)，(51)に見られるように，Aa(“不错”，“门当户对”)と共起し，Abとは共起しない。㊽，㊾の“还算”を“总算”に入れ換えた㊽′，㊾′もやはり不成立となる。

㊽′ *这伙子总算懒。

㊾′ *他的神色总算可怕。

これらを見る限り，“总算＋形”は“还算＋形”と全く同じであるかのようだが，次の例を見ると，その違いがはっきりする。

(52) 他对这一行还算精通。

(彼はこの仕事にまあまあ精通している。)

(53) 他对这一行总算粗通一点儿。

(彼はこの仕事にどうにか大体通じている。)

(53)′ *他对这一行还算粗通一点儿。

(彼はこの仕事にまあまあ大体通じている。)

(53)の“总算”を“还算”に置き換えた(53)′は成立しない。(52)の“精通”はAaだが，(53)の“粗通”は，Aa，Abのいずれでもなく，しいていえば，最低許容限度を示すものである。このように“总算”の後には最低許容限度を示す語が共起するが，“还算”はこのような語を後にとらない。ということは，“总算＋形”は，“还算＋形”のように，直接“形容詞の示す性質や状態の程度がどうにか満足できる”ことをいうのではないのである。そのことを(50)で考えてみる。

(50) ……这门亲事总算门当户对[B]：两边儿都穷，可都是好人家[A]。

(50)の“总算”を含む句Bは，Aを前句として存立している。即ち，A

が示すように，"两边儿穷"というマイナス要素があるが，"都是好人家"であるからには，まず"门当户对"ではある，とあくまで因果関係のなかで捉えられ"总算门当户对"は，直接"门当户对"の程度を，より程度の高いものとの比較のうえで示すものではない。

2）"总算＋動"

"总算＋動"の場合，動詞は肯定，否定のいずれでもよい。

㊴ 看，小四儿的妈这两手儿，肉切得好不好得，总算切出来了，没耽误了事！〈女店〉
（見て，小四児のお母さんの両手を，肉を切るのがうまいかどうかは別にして，なんとか切れて，手間取らなかった！）

㊶ 他说他自己剔一个片子只要七分钟，小冯得剔四十五分钟，而且剔的不细致，可是到底小冯总算会剔了啊。〈女店〉
（彼は彼自身一枚の肉をそぎ取るのに七分しかかからないが，小冯は四十五分かかるしそのうえそぎ方が雑だと言っていたが，しかし小冯はとうとうどうにかそぎ取れるようになった。）

㊷ 要是没准谱儿，我就等烧死在自己的炕头上，反正什么好的都吃过，什么好的都穿过，这一辈子总算没白活！〈神拳〉
（もしあてにならないのなら，私は自分のオンドルの端で焼死する，どうせおいしいものはなんでも食べたし，いいものはなんでも着た，私の一生はどうにか無駄じゃあなかった！）

㊸ 我暗自庆幸，毅然决定散会是对的，总算没有惹出大乱子。〈开拓〉
（私はひそかに喜んだ。断乎として散会を決定したのは正しい，どうにか大きな騒ぎにならなかった。）

まず，"总算"の後の動詞が肯定のとき，㊴，㊶からわかるとおり，"切出来了"，"会剔了"はいずれも，最低許容限度にあることを示している。たとえば"切出来了"（㊴）は，その技術の巧拙は問わず，単に"切れた"にすぎず，"切る"ことに関していえば，最低限要求されることである。"会剔了"（㊶）も同様である。

逆に否定の場合，否定詞の後には，最大限を示すものがくる。㊷，㊸の"白活"，"惹出大乱子"がそうである。"白活"，"惹出大乱子"は最悪の事態であり，"总算没（有）～"全体としては，その最悪の事態には至らなかったことをいう。

肯定の場合，最低限のことが実現し，否定の場合は，最大限（最悪の事

態)を示すことの実現には至らなかったことをいう。いずれにしても，実現したのは最低限のこと，或いはそう思われることである。ここに，数量表現との関係と同じことが，"总算＋动"の"总算"と動詞(動詞句)の間にも見られることになる。

　"总"が前句と後句を因果関係に，更に，前句に対して後句を必要最低条件の関係として規定することが，"总算"は，結果より経過，経緯に関心がある，ということに通じていく。

⑱　*她好容易总算切出来了。
　　（彼女はようやくどうにか切れるようになった。）
⑲　*我们总算爬到六甲山了。
　　（私達はどうにか六甲山に登った。）

まず，⑱から，"总算"は，"好容易"のようにコトの経過が困難であることをいう語とは共起しない。それは，互いに矛盾するからではなく，"总算"が"好容易"をも意味するからである。また，⑲も不自然で成立し難い。

なぜなら，普通六甲山くらいの山に登るのに，その経過，経緯が問題にならないからである。次に挙げる例文⑳も，その文脈が，"总算"が経過・経緯を問題にするものであることをよく示している。

⑳　鹿儿几乎拖不过去，幸亏空中一群天鹅看见了，落下来衔住了绳子，张开了翅膀飞，雪橇象条张起百叶帆似的船，总算稳稳地过了长桥。〈新年〉
　　（鹿児はほとんど引っ張れなかった。幸い空の一群の白鳥が見て，舞い降りて縄を銜え，翼を展げて飛んだ。橇は何枚もの帆を張った船のように，どうにか穏やかに長い橋を渡った。）

⑳は，下線部分のような経緯を経て，"どうにか穏やかに長い橋を渡った"のである。

結果よりむしろ経過・経緯に関心があるということはまた，コトの遂行に対する"意図性"が弱いということでもある。前句に対して後句が必要最低条件という因果関係のなかにおさまるものであれば，如何なる条件の下でもコトを遂行するという"意図性"に関しては消極的にならざるをえない。"意図性"が弱くて，コトの達成が目指されていなければ，結果に対する関心が薄くなるのは当然である。

更に，"意図性"が弱いと，コトの遂行を強制する力も自然弱くなる。

だから，"总"は命令文には用いられない。
　㉖*你总别忘了。
　　（忘れてはいけない。）
　㉒　你一定别忘了。
　　（きっと忘れないように。）
　㉓　"哟！菊香！怎么还不穿上新袄罩呢？今天是你的好日子，总得红扑扑的，取个吉利！（取下箱上的红衫）来，好孩子，快穿上！〈神拳〉
　　（あら！菊香！なぜまだ新しい上着を着ないの？きょうはおまえのおめでたい日なんだから，せめてあかい服を着て，門出をお祝いしなくては。〔行李の上のあかい上着をとって〕さあ，いい子だから，はやく着なさい！）

　"一定"が用いられた㉒が成立するのに対し，"总"を用いた㉖は不成立である。"一定"が相手の気持や事情など斟酌せず，是が否でもコトの実現を求めるのに対し，"总"はむしろ控えめに，相手の事情を察したうえで，一定の条件の下では，最低許容限度を逸脱してはならない，という判断を示すにとどまる。㉓は，結婚式を挙げる日だというのに，仕度もしていない菊香に母親が，意に染まぬ相手との縁組みを悲しんでいる彼女の気持を察しながらもなお，"きょうはおまえのおめでたい日なんだから，せめてあかい服を着て，門出をお祝いしなくては"と菊香の気持を引きたてようとしているのである。この"总得～"が，相手の心情に無頓着に，ある行為の遂行を強制するものでないことは，文脈からも充分察せられる。

　以上，数量表現とともに用いられて"推测，估计"を表すとされる"总"をも同時に考えあわせることにより，"总"の特性の把握を容易にした。
　それは，比較表現における"总"と"更"，"还"との関係，ひいては"总"と"就"の相違を明らかにし，"总"は，前句と後句の関係を，因果関係にありながらも充分条件とはならず，必要最低条件にとどまるものとして捉える，との結論に導いた。そして，必要最低条件という因果関係におさまるものであれば，コトの遂行に対する"意図性"，"強制力"は自然消極的なものにならざるを得ないのである。

[附記] 本稿をなすにあたり，大阪外国語大学教授大河内康憲先生，神戸大学文学部客員教授孫昌武先生に，多くの有益なご教示を賜った。ここに特に記して感謝申し上げる。

〈注〉

1) 刘月华1983，「状语的分类和多项状语的顺序」，中国语文杂志社编，『语法研究和探索』1，北京大学出版社，1983。
2) 朱德熙1982，『语法讲义』，商务印书馆，1982。
3) 张静1961，「论汉语副词的范围」，胡裕树主编，『现代汉语参考资料』下册，上海教育出版社，1982。
4) 石神照雄1978，「時間に関する〈程度副詞〉「マダ」と「モウ」——〈副成分〉設定の一試論——」，『国語学研究』18号，1978。
5) 原由起子1985，「語気副詞〈可〉と〈并〉〈倒〉〈却〉」，『中国語学』232，中国語学会，1985。本書所収。
但し，ここでいう程度性とは，前提と現実との差をいうことにより，その経緯こそ異なるが，結果的に程度性を獲得するに至り，実際にその程度性を以て述語を修飾するもので，"可好了"，"并不好啊"，"那倒好啊"が，"很好"や"不太好"，"还好"に相当することをいう。
6) 吕叔湘主编1980，『现代汉语八百词』，商务印书馆，1980。
7) 北京大学中文系1955/1957级语言班编1986，『现代汉语虚词例释』，商务印书馆，1986。
8) 李临定1983，「"判断"双谓句」，中国语文杂志社编，『语法研究和探索』1，北京大学出版社，1983。
9) 8)に同じ。
10) もちろん"总算＋形"はある。
11) 『关联词语』编写组1981，『关联词语』，上海教育出版社，1981。
12) 6)に同じ。
13) 6)に同じ。
14) 6)に同じ。
15) 陆俭明1980，「还和更」，『语言学论丛』第6辑，商务印书馆，1980。
"X比Y更W"において〔更〕は，"表示在同一时间里X在性质W上的程度过Y"とされ，また，"X比Y还W"における〔还〕も〔更〕と同じであるとされている。
16) 石神照雄1980，「比較の構文構造——〈程度性〉の原理——」，『文芸研究』93集，1980。
17) 刘月华・潘文娱・故韡1983，『实用现代汉语语法』，外语教学与研究出版

社，1983。
18）崔永华1982，「与褒贬形容词相关的句法和词义问题」，『语言学论丛』第9辑，商务印书馆，1982。
19）18)に同じ。
　　Ａａ：乘，好，灵，香，行，准，安全，聪明，方便，高兴，干净……
　　Ａｂ：笨，丑，臭，勺，饿，贵，慌，坏，懒，聋，乱，慢，难，破……
　　Ａｃ：白，红，长，短，粗，细，大，小，激烈，尖锐，简单，讲究，紧张……

<主要参考文献>

张静1961，「论汉语副词的范围」，胡裕树主编，『现代汉语参考资料』下册，上海教育出版社，1982。

石神照雄1978，「時間に関する〈程度副詞〉「マダ」と「モウ」——〈副成分〉設定の一試論——」，『国語学研究』18号，1978。

吕叔湘主编1980，『现代汉语八百词』，商务印书馆，1980。

陆俭明1980，「还和更」，『语言学论丛』第6辑，商务印书馆，1980。

石神照雄1980，「比較の構文構造——〈程度性〉の原理——」，『文芸研究』93集，1980。

『关联词语』编写组1981，『关联词语』，上海教育出版社，1981。

朱德熙1982，『语法讲义』，商务印书馆，1982。

崔永华1982，「与褒贬义形容词相关的句法和词义问题」，『语言学论丛』第9辑，商务印书馆，1982。

李临定1983，「"判断"双谓句」，中国语文杂志社编，『语法研究和探索』1，北京大学出版社，1983。

刘月华1983，「状语的分类和多项状语的顺序」，中国语文杂志社编，『语法研究和探索』1，北京大学出版社，1983。

刘月华・潘文娱・故韡1983，『实用现代汉语语法』，外语教学与研究出版社，1983。

原由起子1985，「語気副詞〈可〉と〈并〉〈倒〉〈却〉」，『中国語学』232，中国語学会，1985。本書所収。

北京大学中文系1955/1957级语言班编1986，『现代汉语虚词例释』，商务印书馆，1986。

<引用文献>

严文井1978，「四季的风」，『童话选』，上海教育出版社，1978。〈四季〉

严文井1978，「三只骄傲的小猫」，『童话选』，上海教育出版社，1978。〈三只〉

郭沫若1978,「一只手」,『童话选』,上海教育出版社, 1978。〈一只〉
叶君健1978,「磨工, 修道院长和皇帝」,『童话选』, 上海教育出版社, 1978。〈磨工〉
陈伯吹1978,「新年老人和圣诞老人」,『童话选』,上海教育出版社,1978。〈新年〉
包蕾1978,「猪八戒学本领」,『童话选』, 上海教育出版社, 1978。〈猪八〉
林颂茵1978,「大雨前发生的事情」,『童话选』,上海教育出版社, 1978。〈大雨〉
黄庆云1978,「奇异的红星」,『童话选』, 上海教育出版社, 1978。〈奇异〉
老舍1978,「龙须沟」,『老舍剧作选』, 人民文学出版社, 1978。〈龙须〉
老舍1978,「女店员」,『老舍剧作选』, 人民文学出版社, 1978。〈女店〉
老舍1978,「全家福」,『老舍剧作选』, 人民文学出版社, 1978。〈全家〉
老舍1978,「神拳」,『老舍剧作选』, 人民文学出版社, 1978。〈神拳〉
松本清张(张伯霞译)1981,「证言」(松本清張1969,「証言」,『黒い画集』, 新潮文庫, 1969),『日本短篇推理小说选』, 辽宁人民出版社, 1981。〈证言〉
松本清张(文浩英译)1981,「木星号遭难记」(松本清張1974,「「もく星」号遭難事件」,『日本の黒い霧』上, 文藝春秋, 1974),『日本短篇推理小说选』, 辽宁人民出版社, 1981。〈木星〉
森村诚一(于雷译)1981,「残酷的视野」(森村誠一1974,『残酷な視野』, 講談社, 1974),『日本短篇推理小说选』, 辽宁人民出版社, 1981。〈残酷〉
丁玲1981,「我在霞村的时候」, 中川正之編,『女流作家作品選』, 東方書店, 1981。〈我在〉
蒋子龙1983,「开拓者」,『蒋子龙选集』2, 百花文艺出版社, 1983。〈开拓〉
徐旭・王名撰1984,「内当家」,『广播剧选集』2, 中国广播电视出版社, 1984。〈内当〉

本文中の例文は上記の文献の他,『现代汉语八百词』(③, ④),「"判断"双谓句」(⑨, ⑯),『现代汉语虚词例释』(㉖, ㉗),『关联词语』(㉘)等から引いたものである。また, 特に記していないものは作例であるが, 中国人インフォーマントのチェックを受けた。

"还"と時間副詞
―― 日本語との比較から ――

0. はじめに

中国語の"还是"は，"ヤハリ(ヤッパリ)"と訳されるが，両者は全同ではない。"还是"は，予測に反するときに用いられ，予測と一致する場合には"果然"が用いられる。
 ① 我本来想他也许会来，他还是没有来。
  （私は彼が来るかもしれないと思っていたが，やはり来なかった。）
 ② 我想他一定会来，果然他来了。
  （私は彼がきっと来ると思っていたが，やはり来た。）
①の"还是"と②の"果然"を入れ換えることはできない。しかし，日本語はどちらも"ヤハリ(ヤッパリ)"である。国語辞典によると，"ヤハリ(ヤッパリ)"は，予測や期待どおりになったことを表わす，とされている。[1] しかし，実際には，①の訳語が示すように，予測と一致しない場合にも用いられる。中国語の"还是"が，なぜ，予測に反することを表わすのか。それを解明するには，時間に関する"还"(マダ)にまで遡って考えることが必要だが，それは同時に，"ヤハリ(ヤッパリ)"の特性を明らかにするためにも有効である。"ヤハリ(ヤッパリ)"にも，時間に関して，"依然"の意味を表わす場合があるが，それが，"还"(マダ)と同じ性質であれば，"ヤハリ(ヤッパリ)"が予測との不一致を表わすのは自然だからである。

1. 用法との関係

"还"は，『现代汉语八百词』,[2]『现代汉语虚词例释』,[3]『实用现代汉语

语法』⁴⁾ 等が細かく分類しているように、さまざまの用法をもつ。たとえば次のとおりである。

　Ⅰ　時に関する"还"（マダ）
　　③　他还在办公室里。
　　　　（彼はまだ事務室にいる。）
　　④　小张还没回来。
　　　　（張君はまだ帰ってきていない。）
　Ⅱ　重複，項目，数量，範囲に関する"还"
　ⅰ）重複（マタ）
　　⑤　你明天还来吗？
　　　　（君は明日また来ますか？）
　ⅱ）項目，数量，範囲（サラニ，ソノウエニ）
　　⑥　除了我们三个人以外，还有老王也去。
　　　　（我々三人の他に，さらに王さんも行く。）
　Ⅲ　程度に関する"还"
　ⅰ）程度が小の場合（マア，ワリアイ，マズマズ）
　　⑦　这个还便宜。
　　　　（これはまあ安い。）
　ⅱ）程度が大の場合（マダ，サラニ）
　　⑧　他比你还胖。
　　　　（彼は君よりまだ太っている。）
　Ⅳ　意外の語気を表わす"还"（ナント）
　　⑨　他还真做完了。
　　　　（彼はなんと本当にやりおえてしまった。）

　しかし、虚詞の意味記述にとって重要なのは、さまざまな用法の比較分析を通じ、それらの間に内在する関連性を見出すことであり、虚詞が生起する文の形式が表わす文法的意味を、その虚詞の文法的意味と誤解してはならない。⁵⁾ 上記のⅠ〜Ⅳのうち、"还"の、基本的、本質的な意味の記述に重要と思われるのは、ⅠとⅡである。なぜこのふたつなのか。多くの用例のなかで、基本的なものとして両極をなしているからである。これらは、"マダ"、"マタ"、"サラニ"、"ソノウエニ"という日本語訳が象徴するように、一見異なるように見え、また、そのように扱われている。しかし、これらは隔絶したものではなく、互いに共通する性格を内

在している。その共通性を探ることにより，程度副詞でもない"还"が，大小異なる程度(Ⅲ)を表わし，意外の語気(Ⅳ)を表わす理由も明らかになる。以下に，その内在する共通性を具体的に見ることにする。その際，便宜的に，Ⅰを"还₁"，Ⅱのⅰ），ⅱ）を"还Ⅱ-ⅰ"，"还Ⅱ-ⅱと記す。

2．"还₁"と"还Ⅱ"

"还₁"と"还Ⅱ"は，"連続性"（時間的或いは程度，量的に）が意識され，"素材"としてのコト（事象）を可変的なものとして把握することで共通している。また，"还Ⅱ"のⅰとⅱも，"連続性"において共通する。本来，"还Ⅱ"のⅰとⅱは分け難い。そして，"还₁"と"还Ⅱ"も分け難い。が，まず"还₁"があって"还Ⅱ"がある。その逆ではない。なぜなら，"連続性"とは，時間こそがその本領とするところだからである。

(1) "还₁"と"マダ"

刘月华は状語を，"描写性状語"（M状語）と"非描写性状語"（FM状語）に分類し，時間に関するものは，場所，範囲，程度とともに"非描写性状語"としている。[6]"非描写性状語"とは，動作，行為，変化やコトの発生の時間，場所，程度及び対象等を表わし，一般に"限制作用"（限定作用）をもつものである。そのうち，時間を表わす副詞として次のようなものを挙げているが，"还₁"はそのなかに含まれていない。

立刻，马上，立即，先，正，刚，将，总，老（是），一直，暂时，已经，曾经，始终，依然，仍然（すぐに，たちまち，即ざに，さきに，ちょうど，〜したばかり，〜しようとする，きまって，いつも，ずっと，暂時，すでに，かつて，ずっと，依然，なお）

"依然"（依然），"仍然"（ヤハリ，依然，ナオ）を挙げながら"还₁"（マダ）が除外されているのは矛盾しているが，実は，このふたつは，他のものとは異なり，"还₁"と同類と見るべきである。"还₁"は，時間にかかわるとはいえ，限定作用をもつ"非描写性状語"ではない。無論，動作行為の変化や方式，状況及び動作の情態を表わす"描写性状語"でもない。"还₁"は，"描写性状語"，"非描写性状語"のいずれでもなく，日本

語の"マダ"同様,修飾成分とは異なるものとしてある。"依然","仍然"も同じであるが,これらについては,後に,日本語の"ヤハリ(ヤッパリ)"とともに論じることにする。

(2) 日本語の"マダ"

　日本語の"マダ"は,石神照雄1978による広義の修飾成分に相当し,1)時の補充成分(狭義の修飾成分に相当する)や2)時の修飾成分とは異なるものとしてある。[7] 1)は,コト(事象)の存立する時点を表わすもので,昨日,一九八九年,〜の前日etc,2)は,コト(事象)の時間的展開を表わすもので,i,コトの存続する時間量(朝から晩までetc.),ii,連続性そのもの(ずっとetc.),iii,進行性(しだいにetc.),iv,コトの展開における頻度(しばしばetc.)等がある。この1),2)のいずれにも属さない"マダ"は,言語主体が主観的に設定する前提事象(予測)と現実事象との関係を規定する〈程度性副詞〉としてある。[8] 即ち,"素材"としてのコト(事象)を段階的に変化するもの——可変的存在——として捉え,素材としてのコト(事象)の時間的展開に対する何らかの予想が前提としてあり,その予想との関係——主観的に捉えられた関係をいう。たとえば,

　⑩　大輔はまだ小学生だ。

　⑩において,"素材"とは,"大輔が小学生である"というコトである。"マダ"はまず,この"素材"としてのコトを,連続する時間のなかで可変的なもの(小学生である大輔が中学生へと変化すること)として把握する。そして,発話時以前Pに,"大輔は中学生である"という事態になるという前提事象に対し,発話時Oに"大輔は小学生だ"という現実事象がある。実際に"大輔"が小学生から中学生へと変化するのは発話時以降Qの時点である。

　即ち,"マダ"は,時間的連続性のなかで,"素材"としてのコトを可変的なものとして把握する。そして,発話時以前Pに変化するという予測を前提事象として設定し,それに対して発話時Oには変化していないという現実事象がある。実際に変化するのは,発話時以降Qの時点となる。このように前提事象と現実事象との関係を規定する。

（3）"还₁"

　ここで話を中国語に戻そう。

　繰返すが，"还₁"は，"非描写性状語"でも，ましてや"描写性状語"でもない。中国語で，1）時点を表わすものは，"一九八九年"，"今天"(きょう)，"刚才"(さっき)，2）コトの時間的展開を表わすもののうちⅰ，時間量は，"从～到～"(～から～まで)，ⅱ，連続性は"一直"(ずっと)，ⅲ，進行性は"渐渐儿"(だんだん)，"逐渐"(しだいに)，ⅳ，頻度は"再三"(再三)，"屡次"(たびたび)，"不断"(しきりに)，"时常"(よく)，"常常"(しょっちゅう)，"总"(きまって)，"老是"(いつも)だが，"还₁"はいずれにも属さない。

　"还₁"も日本語の"マダ"と同様に捉えられる。このことに関して，次の例文に対する杨淑樟の説明は示唆的である。[9]

　⑪　A：玛丽起来了吗？
　　　　（マリーは起きた？）
　　　B：还没起呢。
　　　　（まだ起きていない。）
　　　A：还没起呢，都七点了。
　　　　（まだ起きていないの，もう7時だというのに。）

⑪の例文に対して杨淑樟は次のように述べている。

　说话人认为动作或情况持续的时间已经够长了，应该停止或改变，但它仍在持续着，因此说话时带有惊讶或责怪的语气。
　（話者は，動作や状態の持続時間がすでに充分長くなっており，停止或いは変化するはずであると考えているが，しかし，それが依然持続している。そのため発話時にいぶかりや咎めの語気を帯びる。）

　この説明から明らかなように，"还₁"も，時間的連続性のなかで，"素材"としての事象を可変的なものとして把握し，"マダ"と同様に前提事象と現実事象との関係を規定する。即ち，発話時以前Pで変化するという前提に対し，現実には，発話時Oには変化していず，発話時以降Qで変化する。⑪の例でいうと，発話時以前に"玛丽"(マリー)は起きているという前提がある。ところが現実には，発話時に寝ている状態が続いている。実際に"玛丽"(マリー)が起きるのは発話時以降である。

（4）"还_{II-i}"

　　杨淑樟はまた，"重複"を表わす場合について次のように指摘している。[10]
　　　用"还"往往强调重复的动作与原动作之间的连续性。
　　　（"还"を用いると，往々にして重複する動作ともとの動作との間の連続性が強調される。）
　　これは，"再"（マタ，モウイチド）との比較で，⑫の例文について述べたものである。

　　⑫a　凌云，问的棒！还这么问！〈副词〉
　　　　　（凌雲，うまく尋ねた！　またそう尋ねなさい！）
　　⑫b　凌云，问的棒！再这么问！〈副词〉
　　　　　（凌雲，うまく尋ねた！　もう一度そう尋ねなさい！）

　　aは，"问"（尋ねる）という行為が続けられていき，bは，"问"という行為が新たにもう一度なされることをいう。"再"に比べて"还_{II-i}"の方が，過去からの時間的連続性が意識されているという。しかし，この杨淑樟の指摘は一部修正されなければならない。というのは，"还_{II-i}"は，次のように，"重"（あらたに，もう一度）と共起するからである。

　　⑬　这个节目九点钟还要重播一次。
　　　　（この番組は9時にさらにもう一度放送される。）

　　"重"は，過去からの連続性を一旦断ち切り，もう一度最初からやりなおす，"重複"そのものを表わす。即ち，"还_{II-i}"自身は，"重複"そのものを表わすのではない，ということである。時間的連続性については，"还_{II-ii}"にもある。

（5）"还_{II-ii}"

　　『现代汉语八百词』は，項目，数量，範囲に関する"还"のなかには，"仍然"（依然）の意味をもつ場合がある，と説明している。たとえば，⑭，⑮などがそうであろう。

　　⑭　旧的矛盾解决了，新的矛盾还会产生。
　　　　（ふるくからの矛盾が解決したら，新しい矛盾がまた生まれる。）
　　⑮　气象预报说明天风力还要增大，气温还要下降。

(天気予報によると，明日は風力がさらに強まり，気温もさらに下がるとのことだ。)

　⑭は，"矛盾"が起きてそれが解決される。そして新しい"矛盾"がまた起こる。その間の時間的経過を伴う連続性を"仍然"(依然)と表現しているにすぎない。ましてや，⑮の"风力"の増強や"气温"の低下は連続的である。このように，"还_{II-i}"と"还_{II-ii}"は，連続性という点で共通し，"还_{II}"へと収斂される。
　"还_{II}"は連続性をもつ。この連続性こそが，"还_{I}"で見た，"素材"としての事象を可変的なものとして把握することに通じる。"还_{II}"も，基本的には"还_{I}"と同じように前提事象と現実事象の関係を規定するが，ただ，ここで連続性のものとして把握されるのは数量等である。

　⑯　李四买了录相机，还买了激光唱片。
　　(李四はビデオを買い，そのうえCDも買った。)

　⑯は，"ビデオを買った"のであれば，既に充分だという前提事象に対し，"CDを買った"という現実事象がある。だからこそ，⑰のようにも用いられる。

　⑰　买了这么多东西，还买什么呢？
　　(そんなにたくさん買って，そのうえ何を買うっていうの？)

　⑰のように，いぶかり或いは咎めの語気がでるのは，買った物の数量や金額が既に上限に達しているからで，その前提がなければ，いぶかりも咎めもない。
　"还_{II}"の場合，"还_{II}"の発話時Oに相当するのは，数量等が現実に達している段階である。現段階以下Pで，まだ上限(或いは下限)に達していず，現段階以上Qで達することになる。⑯，⑰では数量だが，もちろん範囲も，そして，重複に関しては回数が，同様に捉えられる。
　数量等を連続性のものとして捉え，同時に可変的なものとして把握する。その変化には当然時間の推移が伴う。そこで時間的連続性と重なり合う。だからこそ，⑫a，⑭，⑮に連続性が意識され，⑭，⑮に"依然"の意味があると説明されるのである。
　以上，"还_{I}"，"还_{II}"はともに，"素材"としての事象が，P(発話時以前或いは現段階以下)に変化するという前提事象を設定しO(発話時或いは現段階)になお変化していないものとして現実事象を捉える。実際に変化が起こるのはQ(発話時以降或いは現段階以上・現段階以下)になる。

"还"と時間副詞　　83

"还_{ii-i}","还_{II-ii}"はともに,その連続性を以って"还_{II}"に収斂され,"还_{II}"は,連続性と可変性を以って更に"还_{I}"へと収斂されていく。

3. "还"と程度性獲得

さて,"还"は,大小異なる程度を表わす。
1) 这个东西还好。
　　(この品物はまあよい。)
2) 他比你还聪明。
　　(彼は君よりまだかしこい。)

1)は,马真1984[11]のいう"表示程度浅"——程度が小であることを示し,2)は,陆俭明1980[12]のいう"表示程度深"——程度が大であることを示すものである。程度副詞でもない"还"が,なぜ程度を表わし,しかも大小異なるのか。いま便宜的に1)を"还_q",2)を"还_s"とし,程度性獲得に至る経緯を以下に詳しく見ることにする。

(1)"还_q"

本来"还_q"自身が程度を表わすのでないことは,次の三点から明らかである。
　i)"算"[13],"比較"と共起する。
　⑱　这枝钢笔还算好。
　　　(この万年筆はまあよい方だ。)
　⑲　这枝钢笔还比较好。
　　　(この万年筆はまあ割合よい。)

"还_q"は,"勉强过得去"——理想的ではないが,なんとか許容できる程度を表わすというが,⑱,⑲のように,同じ程度を表わす"算","比較"と共起する。[14]
　ii)本来程度副詞の修飾を受けない形容詞を修飾する。
　⑳　这个办法还行。
　　　(このやり方はまあよい。)

㉑　*这个办法还比较行。
　　（このやり方はまあ割合よい。）
㉒　*这个办法还算行。
　　（このやり方はまあよい方だ。）
　"行"（よい）はもともと，"很"，"比较"等の程度副詞の修飾を受けない。また，結果的にではあるが，やはり程度を表わす"算"とも共起しない。㉑，㉒は，"行"が"算"，"比较"との共起を妨げるため成立しない。
　iii）貶義[15]（Ab）の形容詞で"很＋不＋AP"とならないものでも"还＋不＋AP"となる。
㉓　他还不骄傲。
　　（彼はまあ傲慢ではない。）
㉔　她爱人还不冷淡。
　　（彼女の夫はまあ冷淡ではない。）
㉕　这盘菜还不难吃。
　　（この料理はまあまずくはない。）
㉖　这个家伙还不笨。
　　（こいつはまあバカじゃない。）
㉗　我们学校还不远。
　　（我々の学校はまあ遠くはない。）
　㉓〜㉗の"骄傲"（傲慢だ），"冷淡"（冷淡だ），"难吃"（まずい），"笨"（バカだ），"远"（遠い）等はいずれも貶義の語で，"很＋不＋AP"とはならない。
　逆に，褒義（Aa）の形容詞は，"很＋不＋AP"となる。たとえば"安全"がそうだが，一般にAa（"安全"）は，"不Aa"（"不安全"）とcontraryな関係で，"不Aa"は，その反義語（"危险"）に近づく。即ち，安全←contrary→不安全（≒危险）となるため，程度副詞の修飾を受け，"很不安全"（とても危険だ）となる。ところが貶義（Ab）の形容詞（たとえば"危险"）は，"不Ab"（"不危险"）とはcontradictoryな関係で，"不Ab"は反義語（"安全"）と均しくない。即ち，危险←contradictory→不危险（≠安全）となる。それで"很不危险"とはならない。無論，"很"以外，たとえば"比较"の修飾も受けない。
　このように，同じ程度を表わす"算"，"比较"と共起し，程度副詞の

修飾を受けない語や"不Ab"とも共起する。ということは，"还$_q$"は，"算"，"比較"等と衝突せず，独特の意味・機能を発揮していて，"还$_q$"自身が程度そのものを表わすのではないのである。

（2） "还$_s$"

次に，"还$_s$"が"程度深"(程度が大)を表わすのは，比較文"X比YW"（XはYよりもW）にあるときだけで，一旦比較文を離れると，"还$_s$"は，"还$_s$"として存立し得ない。[16]

㉘　这个比那个还便宜。
　　（これはあれよりもまだ安い。）
㉙　*这个还便宜。
　　（これはもっと安い。）
㉚　这个更便宜。
　　（これはもっと安い。）

㉙のような形容詞文に"还$_s$"は生起せず，㉚のように"更"（もっと）でなければならない。なぜだろうか。

比較とは，モノXとモノYとの関係ではなく，モノ(実体)とサマ(属性)の統一としての事象相互の相対的関係を捉えることである。[17] 例㉘でいうと，"这个"（これ）と"那个"（あれ）ではなく，"这个便宜"（これは安い）(㉘a)と，"那个便宜"（あれは安い）(㉘b)の個別の二事象間の関係設定を行なうことである。二事象(二句)の間には，修飾関係とは違い，それ自体として関連はなく個別的なものとしてある。相関のための主体的な関係設置の作用が比較である。

㉘aは現実句，㉘bは基準句で，基準句は"言語主体によって自由にとりあげられたもの"で，石神照雄1978のいう〈程度性副詞〉の前提句に相当する。[18] その基準句と"現実に比較されるものとして事象を表わす句"として現実句がある。そして，本来事象としてつながりをもたない基準句と現実句を相関せしめ，両者の関係を明らかにするものが"比較作用それ自体"を表わす"比"（~は~より~だ）である。

このような比較文を離れると"更"と同じ程度を表わさないのは，"还$_s$"は基準句(前提句)に支えられて存立し，程度を表わすものとして未分化の証である。"X比YW"（XはYよりW），"Y比ZW"（YはZよりW）……

と比較が繰り返されると，X，Y，Zの間に序列ができる。この序列そのものを示すのが"頂"，"最"，"更"等の程度副詞だが，"还$_s$"は本来，序列——程度を示すものではない。

以上のように，"还$_q$"，"还$_s$"はともに，本来それ自身が程度を表わすものではないが，このことは，次の連帯修飾との関係から更に明らかにされる。

（3）"还$_q$"，"还$_s$"と連帯修飾

"还$_q$"は，"X是Z"（XはZである）構文において，"还$_q$W"で，連体修飾（X是还$_q$W的Z→XはまあWのZである）にならない。

㉛ *这是还好的东西。
　　（これはまあよい品物だ。）

㉛は成立しないが，㉛の"还"を，"比较"，"很"，"挺"，"非常"，"最"，"更"等の程度副詞に置換えると成立する。㉛'がそうである。

㉛' 这是比较（很，挺，非常，最，更）好的东西。
　　（これは割合〔とても，たいへん，非常に，もっとも，さらに〕よい物だ。）

もし，"还$_q$"自身が本来程度を表わすものなら，㉛は当然，㉛'のように成立するはずである。ところが成立しない。それは，"还$_q$"が，"是"の上のレベルで働いているからである。

"是"は繋辞的用法が本来のものではなく，否定に対応するものであり，その対極として肯定の判断の表出で，肯定の側の積極的主張の辞として存在する。[19] 動詞文も"是"をとるが，その場合"是"は文を題述文として定着させる。題述文は主題に対する説明を述べる判断文であるが，動詞文がもっている題述性をさらに明白にし，主張と化しうるものである。"'是'は名詞文成立のための統辞論的形式語ではなく，話者が客体的事実の外から加える判断の表明"である。そして名詞文に"是"がつくのは，その題述性の結果である。

このような"是"の後に位置できないのは"还$_q$"だけではない。"可"，"并"，"倒"もときに程度を表わし，"可"が程度大を，"并"，"倒"が程度小を表わすが，[20] これらもやはり，"X是Z"構文で，Zの修飾句を構成できない。

㉜　这个东西可好啦。
　　（この品物はたいへんよい。）
㉝　这个东西并不好。
　　（この品物はあまりよくない。）
㉞　这个东西倒好啊。
　　（この品物ならまあよい。）
㉜〜㉞を㉜′〜㉞′のように装定することはできない。
㉜′*这是可好的东西。
　　（これはたいへんよい品物だ。）
㉝′*这是并不好的东西。
　　（これはあまりよくない品物だ。）
㉞′*这是倒好的东西。
　　（これならまあよい品物だ。）
㉜′〜㉞′は㉜″〜㉞″に改めなければならない。
㉜″　这可是个好东西。
　　（これはまったくよい品物だ。）
㉝″　这并不是好东西。
　　（これはべつだんよい品物ではない。）
㉞″　这倒是好东西。
　　（これならよい品物だ。）

㉜′〜㉞′，㉜″〜㉞″からわかるように，"可"，"并"，"倒"は，本来程度そのものを表わすものではなく，"是"の上のレベルで働き，前提事象（予測）と現実事象との関係を規定するものだが，[21] これらの程度性獲得への経緯は次のとおりである。

"可"は，予測に対し肯定的に働き，述部の示す判断，主張を肯定し，専らコトのある時点での実現が確実であることを確認する——即ち"確認的"である。その成立にふたつの命題を必要としない。つまり他者を顧みないという意味で"専一的"である。そして"確認的"，"専一的"であれば，他者との比較もあり得ず，"絶対的"である。"確認的"，"専一的"，"絶対的"である"可"は，程度としては低いものになりえず，"可好了(啦)"は，"很好"（たいへんよい）と同じ程度を表わす。これに対して"并"，"倒"（あまり〜でない，まあ〜だ）は相対的程度を表わす。"并"は，予測と実際が異なることをいい，両者の差異が程度性獲得の契機と

なる。"倒"は，その成立にふたつの命題を必要とし，一方で成立する論理が他方で成立しないことをいうため，やはり両者の差が相対的程度をもたらす。絶対的であれ，相対的であれ，これらの語のもつ特性により，結果的に程度性を獲得したにすぎない。言い換えると，前提(予測)と現実との差("可"においてはそれがゼロ)が程度性をもたらすのである。

とすると，"还$_q$"も，話者の肯定判断の表出であり，題述的主張の表明である"是"にとりこまれるものではなく，"是"の上で，前提事象と現実事象の関係を規定するものと考えられる。

一方"还$_s$"は，"X是比Y还$_s$W的Z"（XはYよりもまだWのZである）となって連体修飾になるが，それは，"ϕ比YW"の"YがWである"という基準句(前提句)に支えられているからである。このことは，比較文を離れると，程度を示すものとして存立し得ず，連体修飾にも連用修飾にもならないことから既に明らかである。

以上，"还$_q$"，"还$_s$"も前提事象と現実事象の関係を規定するものである。とすれば，"程度浅"（程度が小），"程度深"（程度が大）というのも，あくまでも結果的に程度性を獲得したにすぎない。

次に，"还$_q$"，"还$_s$"と，なぜ大小異なる程度を表わすのか，その理由を考える。それは同時に，両者の程度性獲得に至る経緯を明らかにすることでもある。

（4）"还$_q$"，"还$_s$"と比較

"还$_q$"，"还$_s$"の程度が大小異なるのは，両者の比較のあり方が違うからである。これらは各々"还$_Ⅰ$"，"还$_Ⅱ$"と同様に前提事象と現実事象を捉えるもので，やがて"还$_Ⅰ$"に収斂される。それは，"还$_Ⅰ$"，"还$_Ⅱ$"も，次のように"X是Z"構文で連体修飾にならないことからも充分推察される。

㉟ *这是还$_Ⅰ$没看的书。
　（これはまだ読んでいない本だ。）
㊱ *这是还$_Ⅱ$要买的东西。
　（これはさらに買いたいものだ。）

（5） "还q"と比較

"X＋还q＋AP"[22)]の"还q"が、"理想的ではないが許容できる"程度を表わすには、Xより程度の高いものと、逆にXより程度の低いものの三者が視野に入っていなければならない。"X＋还q＋AP"は、㊲のような"X＋还q＋AP$_1$, Y＋AP$_2$"の比較のあり方と、本質的には同じである。

㊲　这本书还浅一点儿，那本书可深了。
　　　（この本はまあやさしいが、あの本はとてもむずかしい。）〈关于〉

㊲は、次のように三者を比較している。X（这本书——この本）は、Y（那本书——あの本）以外、たとえばZと比較すると、既に"不浅"（やさしくない）である。しかし現実には、Yに比べるとなお"浅一点儿"（すこしやさしい）といえる程度にある。ここでは、程度を連続性のものとして捉えている。その連続する程度のなかで、現段階以上のPで程度の大小に対する位置づけに変化がある、という前提に対し、現実には、現段階O では変化せず、現段階以下Qで変化することをいう。"还q"は、基本的には"还$_1$"と同じである。連続する程度の目盛りのなかで、値の大きいもの（たとえばZ）と比較すると、現段階以上Pで小となることを前提とするが、現実には、値の小さいもの（Y）と比較するので、現段階O（X）でなお小とならず、実際に大→小へと変化するのは現段階以下Qである。大小はいうまでもなく相対的なものである。このような比較のあり方は、比較対象が顕現していない"X＋还q＋AP"においても同じである。同じであるからこそ"这是还q好的东西"（これはまあよい品物だ）が成立しない。本来既に"不好"（よくない）であるという前提と、更によくないものと比べたらなお"好"（よい）という現実の間に矛盾があり、判断が一度屈折している。その判断は、とうてい"是"がとりこめるものではない。

ともあれ、先に値の大きいものと比較し、次に小さいものと比較するため、程度としては小になり、"理想的ではないが、なんとか許容できる程度"となる。

"还q"が基本的には"还$_1$"と同じであることは、次の例がその傍証となろう。

㊳　这个烧菜味儿还淡。
　　　（この煮物は味がまだ薄い。）

㊳′ 这个烧菜儿还算淡。
　　（この煮物はまあ薄味の方だ。）
㊳″ 这个烧菜味儿还比较淡。
　　（この煮物はまあ割合薄味だ。）

　㊳は、"还q"ではなく"还I"として解され、"まだ薄い"という意味になる。そこで、"なんとか許容できる程度"を表わすには、㊳′、㊳″のように、"算"(～の方に入る)、"比較"(割合)が共に用いられる。㊳が"还I"として解されるのは、"淡"(薄い)が、褒義[23](Aa)でも貶義(Ab)でもなく中性(Ac)であることによる。しかし、このような語と出会うと、"マダ"という意味になるのは、"还q"が"还I"であるという、まさにその本性の現れである。

　また、"还q"も"还I"と同様に、前提事象と現実事象を捉えていればこそ、㊴が反語となる。[24]

　㊴　她还算懒?!
　　　（彼女が怠けてるって?!）

　一般に、"还算AP"、"还比較AP"、"还AP"の形容詞は褒義(Aa)でなければならないが、㊴のように貶義(Ab)である場合、反語になってしまう。㊴は、㊴′のような文脈で用いられる。

　㊴′ A刻苦学习，准备高考，B她还算懒?!
　　　（彼女は必死に勉強して大学入試に備えているのに、まだ彼女が怠けているって?!）

　㊴′は、下点部Aが示す事実がある。それでもBなのか、という意味である。"还"は、㊴のように、たとえ形式的には単文に現れていても、意味的には複文構造のなかで機能している。

　次に"还s"はどうだろうか。

（6）"还s"と比較

　前述のように、"还s"は、比較文"X比YW"（XはYよりもWだ）において、"YがW"という基準句（前提句）に支えられて存立し、本来それ自身が程度を表わすものではない。"还s"は、前提事象と現実事象を"还II"と同様に捉える。

⑩　小李比他还高。
　　　(李君は彼よりまだ背が高い。)

　たとえば⑩でいうと，背の高さの程度が連続性のものとして把握される。連続する程度の目盛りのなかで，値の小さいもの（Z→たとえば"老王"〔王君〕）と比較すると，現段階以下Pで上限に達しているという前提に対し，現実には，現段階O（Y→"他"〔彼〕）ではなお上限に達していず，X（"小李"〔李君〕）はYより値の大きいものとしてある。"还$_s$"は"还$_q$"とは逆に，まず値の小さいものと比較される。そこで結果的に"程度深"（程度が大）を表わすことになる。

　このように，現段階以下Pで上限（或いは下限）に達していることを前提とするため，"还$_s$"は，程度の段階的増大をいえない。[25]

　⑪　这学期他成绩比你更好了。
　　　(今学期彼は成績が君よりもっとよくなった。)
　⑫　这学期他成绩比你还好了。
　　　(今学期彼は成績が君よりもまだよくなった。)

　"更"は，"（T$_1$）X比Y更W了"（⑪）で，XとYの，ある時点T$_1$における程度上の差と，T$_0$におけるXとYの差を比較し，T$_1$での差がT$_0$より更に大きくなったこと，即ち程度の段階的増大をいうが，この"更"を"还$_s$"に置換えることはできない。

　また，"还$_s$"が，"（T$_1$）X比Y还$_s$W了"（⑫）で，T$_0$の時点でYの程度が高く，XはYに及ばない。[26] そのXがT$_1$になってYを追い越したことをいえるものも同じ理由による。⑫は，以前（T$_0$），"你"（君）は成績がよく，"他"（彼）は"你"に及ばなかった。その"他"が今学期は"你"を追い越したという意味である。⑫になにか"たいそうな"感じが伴うのも，現段階以下PでYの程度が上限に達しているという前提に由来する。

　更に，本来程度そのものをいうものではないため，次のような比喩的用法をも可能にする。[27]

　⑬　那条蛇比碗口还粗。
　　　(あの蛇は碗の口よりまだ太い。)

　"更"の場合，XとYは同質のものでなければならないが，"还$_s$"はその限りではない。⑬のように，Y（"碗口"→碗の口）を太さの基準にして比喩的にX（"那条蛇"→あの蛇）の太さの程度を表わすことができる。

　以上，"还$_q$"は"还$_I$"，"还$_s$"は"还$_{II}$"と同じように前提事象と現実

事象を捉え，その結果獲得した程度の大小の差異は比較のあり方，即ち，先に程度の目盛りの値の大きいものと比較するか，或いは小さいものと比較するかの違いである。

"还$_q$"は"还$_I$"に，"还$_s$"は"还$_{II}$"に，そして"还$_{II}$"は，その連続性と，素材としての事象を可変的なものとして把握することで"还$_I$"へと収斂されていく。

4．"还是"と"ヤハリ（ヤッパリ）"

さて，上述のように，前提句と現実句を矛盾したものとして捉える。それが"还"に意外の語気をもたらし，"还是"（ヤハリ，ヤッパリ）が，"果然"とは違い，予測との不一致を表わすことになる。以下に，意外の語気を表わす"还"，"还是"，そして日本語の"ヤハリ（ヤッパリ）"の順に見ることにする。

（1）"意外"

次の㊹，㊺の"还"は所謂意外の語気を表わすとされるが，ともに"还$_I$"である。

㊹ $_B$解浄原来还以为回汽车队以后大家会举行个欢迎仪式……$_A$想不到这一切全省去了，司机们并不欢迎她，用恶意的眼光看着她，用各种不堪入耳的话嘲笑她。〈赤橙〉
（解浄は，車輛部に戻ったら皆が歓迎会を開いてくれるだろうと，てっきり思いこんでいた……思いもよらぬことに，運転手達は彼女を歓迎せず，悪意に満ちた目で見て，聞くに堪えないことを言って彼女を嘲笑した。）

㊺ $_A$这么多词，$_B$（没想到）他还真都记住了。
（こんなに多くの単語を，彼は本当にみんな覚えてしまうなんて〔思いもよらなかった〕。）

㊹は，Aを表面上の前句X_1，Bを表面上の後句Y_1とする複文で，X_1であれば，本来既に"歓迎会を期待しなくなっている"という前提句X_2に対し，現実句$Y_2(=Y_1)$がある。即ち，"運転手達は彼女を歓迎するどころ

か，悪意に満ちた目で見て……"という状況なら，現時点以前Pで，"歓迎会"を期待しなくなるという前提に対し，現実には，現時点Oでなお期待していて，実際に"歓迎会"への思いが変るのは現時点以降Q（この場合は直後）である。前提句X_2と現実句$Y_2(=Y_1)$の差異が意外の語気を生む。それは，㊺を見れば更に明らかである。㊺では，"还"が"没想到"（思いもよらなかった）と共起しているが，この"没想到"こそ，語の意味として意外を表わすものである。ここで"还"は，現段階以前Pで"覚えきれなくなる"という変化が起こるという前提と，現段階Oでは変化が起こっていないという現実との矛盾をいう。

（2）"还是"

次に"还是"について見る。

㊻ 一阵激烈的讨价还价。那买主出到八十块钱，姐姐还是不肯卖。〈阿诚〉
(ひとしきり激しい値段のやりとりが続いた。その買手が八十元まで出したが，姉はやっぱり売ろうとしない。)

㊼ 我们三个交换了一下好奇心眼色，心想：也许这片红叶有什么来历吧？果然，陈老师就讲起这片红叶的故事。〈红叶〉
(私達三人は好奇心に満ちた眼を互いに見合わせて思った。この紅葉には何か理由(わけ)があるのではないか？ するとやっぱり陳先生はその紅葉のはなしをしだした。)

㊻′ ＊那买主出到八十块钱，姐姐果然不肯卖。

㊼′ ＊还是，陈老师就讲起这片红叶的故事。

㊻の"还是"は"やっぱり"と訳されるが，この"还是"は"果然"（㊼）とは違い，予測と現実が一致する場合には用いられない。㊻の"还是"と㊼の"果然"を入れ換えることはできない。"还是"は，明らかに"$还_1$"と同じように前提事象と現実事象を捉えている。"買手が八十元もの値段をつければ売るだろう"と思ったら，なお"売ろうとしない"。予測される状況の変化が現実には起らなかったのである。

また，複数の選択肢のなかから比較検討の結果，一つを選び出す場合も同様である。

㊽ 一个老师一个脾气。比较起来还是耿老师好。〈钉木〉

(先生によってそれぞれ気性が違う。比べてみるとやっぱり耿先生がいい。)

㊽は比較が明示的な例だが，複数のなかから，他のひとり（ひとつ）が選択される一変化の可能性がありながら，結局はその変化が生じないのである。それは，㊾のように比較が明示的でなくても同じである。

㊾ 他自動地走進了牛柵，進来跟"黒幇"們抱拳打招呼，説："我<u>還</u>是这儿好。"〈云致〉

(彼は自らブタ箱に入った。入ると秘密組織の連中に"抱拳"の礼をとって挨拶し，"俺は<u>やっぱり</u>ここがいい"と言った。)

㊾は，"居場所は他にいろいろあって，ここ（ブタ箱）"以外の所が選択されそうなものだが，なおここがよいと思うことに変わりはないという意味である。

（3） "ヤハリ（ヤッパリ）"

"還是"の日本語訳から既に明らかなように，"ヤハリ（ヤッパリ）"は予測との不一致をいうことができるが，この"ヤハリ（ヤッパリ）"にも，時に関して，"依然"（まえと同じ，もとのまま）の意味がある。その場合，"イマダニ"，"イマニ"，"イマモッテ"等と同じく"マダ"と同類に属する。

川端善明1964は，"イマダニ"，"イマニ"，"イマモッテ"等は，"マダ"と同様に，"現在における持続（継続）の，既に変化が予測され得るまでの限度への表現へと連続する"としている。[28] この"持続を変化が予測され得る限度"とする把握の仕方は，実は，先述の石神照雄1978における"マダ"の捉え方と表裏一体である。[29] 持続を，既に変化が予測され得る限度とし，"イマダニ寒イ"といえば，それ自体としては寒くない未来が既に予測され，現在においてそれと接している。ここでもやはり，現在（発話時）においては事態が変化せず，変化するのは発話時以降である。持続が既に限度に達しているとする把握は，予測として発話時以前に変化することを前提とすることに他ならない。このほか，"イゼントシテ"，"ナオ"，"アイカワラズ"等，そして中国語の"仍旧"，"依然"，"仍然"，"依旧"等も，本来"マダ""還"と同列に論じられるべきものであろう。

"ヤハリ（ヤッパリ）"が，"マダ"と同類に属することは次の例から明らかである。

㊾　"自動車のなかにいる女のひと，あなたのお友だちでしょう"女は遠慮なしに云った。トルベックは，すぐには返事をせず，やはりもじもじしていたが，結局，ええ，と低い声でいった。〈黒い〉

㊾は，予測される変化が起こらなかったのである。即ち，予測に反して，女の問いに，すぐには返事をせず，もじもじし続けた後，ようやく，トルベックの態度が変ったのである。このことを確認するために，"ヤハリ"が"マダ"と同じく"还"と訳されている例を挙げておこう。

㊿　先生は，いつくしむように学生の顔を見つめ，しかし何も言わずに，ふたりを捉して歩きはじめた。学生たちは，やはり気がかりらしく，幾度か私の方をふり向いていたが，間もなく人波にのまれて見えなくなってしまった。
（老师怜爱地看着学生的脸，但却默默无语地催促他俩走开了。学生们好象还把我挂在心上，一再回头看着我，可是不一会儿，他们就消失在人流之中不见踪影了。）〈棒〉

ところで，次の例では，㊾，㊿と同じ"ヤッパリ"が"仍旧"と訳されている。

52　私はこつこつと西洋風の扉を西洋風にたたいてみた。内からは何の返答もない。私はもう一ぺん同じことを繰返さねばならなかった。内からやっぱり返答がない。今度は声をだして案内を乞うてみた。依然，何の反響もない。
（我按西洋式的作法碎碎敲了敲西洋式的房门。里边没有任何回音，我只得又一次重复同样的动作。里边仍旧没有答话。这回，我喊话请求引进了，依然，没有任何反响。）〈西班〉

この"仍旧"は，文全体のバランスは別にして，意味的には"还是"に置換え可能である。同例文中の"依然"（依然〔トシテ〕）もまた，既に変化が予想（期待）され得るにもかかわらず，実際には変化が起こっていない，という状況で用いられている。

また，"ヤハリ（ヤッパリ）"だけではなく，"ナオ"も"还"と訳される。

53　そのころの武蔵野には国木田独歩の作品に見るようなおもかげが，なお色濃く残っており，武蔵野と商科大学の組み合わせには，ややちぐはぐなものがあった。〈大平〉
（那时的武藏野还留存着浓厚的，国木田独步在《武藏野》中描会的迹象，武藏野同商科大学配合起来有些不够调和的。）

そして"仍然"，"依旧"も，ある情況が，変化の可能性を有しながら，持続し変化しない，もとのままであることを表わし，日本語の"ヤハリ(ヤッパリ)"，"イゼントシテ"，"ナオ"，"アイカワラズ"等と同じく，"还"，"マダ"と同類に属する。

㊹　谢伟的脚扭伤了，但也仍然天天按时到校上课了。〈小学〉
（謝偉は足をくじいたけれども，やはり毎日時間どおりに登校し授業を受けている。）

㊺　"陆大夫！文婷！"美亚芬低声唤着，陆文婷依旧没有反应。〈人到〉
（"陸先生！文婷！"美亜芬は低い声で呼んでいたが，陸文婷は相変らず30)反応しなかった。）

以上のように，中国語は"仍旧"，"依然"，"仍然"，"依旧"等が，日本語は"ヤハリ(ヤッパリ)"，"イゼントシテ"，"ナオ"，"アイカワラズ"等が，時間に関する副詞として基本的には同類をなし，"还"("还是")，"マダ"につらなっている。

中国語の"还"に対応し，"マダ"と同様に前提句と現実句を捉えるとすれば，"ヤハリ(ヤッパリ)"が予測との不一致を表わすのは当然である。

㊻　母の亡い娘，まさ，おふうへの愛情も，芭蕉の心を苦しめたであろう。人の世の世界から遠ざかりながら，彼はやはり，断ち切れない。〈詩人〉

㊻は人の世の世界から遠ざかった芭蕉——即ち，"世俗をすて名利を断ち，肉親の恩愛をふりすてて，旅から旅への身をせめ，風雅の道をえらんだ"芭蕉なら断ち切れる，という予測とは裏はらに，その芭蕉にして，なお，人の世のしがらみを断ち切れないでいる，ということである。

予測との不一致，これを言い換えると転折的である。㊼は，文脈上それがより顕著な例である。

㊼　女はおっとりと，何も知らぬふうをして，目立たずにいればよいのだと式部は書きながら，それでもやはり，一条帝が，『源氏物語』をお読みになって，"この人は『日本紀』を読んでいるね，才(漢学の才識)のある人だな"と仰せられた栄誉も，しるしておかずにはいられない。〈石山〉

このように，転折関係を表わす，"ソレデモ"と"ヤハリ(ヤッパリ)"は共起する。

そして，日本語の"ヤハリ(ヤッパリ)"もまた，複数の選択肢のなかか

"还"と時間副詞　　97

ら，結局あるひとつに落ちつく場合に用いられる。次の例がそうである。
　㊳　幼帝のご入水，能登守の最期，忠度の最期，そして木曾義仲の最期，なかでも，やはりいちばん感動的で美しく悲しく，ドラマチックなのは，敦盛の最期ではありますまいか。〈あつ〉

　予測される変化——敦盛の最期以外を美しいと思う可能性を，幼帝のご入水，能登守の最期……と明示している。しかし，あくまでも可能性にとどまり，結局，変化は生じず，落ち着くべきところに落ち着くのである。

　このように，"ヤハリ（ヤッパリ）"は，予測通りになることを表わすとされながら，実際には，予測と違って，変化が起こらないことを表わし，"还是"に対応する例も多い。ではなぜ，日本語の"ヤハリ（ヤッパリ）"は，予測との一致・不一致を問わず表わし得るのか。
　㊴　その水盤はやっぱり外から見たとおりで，高さは膝までくらいしかなかった。
　　　（水盘果然和从外边看到的一样，只有到膝盖那么高。）〈西班〉

㊴の"ヤッパリ"は，とても"还是"とは訳せず，予測との一致をいう"果然"に相当する。しかし，"ヤハリ（ヤッパリ）"は，"还是"，"果然"以外に，"也"とも対応する。
　㊵　このわたくしの新しい企てでも，やはり前の場合と全く同じ順序を経てすずめが集まるようになった。〈すず〉
　　　（我的这个新尝试也经过同前次一样的顺序，麻雀渐渐聚拢来了。）

　"ヤハリ（ヤッパリ）"が予測との一致・不一致を問わずいえる理由は，実は，この"也"との対応に求められる。"也"という副詞は，順接的にも，また転折的にも用いられ，いずれの場合も，基本的には"同類"であることを表わす。[31]
　㊶　他看了，我也看了。
　　　（彼はみた，私もみた。）
　㊷　他喜欢打排球，（他）也喜欢踢足球。
　　　（彼はバレーボールが好きだ。〔彼は〕サッカーも好きだ。）

　たとえば㊶，㊷は順接的である。㊶は，"XW，Y也W"（XハW，YモW）のパターンで，"他"（X→彼）と"我"（Y→私）が，"看了"（W→みた）ということに関して同類である。また㊷は，"XW_1，(X)也W_2"（XハW$_1$，〔Xハ〕W$_2$デモアル）のパターンで，"他"（X→彼）にとって，"打排球"

(W_1→バレーボールをする），"踢足球"（W_2→サッカーをする）がいずれも"喜欢"（好き）であることについて同類である。

次に転折的に用いられている例である。

㊄　他虽然不及格，也被录取了。
　　（彼は及第ではないけれども也採用された。）

㊄′　及格的被录取了，不及格的也被录取了。
　　　 x　　 w　　　 y　　　 w
　　（及第の者は採用された，及第ではない者も採用された。）

なるほど㊄の文は転折関係を示してはいるが，しかし"也"は，転折そのものではなく，あくまでも"同類"であることを表わす。㊄の"也"は㊄′のように，意味的には，複文"XW，Y也W"（XハW，YモW）のなかで働いていて，XとYが，W（採用された）に関して同類であることをいう。ただ，XとYが，"及第である者"と"及第でない者"と，論理的に相反するもので，その論理的矛盾が即ち転折である。

このように，順接，転折を問わず用いることのできる"也"と"ヤハリ（ヤッパリ）"は対応する。そこに，"ヤハリ（ヤッパリ）"が，予測との一致・不一致のいずれをも表わせる理由がある。予測との一致は順接的，不一致は転折的である。予測との不一致をいい"还是"に対応するものは，"XハW"というコトが，"XハZ"に変化すると予測するが変化せず，結局は"XハW"ということになる。その経緯を辿ると，間に屈折した判断を経て転折的である。しかし，経緯ではなく，いわば最初と最後に視点を据えると，予測のあり方にかかわらず，"XハW"が変化しない，ということで，"果然"に対応するものと違わなくなる。日本語は，経緯ではなく結果に視点を置いているが，中国語は，結果より，そこに至る経緯の違いにより，"果然"と"还是"が役割を分担している。

[附記] 本稿は，「'还'とその程度性」（『日本語と中国語の対照研究』第12号，日本語と中国語対照研究会，1987）に，一部修正加筆したものである。

〈注〉

1）西尾実・岩淵悦太郎・水谷静夫編1978，『岩波国語辞典』第4版，岩波書店，1978。
　　金田一春彦・池田弥三郎編1988，『学研国語大辞典』，学習研究社，1988。
2）吕叔湘主編1980，『现代汉语八百词』，商务印书馆，1980。

3）北京大学中文系，1955/1957级语言班编1986,『现代汉语虚词例释』，商务印书馆，1986。
4）刘月华・潘文吴・故韡1983,『实用现代汉语语法』，外语教学与研究出版社，1983。
5）马真1982,「说"也"」,『中国语文』1982年第4期。
6）刘月华1983,「状语的分类和多项状语的顺序」，中国语文杂志社编,『语法研究和探索』1，北京大学出版社，1983。
7）石神照雄1978,「時間に関する〈程度性副詞〉『マダ』と『モウ』——〈副成分〉設定の一試論」,『国語学研究』18号，1978年12月。
　広義の連用修飾とは補充関係——所謂格関係で，述語動詞が各個に具有する〈内的論理構造〉が，それを充たすべく各［関係項目］を要求する。たとえば，"太郎がりんごを食べる"においては，述語動詞"食べる"が［関係項目］として，［主体］→太郎，［対象］→りんごを要求する。一方，狭義の連用修飾は，言語におけるコト（事象）把握の構文上への基本的な実現を，モノ（実体）とサマ（属性）との分析及びその統一として主語—述語の相関としての句として捉える立場から，"桜の花が美しく咲く"の"美しく"と"咲く"の関係をいう。即ち，"桜の花が美しい"と"桜の花が咲く"というように，サマ（属性）の質を異にして二重的にとりあげたものである。
8）7）に同じ。程度性とは，"現実事象と言語主体によって主観的に設定される予想としての前提事象との相対的な関係としての関係性を，素材としての事象を直接捉える現実の立場で把握したもの"で，この〈程度性〉を本質とするものを〈程度性副詞〉とする。
9）杨淑樟1985,「副词"还"和"再"的区别」,『语言教学与研究』1985年第3期。
10）9）に同じ。
11）马真1984,「关于表示程度浅的副词"还"」,『中国语文』1984年第3期。
12）陆俭明1980,「"还"和"更"」,『语言学论丛』第6辑，商务印书馆，1980。
13）"算"は動詞で，"～とする"，"～とみなす"，"～の範疇に入る"という意味だが，"算＋形容詞"になると，結果的に"なんとか許容できる"程度を表わす。
14）11）に同じ。
15）相原茂1975,「"很＋不・形容詞"の成立する条件」,『中国語学』222，中国語学会，1975。
16）12）に同じ。

17) 石神照雄1980,「比較の構文構造──〈程度性〉の原理──」,『文芸研究』93集, 1980年1月.
18) 8)に同じ.
19) 大河内康憲1975,「是のムード特性」,『大阪外国語大学学報』33, 1975.
20) 原由起子1985,「語気副詞〈可〉と〈并〉〈倒〉〈却〉」,『中国語学』232, 中国語学会, 1975. 本書所収.
原由起子1985,「〈并〉──〈決して〉との比較から」,『日本語と中国語の対照研究』第10号, 日本語と中国語対照研究会, 1985. 加筆し,「中国語副詞"并"と日本語の"決して"」と改題の上, 本書所収.
21) このほか, "真", "好", "简直", 等も同様のふるまいを見せる.
 a *他是<u>真</u>好的人.
  (彼は<u>本当に</u>いい人だ.)
 b *这是<u>好</u>漂亮的衣服.
  (これは<u>とても</u>きれいな服だ.)
 c *他是<u>简直</u>坏的人.
  (彼は<u>まったく</u>悪い人だ.)
 a′ 他<u>真</u>是好人.
  (彼は<u>本当に</u>いい人だ.)
 b′ 这件衣服<u>好</u>漂亮.
  (この服は<u>とてもきれいだ.</u>)
 c′ 他<u>简直</u>是坏人.
  (彼は<u>まったく</u>悪い人だ.)
a〜cは成立しないがa′〜c′は成立する. 朱德熙1982,『语法讲义』(商务印书馆, 1982)によると, "好+形容詞"は感嘆文で, "好+形容詞"が連体修飾語となった場合も独立した感嘆文である. だから, "好漂亮的衣服!"(とてもきれいな服だ!)や"好大的雨!"(ひどい雨だ!)とは言うが, bや, 次のdのような埋込み文にはならない.
 d *我觉得这件衣服好漂亮.
  (この服は<u>とてもきれいだ</u>と思う.)
22) 11)では, "X+还+AP"には明確な比較対象がないとし, その根拠として, 第一に形容詞が"一些", "一点儿"(いくらか, すこし)を伴わないこと, 第二に明確な比較対象の有無にかかわらず用いることのできる"比较"と共起するが, 明確な比較対象を必須とする"稍微"(すこし)とは共起しないことを挙げている.
23) 崔永华1982,「与褒贬义形容词相关的句法和词义问题」,『语言学论丛』第9辑, 商务印书馆, 1982.

24) 23)に同じ。
25) 12)に同じ。
26) 12)に同じ。
27) 12)に同じ。
28) 川端善明1964,「時の副詞上」,『国語国文』33, 1964年11月。
29) 7)に同じ。
30) このほか,"还是老样子"(相変らずです),"还是那样〜"(相変らず〜)ともいう。
31) 5)に同じ。

<主要参考文献>

大河内康憲1975,「是のムード特性」,『大阪外国語大学学報』33, 1975。
相原茂1975,「"很+不・形容詞"の成立する条件」,『中国語学』222, 中国語学会, 1975。
石神照雄1978,「時間に関する〈程度性副詞〉『マダ』と『モウ』——〈副成分〉設定の一試論」,『国語学研究』18号, 1978年12月。
陆俭明1980,「"还"和"更"」,『语言学论丛』第6辑, 商务印书馆, 1980。
石神照雄1980,「比較の構文構造——〈程度性〉の原理——」,『文芸研究』93集, 1980年1月。
吕叔湘主编1980,『现代汉语八百词』, 商务印书馆, 1980。
北京大学中文系1955/1957级语言班编1986,『现代汉语虚词例释』, 商务印书馆, 1986。
崔永华1982,「与褒贬义形容词相关的句法和词义问题」,『语言学论丛』第9辑, 商务印书馆, 1982。
刘月华1983,「状语的分类和多项状语的顺序」, 中国语文杂志社编,『语法研究和探索』1, 北京大学出版社, 1983。
刘月华・潘文娱・故韡1983,『实用现代汉语语法』, 外语教学与研究出版社, 1983。
马真1984,「关于表示程度浅的副词"还"」,『中国语文』1984年第3期。
原由起子1985,「語気副詞〈可〉と〈并〉〈倒〉〈却〉」,『中国語学』232, 中国語学会, 1985。本書所収。
原由起子1985,「〈并〉——〈決して〉との比較から」,『日本語と中国語の対照研究』第10号, 日本語と中国語対照研究会, 1985。加筆し,「中国語副詞"并"と日本語の"決して"」と改題の上,本書所収。
森宏子2000,「平叙文における"呢"の機能」,『中国語学』247, 日本中国語学会, 2000。

〈引用文献〉

松本清張1973,「黒い福音」,『松本清張全集』4, 文藝春秋, 1973。〈黒い〉
蒋子龙1983,「赤橙黄绿青蓝紫」,『蒋子龙选集』2, 百花文艺出版社, 1983。〈赤橙〉
刘厚明1983,「阿诚的龟」,『北京文学短篇小说选』, 北京十月文艺出版社, 1983。〈阿诚〉
汪曾祺1983,「云致秋行状」,『北京文学短篇小说选』, 北京十月文艺出版社, 1983。〈云致〉
谌容1983,「人到中年」,『谌容中篇小说集』, 湖南人民出版社, 1983。〈人到〉
田辺聖子1983,「詩人の死」,「石山寺の月」,『小町盛衰記——歴史散歩私記』, 文藝春秋, 1983。〈詩人〉〈石山〉
佐藤春夫(岳久安译注)1984,「西班牙犬の家」,『日语学习与研究』1984年第3期。〈西班〉
姜晚成译注1985,「大平正芳を偲ぶ——大平の人間形成」(『大平正芳回想録』, 鹿島出版会, および『故大平正芳総理を偲ぶ』, 大平事務所, からの抄訳),『日语学习与研究』1985年第4期。〈大平〉
安部公房(曲维译注)1985,「棒」,『日语学习与研究』1985年第6期。〈棒〉
小熊捍(吴锦仙译注)1985,「すずめの記」,『日语学习与研究』1985年第6期。〈すず〉
刘厚明1986,「红叶书签」,「钉木版小窗」,『红叶书签』, 少年儿童出版社, 1986。〈红叶〉〈钉木〉
田辺聖子1985,「あつもり」,『文車日記——私の古典散歩』, 新潮社, 1985。〈あつ〉
水桦・梁平1987,『小学词语六用词典』, 浙江教育出版社, 1987。〈小学〉
杨淑樟1985,「副词"还"和"再"的区别」,『语言教学与研究』1985年第3期。〈副词〉

本文中の例文は上記の文献の他,〈注〉の2), 5), 9), 12), 23)に挙げた文献からの引用である。その他の作例については, 中国人インフォーマントによるチェックを受けた。

"高兴"と"高高兴兴"

0．はじめに

　"高兴"と"高高兴兴"はどう違うのだろうか，中国語形容詞は，属性を表わし制限的な甲類と，状態を表わし描写的な乙類とがあり，二音節形容詞は，その多くが乙類の性質を具え，描写的で，AABB型を含めた完全重畳形式は，状語と補語の位置にあるとき，より強調される，[1]という朱德熙の解説は明快である。しかし，それにもかかわらず，二音節形容詞の重畳形式と原形の差異，特に，状語と補語の関係については，なお判然としない。本稿ではそれを，"高兴"と"高高兴兴"を中心に明らかにしたい。

1．重畳形式（AABB）と補語

　"高兴"と"高高兴兴"はともに乙類だが，補語に関して，両者はそのふるまいを異にしている。
　① 姑娘们高兴地唱着歌儿。〈状语〉
　　（娘達は楽しくて，歌を歌っている。）
　② 他高高兴兴地唱着歌儿。
　　（彼は楽しそうに歌を歌っている。）
　③ 他们昨天玩儿得很高兴。
　　（彼らは昨日遊んでとても楽しくなった。）
　④ *他们昨天玩儿得高高兴兴的。
　　（彼らは昨日遊んで楽しそうになった。）
例文①と②を見る限りでは，"高兴"と"高高兴兴"の間に機能的な差

はないかに見えるが,③と④を見ると,その違いは明らかである。"高兴"は"得"字句の補語になるが,"高高兴兴"は補語にはならず,④は不成立となる。

"高高兴兴"以外についても見ると,次にあげる(A)は,"高高兴兴"と同様,補語にならないもので,"痛痛快快","热热闹闹","认认真真","匆匆忙忙"等を補語に用いた⑤′～⑨′はすべて成立しない。一方,(B)の"清清楚楚","整整齐齐","干干净净"等は,重畳形式にもかかわらず,補語(⑩′～⑫′)になるものである。

(A)　　AABB地VP ⇸ V得AABB的
⑤　他们高高兴兴地唱着歌儿。
　　　(彼らは楽しそうに歌を歌っている。)
⑤′*他们唱得高高兴兴的。
　　　(彼らは歌って楽しそうになった。)
⑤″他们唱得很高兴。
　　　(彼らは歌って楽しくなった。)
⑥　他们痛痛快快地玩儿。
　　　(彼らは愉快そうに遊んでいる。)
⑥′*他们玩儿得痛痛快快的。
　　　(彼らは遊んで愉快そうだ。)
⑥″他们玩儿得很痛快。
　　　(彼らは遊んで愉快になった。)
⑦　他们热热闹闹地喝酒。
　　　(彼らはわいわいがやがやとお酒を飲んでいる。)
⑦′*他们喝得热热闹闹的。
　　　(彼らは飲んでわいわいがやがやしている。)
⑦″他们喝得很热闹。
　　　(彼らは飲んで賑やかになった。)
⑧　他们认认真真地学习。
　　　(彼らは真剣に勉強している。)
⑧′*他们学习得认认真真的。
　　　(彼らは勉強の仕方が真剣である。)
⑧″他们学习得很认真。
　　　(彼らは勉強の仕方が真剣である。)

⑨　他匆匆忙忙地走了。
　　（彼は慌しく行った。）
⑨′＊他走得匆匆忙忙的。
　　（彼は行って慌しかった。）
⑨″他走得很匆忙。
　　（彼は行き方が慌しかった。）
（B）　AABB地VP ⟵⟶ V得AABB的
⑩　黒板上清清楚楚地写着字。
　　（黒板にはっきりと字が書いてある。）
⑩′黒板上的字写得清清楚楚的。
　　（黒板の字ははっきり書かれている。）
⑪　整整斉斉地収拾了这间屋子。
　　（この部屋をきちんと片付けた。）
⑪′这间屋子収拾得整整斉斉的。
　　（この部屋はきちんと片付けられている。）
⑫　我干干浄浄地擦了桌子。
　　（私はテーブルをきれいに拭いた。）
⑫′这张桌子擦得干干浄浄的。
　　（このテーブルはきれいに拭かれている。）

　このように，同じく乙類の性質を具えた二音節形容詞でありながら，重畳形式が補語になるものと，ならないものの二種類がある。これは何を意味するのか。次に，この二種類が現われてくる理由を考えてみたい。

２．状語と補語

　補語になるか否かについては，動詞との意味的なかかわり方が作用している。
　劉月華1981は，状語を描写性状語（M状語）と非描写性状語（FM状語）に分け，更に，描写性状語をM_1状語，M_2状語，M_3状語の三つに下位分類している。[2]　M_1状語は動作者を描き，M_2状語は動作のあり方を規定し，M_3状語は賓語を描くものである。この分類に従うと，"高興"はM_1状語になるが，M_1状語はM_2状語と違い，動詞との結合が緊密でなく，たと

えば⑬'のように，⑬から構造助詞を除くと，状語は，動詞句から独立したひとつの事態を表わし，動作者について叙述することになる。

⑬　夏明興致勃勃地跑了過来。〈多項〉
　　（夏明は強い興味に引かれて駆けてきた。）
⑬'　夏明興致勃勃（,）跑了過来。〈多項〉
　　（夏明は強い興味を覚えた〔,〕駆けてきた。）

また，状語から補語への言い換えについて，劉月華は，大部分のM_2状語は，状語から補語への言い換えができず，また，M_1状語のように，たとえ言い換えが可能でも，補語にすると意味が変ってしまう，と指摘している。

そこで，（A）類の重畳形式が補語にならないのは，これらが，動作のあり方を規定するM_2状語になるからと思われる。一方，（B）類が補語になれるのは，これらの重畳形式がM_2状語ではないということだが，また，動作者を描くM_1状語でもなく，M_3状語，即ち賓語について描くものとなる。それは，"得"字句の動詞と補語の関係からも明らかである。先の例①を⑭とし，"高興"を補語に用いたものを⑭'とする。

⑭　姑娘們高興地唱着歌儿。（M_1状語）〈状語〉
⑭'　姑娘們唱得很高興。（"唱"→原因，"很高興"→結果）

劉月華によると，⑭はもちろん，⑭'に言い換えができるが，⑭'の動詞と補語の関係は，⑭の状語と動詞のそれとは違ってしまい，⑭'の補語は，動作の結果，動作者の状態を表わし，「娘達はうたって楽しくなった」のである。[4]（A），（B）の動詞と補語の関係を見てみよう。

$$
\begin{array}{l}
(A)\left\{\begin{array}{l}
M_1\text{状語}\longrightarrow V\text{"得"補語} \\
\quad ⑤''\ 他們唱得很高興。\\
\quad ⑥''\ 他們玩儿得很痛快。\\
\quad ⑦''\ 他們喝得很熱鬧。\\
M_2/\underline{M_1}\longrightarrow V\text{"得"補語} \\
\quad ⑧''\ 他們學習得很認真。\\
\quad ⑨''\ 他走得很匆忙。
\end{array}\right.
\end{array}
$$
　　　　　　　　　　　　　　　　　　V"得"補語（動作者の状態）

（B）M_3状語 ──→ V"得"補語
　　⑩'　黒板上的字寫得清清楚楚的。
　　⑪'　這間屋子收拾得整整齊齊的。　　V"得"補語
　　⑫'　這張桌子擦得干干凈凈的。　　（動作對象〔賓語〕の状態）

(A)の⑤″～⑦″の動詞と補語の関係は⑭′と同じで，⑧″，⑨″の"认真"，"匆忙"は，意味的に，M_1，M_2のどちらにもなるため，動作者の状態をいう補語になれると思われる。[5] しかし，(B)の⑩′，⑪′，⑫′の補語"清清楚楚""整整齐齐"，"干干净净"は，動作者の状態ではなく，動作の対象，即ち，賓語"黑板上的字"，"这间屋子"，"桌子"の状態を表わしている。本来，M_1，M_3の性質の語が入る補語の位置にこない(A)類の重疊形式は，M_2状語としての性質を具えているといえる。

　このように，補語になるか否かは，動詞との意味的関係が深く関与しているが，それは，⑮～⑱が，補語から状語への言い換えができないことからも裏付けられる。

　⑮　小丫儿听得入神……〈小丫〉
　　　（娘はうっとりと聞き入っていた……）
　⑮′＊小丫儿入神地听……
　⑯　他一定喝得七歪八倒……〈波の〉
　　　（彼はきまってぐでんぐでんに酔っ払って……）
　⑯′＊他一定七歪八倒地喝……
　⑰　就这么一封信撕得粉碎地迎头掷回……〈69〉
　　　（そんなふうに手紙を粉々に引き裂いて投げつけて……）
　⑰′＊粉碎地撕……
　⑱　正打得昏天黑地，难分难解……〈海浜〉
　　　（まさに敵味方入り乱れてやり合っていると……）
　⑱′＊正昏天黑地，难分难解地打……

⑮～⑱の補語"入神"，"七歪八倒"，"粉碎"，"昏天黑地，难分难解"はいずれも，動作の結果もたらされた状態で，⑮′～⑱′のように，状語として用いることはできない。たとえば，⑮の"听得入神"の"入神"（うっとりしている）という状態は，まず"听"（聞く）という行為がなければあり得ないからであろう。

　以上をまとめると，"高兴"はM_1状語になり，動作者の心理状態を描くが，動詞との結びつきが弱く，補語になったとき，動作の結果を表わす。一方，"高高兴兴"は，M_2状語として，本来動詞に内属する。動作のあり方を規定するため，補語にはならない。"高高兴兴"がより動作に密着したものであることが，次の⑲と⑲′に反映している。

　⑲　今天见了你真高兴……〈小站〉

(きょうはお会いできて本当に嬉しいです……)
⑲′＊今天见了你高高兴兴的。

⑲の"高兴"を"高高兴兴"にした⑲′は，このままでは文として完結せず，不成立である。ここに，"高兴"と"高高兴兴"は大きく分岐していく。

3．"AB地VP"と"AABB地VP"

次に，状語としての"高兴"と"高高兴兴"を比較すると，両者にはやはり違いがある。朱徳熙は，"重畳形式と原形の違いは主に，機能の面にあり，そのいずれを用いるかは，多くの場合，言語の構造自体が決定し，話者が自由に選択できる機会は少ない"としている。[6] まさにその指摘のとおり，二音節形容詞の状語で，重畳形式に置き換えられない場合がある。

1）"AB地VP"（甲）
⑳　她慌忙地停下脚步一看……〈小站〉
　　（彼女は慌てて足を止めて見ると……）
⑳′＊她慌慌忙忙地停下脚步一看……
㉑　行人见了也会汗毛发麻，急忙加快脚步躲开。〈宝塔〉
　　（通行人が見たら，やはり鳥肌がたち，急いで足を速めて避けて通る。）
㉑′＊急急忙忙地加快脚步躲开。
㉒　她听了我的话，慌张地抬起头……〈海滨〉
　　（彼女は私の話を聞くと，はっとして顔をあげ……）
㉒′＊慌张慌张地抬起头……
㉓　雯雯的声音在哆嗦，霏霏奇怪地看了她一眼。〈69〉
　　（雯雯の声がふるえていた。霏霏は不思議に思って彼女をちらっと見た。）
㉓′＊霏霏奇奇怪怪地看了她一眼。

⑳～㉓の"慌忙"，"急忙"，"慌张"，"奇怪"は，⑳′～㉓′が示すとおり，すべて重畳形式に置き換えられない。なぜだろうか。例文㉔に注目されたい。

㉔　霏霏吃惊地叫了起来：“你想到哪里去了？……”〈69〉
　　（霏霏はびっくりして大声をあげた。"あなたは何を考えているの？
　　……"）

　㉔の状語"吃惊地"はM_1状語で，厳密には動作のあり方を規定するものではない。"吃惊地叫了起来"は，びっくりしたために，大声をあげるという動作が引き起こされたことをいう。⑳～㉓の状語と動詞の関係は，㉔と同じで，"慌忙"，"急忙"，"慌张"，"奇怪"は皆M_1状語で，しかも動作者の一時的な心理の動きを表わし，動作のあり方を規定するM_2状語ではないため，重畳形式を用いることができないのである。"高兴"もM_1状語として，これらと同じレベルで働き得るものである。

㉕　她告诉我那个消息，我就高兴地叫起来。
　　（彼女からその知らせを聞いて，私は嬉しくて声をあげた。）
㉖　他一走进屋里去，他爱人就高兴地跑过来了。
　　（彼が部屋に入るや，彼の妻は喜んで駆けてきた。）
㉗　凌明凤慈爱的目光瞥了丽芳一眼，也高兴地笑出了声！〈海滨〉
　　（凌明鳳はやさしいまなざしを麗芳に向けると，やはり嬉しくて声を
　　たてて笑った！）
㉘　吴局长用手拍拍额角，高兴地站起来说……〈海滨〉
　　（呉局長はこめかみを軽くたたき，喜んで立ち上がって言った……）

　㉕～㉘のように，"高兴"が状語になるとき，状態変化を表わす"一～就～"や"V起来"，"V出来"等とよく共起する。つまり，"高兴"という心理状態になることによって，次の動作が引き起こされることをいう。これらの状語と動詞の関係は，原因と結果といえるが，たとえば，㉕の"高兴"と"叫起来"を，原因と結果という二つの事態として捉えながらも，話者は，それらが，時間的に切迫して，事態1発生の直後に事態2が引き起こされたことを言いたいのである。ここに，同じく原因と結果の関係でありながら，"高兴得＋補語"との違いがある。"高兴得＋補語"は，㉙の"要"，㉚の"几乎"が示すとおり，補語の部分が未然の事態でもよいが，"高兴地VP"の場合，㉙′，㉚′のように，VP（事態2）が未然であってはならない。

㉙　她高兴得简直要跳起来。〈小站〉
　　（彼女は嬉しくて飛び上がらんばかりだった。）
㉙′＊高兴地简直要跳起来。

"高兴"と"高高兴兴"　　111

㉚　艇上的人们高兴得几乎跳起来。〈海滨〉
　　（船上の人々はほとんど飛び上がらんばかりに喜んだ。）
㉚′＊高兴地几乎跳起来了。

"高兴得＋補語"はあくまでも，"高兴"を起因とし，それが招来した結果の状態をいうにすぎない。補語部分が動詞句でも，全体としては状態，即ち形容詞相当のものとして把握されていて，そこに，この形式が程度表現へと通じる契機がある。程度とは，形容詞にこそ属するものである。

２）"AB地VP"（乙）

更に，"高兴"はまたひとつ，異なるレベルで働く。それは，話者（或いは主体）の，ある事態に対する評価をいうもので，㉛がその例である。

㉛　笔者同时也高兴地看到，并不是所有的独生子女的家庭都是这样不理智地溺爱孩子的……〈中国〉
　　（筆者は同時にまた，嬉しいことに，すべてのひとりっ子家庭が，このように盲目的に子供を溺愛しているのではないことを目にしている。）
㉛′＊笔者同时也高高兴兴地看到……
㉛″　孩子们高高兴兴地看着动画片儿。
　　（子供達は楽しそうにアニメーションを見ている。）

"看到"は"看"とは違い，"意思性"についてはマイナスで，"见る"という行為の結果"见える"ことをいう。このことから，状語"高兴地"は，動作を描写しているのではないことがわかる。ここでは，"嬉しいことに"の意味で，このレベルにある"高兴"もまた，"高高兴兴"（㉛′）に置き換えることができず，動詞が"意思的"な"看"である㉛″が"高高兴兴"と共起しているのとは対照的である。更に，㉜の"痛苦地"，㉝の"很奇怪地"も同じレベルにあり，㉜′，㉝′のような重畳形式にすることはできない。

㉜　它痛苦地在尚未出世的孩子与丈夫之间，选择了丈夫！〈傍晚〉
　　（その狐は，まだ見ぬ我が子と夫の間にあって，辛いことだが夫を選んだ！）
㉜′＊它痛痛苦苦地尚未出世的孩子与丈夫之间，选择了丈夫！
㉝　两人很奇怪地赤着脚在水泥马路上……〈69〉
　　（二人は，とても不思議なことに，裸足でアスファルトの道を……）

㉝′ *两人奇奇怪怪地赤着脚在水泥马路上……

　これらはすべて、ある事態の発生が、話者（或いは主体）にある感情を抱かせたことをいう。その事態とは、㉛では、"すべてのひとりっ子家庭がこのように子供を盲目的に溺愛しているのではないことを目にしている"ことで、それが筆者にとって"高兴"（嬉しく）、また、㉜は、"子供と夫の間にあって夫を選んだ"ことが、主体"它"にとって"痛苦"（辛い）ということである。㉝も同様に捉えられる。このことは、㉞を見ると更に明らかである。

　㉞　他悲惨地死去了。
　　　（悲惨にも彼は死んでしまった。）
　㉟　他们意外地捕获了一只"梅花鹿"。〈傍晚〉
　　　（彼らは意外にも"花鹿"を一頭捕獲した。）

　"死"は瞬間動詞で、一般に動作のあり方を規定する状語をとらない。㉞の"悲惨地"は、"他死去了"という事態を、話者が悲惨だと感じていて、"悲惨にも"という意味である。このように、㉛～㉞の状語は、㉟の"意外地"（意外にも）と同じレベルにある。

4．否定の作用域

　最後に、否定の作用域について見ることにする。否定の作用域に関して、"AABB地VP"と"AB地VP"、更に、"AB地VP"の甲と乙の間に違いがある。

　1）"不・AABB地VP"

　"不・AABB地VP"の場合、例㊱、㊲のように、否定詞"不"は、状語"痛痛快快"、"正正当当"を含めて、後ろの動詞句全体にかかり、実際には"大哭一场"（大声で泣く）、"讲出来"（はなす）という動作が発生していないことを表わす。

　㊱　不痛痛快快大哭一场又出不来这个冤气。〈拜年〉
　　　（思い切り大声で泣かなければ、この無念な気持ちのやりばがない。）
　㊲　那你为什么不正正当当地讲出来？
　　　（ではあなたはなぜ堂々とはなさないのか？）

　これは、重畳形式が状語になると、本来動詞に内属する、動作のあり

方を規定し，まさに動作に組み込まれていることを物語っている。"V得＋補語"は，動詞が否定されることはないことから，さきに見た，補語になれる重畳形式"干干浄浄"等が状語になる場合との違いも明らかである。

　2）"不・AB地VP"（甲）

　次に，"AB地VP"の甲は，否定にすると，かたちが変るものがほとんどで，唯一"高興"が，"不・AB地VP"となる。⑳〜㉔を㊳〜㊷とする。

　　㊳　慌忙地VP
　　　　（焦り慌ててVP）
　　㊳′　不慌不忙地VP
　　　　（焦らず慌てずVP）
　　㊳″＊不慌忙地VP
　　㊴　急忙地VP
　　　　（急いでVP）
　　㊴′　不急不忙地VP
　　　　（急がずVP）
　　㊴″＊不急忙地VP
　　㊵　慌張地VP
　　　　（慌ててVP）
　　㊵′　不慌不張地VP
　　　　（慌てずVP）
　　㊵″＊不慌張地VP
　　㊶　奇怪地VP
　　　　（不思議に思ってVP）
　　㊶′＊不奇怪地VP
　　㊷　吃驚地VP
　　　　（驚いてVP）
　　㊷′＊不吃驚地VP

㊳〜㊵の"慌忙"，"急忙"，"慌張"は，㊳′"不慌不忙"，㊴′"不急不忙"，㊵′"不慌不張"となり，そのうえ否定形は，もはや原因ではなく，動作のあり方を規定するM₂状語になってしまう。また，㊶の"奇怪地"，㊷の"吃驚地"には否定形がない。ただ"高興"だけが，㊸のように"不高興地VP"で，やはり事態2の原因，即ち，「不機嫌になる」と

114

いう事態1を示し，重畳形式のように動詞句まで否定されることはない。
　㊷　雯雯听见了，<u>不高兴地</u>叫道……〈69〉
　　　(雯雯は聞くと，<u>不機嫌になり</u>大声で言った……)
　3)"不・AB地VP"(乙)
　更に，"AB地VP"の乙に否定形はない。
　㊹　*<u>不高兴地</u>看到……
　㊺　*它<u>不痛苦地</u>在未出世的孩子与丈夫之间，选择了丈夫！
　㊻　*<u>不奇怪地</u>赤着脚在水泥马路上……
　㊼　*他<u>不悲惨地</u>死去了！
　㊽　*他们<u>不意外地</u>捕获了一只"梅花鹿"。
　㉛〜㉟の否定形，㊹〜㊽は，すべて不成立である。これは，これらが，話者(或いは主体)の評価を表わすものである証である。評価とは，命題内容に対するもので，否定は，評価的状語にかかることはない。たとえば，㊽の"不意外地"(意外でなくも)などは，論理的にあり得ないということである。

　以上，"高高兴兴"は状語として，本来動詞に内属する，動作のあり方を規定することを本分とし，一方，"高兴"は，状語として，"高高兴兴"とは異なる二つのレベルで働き，ひとつは動作者の一時的な心理状態を表わし，それ自体を事態1として，次の事態2発生の起因となり，又ひとつは，話者(或いは主体)の評価を表わすことが明らかになった。なお，"很高兴"については，特に触れなかったが，"很高兴"は補語になるが，"高高兴兴"はならないこと，又，後者は述語にもなりにくいことから，"很＋二音節形容詞"と重畳形式に違いがあることは既に明らかであるが，[7] 紙幅の制限もあり，詳細は稿を改めて検討することにする。

[附記] 本稿は，中国語学会第37回全国大会(於日本大学，1987年11月1日)での発表をまとめたものだが，大阪外国語大学の大河内康憲先生はじめ，諸先生方にご指導を賜わった。特に記して感謝致します。

〈注〉
1) 朱德熙1956，「现代汉语形容词研究」，『语言研究』1956年第1期。
2) 刘月华1983，「状语的分类和多项状语的顺序」，中国语文杂志社编，『语法研究和探索』1，北京大学出版社，1983。

3) 2)に同じ。
　　劉月華1981,「状语与补语的比较」,『语言教学与研究』1981年第1期。
4) 3)に同じ。
5) 2)に同じ。
6) 1)に同じ。
7) 1)では両者を同じとする。

<主要参考文献>

朱德熙1956,「现代汉语形容词研究」,『语言研究』1956年第1期。
刘月华1981,「状语与补语的比较」,『语言教学与研究』1981年第1期。
刘月华1983,「状语的分类和多项状语的顺序」,中国语文杂志社编,『语法研究和探索』1, 北京大学出版社, 1983。

<引用文献>

蒋子龙1970,「拜年」,『蒋子龙选集』1, 百花文艺出版社, 1970。〈拜年〉
蒋子龙1970,「宝塔底下的人」,『蒋子龙选集』1, 百花文艺出版社, 1970。〈宝塔〉
刘月华1981,「状语与补语的比较」,『语言教学与研究』1981年第1期。〈状语〉
刘月华1983,「状语的分类和多项状语的顺序」,中国语文杂志社编,『语法研究和探索』1, 北京大学出版社, 1983。〈多项〉
李迪1985,「傍晚敲门的女人」,『惊险侦破小说选』, 群众出版社, 1985。〈傍晚〉
魏威1985,「海滨追踪」,『惊险侦破小说选』, 群众出版社, 1985。〈海滨〉
涵逸1986,「中国的小皇帝」,『中国作家』,作家出版社,1986年第3期。〈中国〉
王安忆1986,「69届初中生」, 中国青年出版社, 1986。〈69〉
井上靖(赵德远译注)1987,「波の音(波涛声)」,『日语学习与研究』1987年第2期。〈波の〉
苏策1987,「小站不停车」,『人民文学』1987年第4期。〈小站〉
克明1987,「小丫儿在坟场的奇遇」,『人民文学』1987年第7期。〈小丫〉

程度副詞"很"と状語の関係について

0. はじめに

　中国語の二音節形容詞(AB)には、"很＋AB＋地"で状語になるものとならないものがある。たとえば次のとおりである。
　A)"很＋AB＋地VP"
　　① 很高兴地VP
　　② 很轻松地VP
　　③ 很清楚地VP
　B)*"很＋AB＋地VP"
　　④ *很热闹地VP(*热闹地VP, 热热闹闹地VP)
　　⑤ *很平安地VP(平安地VP, 平平安安地VP)
　　⑥ *很慌张地VP(慌张地VP, 慌慌张张地VP)
　A)のグループは、"很＋AB＋地VP"で状語になるが、B)の④～⑥、"热闹"、"平安"、"慌张"は、"很"がつくと状語になれない。このうち、"热闹"は、重畳形式(AABB)でなければ状語にならないが、"平安"、"慌张"は、状語になるにもかかわらず、"很平安地VP"、"很慌张地VP"とはならない。
　朱徳熙1956は、重畳形式(AABB)は、"很＋AB"と同じく描写的で、状語と補語になるとき、その程度がより強調される、としているが、[1] それではなぜ、"很＋AB"に状語になれないものがあるのか、また、陸倹明1980も、調査された700の二音節形容詞のうち、"fAB的"(f：程度副詞)で状語になれないものが全体の25％あるとしているが、[2] その理由については触れられていない。本稿は、B)に属する語が状語になれない理由を明らかにしたい。その際、程度副詞は"很"に限って論じる。まず、"很"と状語との関係がわかれば、"挺"、"非常"等、[3] その他の程度副詞

117

と状語の関係も，自ずと明らかになるからである。

1. 状語について

"很"と状語の関係を解明することは，同時に中国語状語分類の新たな基準を求めることでもある。

劉月華は状語を，描写性状語（M状語）と非描写性状語（FM状語）に分け，描写性状語は更に下位分類し，M_1，M_2，M_3としている。M_1状語は動作者を描き，M_2状語は動作を描写し，M_3状語は賓語を描くものである。[4] 重畳形式をもつ二音節形容詞とM_1，M_2，M_3との関係は次のとおりである。[5]

⑦　她们高兴地唱着歌儿。（M_1状語）
　　（彼女達は楽しくて歌をうたっている。）
⑦′　她们唱得很高兴。
　　（彼女達はうたってとても楽しくなった。）
⑧　她高高兴兴地唱着歌儿。（M_2状語）
　　（彼女は楽しそうに歌を歌っている。）
⑧′　*她唱得高高兴兴的。
⑨　黑板上清清楚楚地写着几个字。（M_3状語）
　　（黒板に字がはっきり書いてある。）
⑨′　黑板上的几个字写得清清楚楚的。
　　（黒板の字ははっきりしている。）

⑦の"高兴地"はM_1状語だが，M_1状語は，"得"字句の補語になる。しかし，⑦′の動詞と補語の関係は，⑦の状語と動詞のそれとは異なり，補語は，動作の結果，動作者の状態を表わす。[6] "唱得很高兴"は"うたって楽しくなった"のである。⑧の"高高兴兴"はM_2状語で，M_2状語は補語にならない。⑨の"清清楚楚地"は，賓語"几个字"の状態を表わすM_3状語だが，M_3状語は，重畳形式でも補語になる。"高高兴兴"と同じくM_2状語に属するものに，"痛痛快快"，"热热闹闹"，"认认真真"，"匆匆忙忙"，"慌慌张张"，"急急忙忙"等があり，"清清楚楚"と同じM_3状語に属するものは，"干干净净"，"整整齐齐"等である。[7]

しかし，中国語状語の内容は豊富で，劉月華の分類がすべてを網羅し

ているとは言い難い。M_1状語のなかに，更に，異なる二種類の動詞との意味関係を見出すことができる。[8] ひとつは，状語が，動作の原因を表わすもの，いまひとつは，主体(或いは話者)の，ある事態に対する評価を表わすものである。これらは，いずれも重畳形式を用いることができない。

（1）〈原因〉

⑩　他兴致勃勃(地)，跑来了。〈多项〉
　　　　事態1　　　　事態2
　　（彼は強い興味を覚えた〔,〕駆けてきた。）

　M_1状語は，動詞との結合が緊密でなく，⑩のように構造助詞を除くと，状語部分と述語が，各々独立していて，事態1，事態2を表わす。[9] 次の⑪〜⑭も同様であるが，事態1と事態2の関係は，原因と結果である。

⑪　他一走进屋里去，他爱人就高兴地跑过来了。(*高高兴兴地)
　　（彼が部屋に入るや，彼の妻は喜んで駆けてきた。）
⑫　行人见了也会汗毛发奓，急忙加快脚步躲开。(*急急忙忙地)〈宝塔〉
　　（通行人が見たら，やはり鳥肌がたち，急いで足を速めて避けて通る。）
⑬　她慌忙地停下脚步一看……(*慌慌忙忙地)〈白色〉
　　（彼女は慌てて足を止めて見ると……）
⑭　雯雯的声音在哆嗦，霏霏奇怪地看了她一眼。(*奇奇怪怪地)〈69〉
　　（雯雯の声がふるえていた。霏霏は不思議に思って彼女をちらっと見た。）

　⑪〜⑭の状語"高兴地"，"急忙"，"慌张地"，"奇怪地"は，動作者の一時的な心理変化を表わし，その心理変化が原因となって，述部が表す動作を引き起こす。たとえば⑪は，"他爱人"は，"他"が戻ってきたことにより"高兴"と感じた(事態1)。そして更に，そのことが起因となって彼女を"跑过来了"(事態2)させたのである。⑫〜⑭も同様に捉えられる。しかし，これらの状語と動詞の関係は，同じく原因と結果でありながら，"得"字句の動詞と補語の関係とは異なる。[10]

⑮　她高兴得(几乎，要)站起来了。
　　（彼女はうれしくて〔ほとんど，いまにも〕立ち上がらんばかりだ。）

⑯ *他高興地(几乎，要)站起来了。

⑮，⑯が示すように，"得"字句の補語は，"几乎"，"要"等と共起し，未然の事態でもよいが，"状語＋VP"の場合，"几乎"，"要"とは共起せず，必ず已然でなければならない。"得"字句の補語は，動作が原因となり，もたらされた結果の状態をいうにすぎない。動詞句であっても，全体としては状態，即ち形容詞相当のものとして把握する。そこに，この形式が，程度表現へと通じていく契機がある。それに対して"状語＋VP"は，事態1（状語）から事態2（VP）へ継起的に，しかも時間的に切迫して発生する。

（2）〈評価〉

次に，⑰の"意外地"は，話者の"他们捕获了一只'梅花鹿'"（彼らは'花鹿'を一頭捕獲した）という事態に対する評価を表わす。

⑰ 他们意外地捕获了一只"梅花鹿"。〈傍晚〉
（彼らは意外にも"花鹿"を一頭捕獲した。）

即ち，"彼らが一頭の'花鹿'を捕獲した"という事態が，話者には"意外"なのである。ここでいう〈評価〉とは，話者（或いは主体）が事態発生に対して抱く情意である。

次の⑱～⑳の"很奇怪地"，"高興地"，"痛苦地"も，この"意外"とparallelな関係にある。

⑱ 两人很奇怪地赤着脚在水泥马路上……(*奇奇怪怪地) 〈69〉
（二人は，とても不思議なことに，裸足でアスファルトの道を……）

⑲ 笔者同时也高兴地看到，并不是所有的独生子女的家庭都是这样不理智地溺爱孩子的。(*高高兴兴地)〈中国〉
（筆者は同時にまた，うれしいことに，すべてのひとりっ子家庭が，このように盲目的に子供を溺愛しているのではないことを目にしている。）

⑳ 它痛苦地在尚未出世的孩子与丈夫之间，选择了丈夫。(*痛痛苦苦地)〈傍晚〉
（その狐は，まだ見ぬ我が子と夫の間にあって，つらいことだが夫を選んだ。）

⑱は⑰と同じく，"很奇怪"という評価の感じ手は話者であるが，⑲，

⑳では"高兴","痛苦"の感じ手は,動作主体と一致している。

同じく M_1 状語とはいえ,〈原因〉と〈評価〉では,動作との関係が違う。〈原因〉は,動作発生以前にかかわり,〈評価〉は,動作発生以後にかかわる。つまりこれは,刘月华の分類では不充分なだけでなく,状語分類の基準を他に求めなければならないことを示唆している。新たに分類の基準を求めるに際し,有効に作用するのが,"很+AB+地VP"となるか否かである。

2."很"と状語

本稿では,描写性状語分類の基準を,動作とのアスペクト的関係に求める。即ち,状語が,動作発生以前,動作の過程,動作発生以後のいずれに関与するかによる分類である。第1章で述べたもののうち,原因を表わすものは動作以前,動作を描写するものは動作の過程,評価を表わすもの,賓語を描くものは動作発生以後に関わる。以下,[動作以前],〈原因〉,[動作過程],〈動作〉,[動作以後],〈評価$_1$〉,〈賓語〉と記すことにする。

(1) [動作過程],〈動作〉と"很"

上の分類のうち,"很+AB+地VP"とならないのは,[動作過程],〈動作〉である。

㉑ 我们还象以前一样平平静静地过日子。〈招风〉
　　*很平静地(平静地),　*过得平平静静的,　*过得很平静。
　　(私達はやはり以前のように穏やかに暮らす。)

㉒ 放了心,安安静静地睡熟了。〈波の〉
　　*很安静地(安静地),　*睡得安安静静的,　*睡得很安静
　　(ほっとしたのか,すやすや眠っていた。)

㉓ 他平安地到达了他的家乡。〈法尼〉
　　*很平安地,(平平安安地),　*到达得平平安安的,　*到达得很平安。
　　(彼は無事故郷に着いた。)

㉑〜㉓の状語は,[動作過程],〈動作〉(即ち,刘月华のいう M_2 状語)で

ある。なぜなら，これら形容詞の原形("平静"，"安静"，"平安")，重畳形式("平平静静"，"安安静静"，"平平安安")ともに，"得"字句の補語にならないからである。㉑〜㉓は，"很平静地"，"很安静地"，"很平安地"にすることができない。

(2) "很+〈動作〉+VP"不成立の理由

　ではなぜ，[動作過程]，〈動作〉は，"很+AB+地VP"とならないのか。その理由を考えるに際し，ⅰ)程度副詞と動詞の関係，ⅱ)否定詞"不"と"〈動作〉+VP"の関係，ⅲ)"很"と"〈動作〉+VP"の関係を見ることにする。

　ⅰ)まず，程度副詞と動詞の関係を見ると，程度副詞は，動作動詞を修飾することができず，心理活動動詞以外は，動詞句全体で状態を表わすものしか修飾できない。[11] たとえば，"很讲卫生"，"很靠不住"において，"很"が修飾するのは"讲卫生"，"靠不住"で，動詞"讲"，"靠"ではない。即ち，動詞句全体が形容詞に相当し，"很+(讲卫生)"，"很+(靠不住)"と分析される。[12] ⅱ)次に，[動作過程]，〈動作〉は，第1章で見たとおり，"得"字句の補語にならない。これは〈動作〉は，本来動詞に内属する，動詞のあり方を規定し，動詞との結びつきが強いからだが，それは，否定詞"不"の作用域にも反映している。

　㉔　不平静地生活，不平平静静地生活。
　　　(穏やかに暮らさない。)
　　*不平静地生活，*不平平静静地生活。
　　　(おだやかでなく暮らす。)
　㉕　不安静地睡觉，不安安静静地睡觉。
　　　(すやすや眠ってはいない。)
　　*不安静地睡觉，*不安安静静地睡觉。
　　　(すやすやとでなく眠っている。)

"平静"，"平平静静"，"安静"，"安安静静"はいずれも〈動作〉だが，これらは先に動詞("生活"，"睡觉")と結びつき，そのあとで"不"が，状語も含めた動詞句全体を修飾し，その逆でない。即ち，"不平静地"，"不平平静静地"(㉔)，"不安静地"，"不安安静静地"(㉕)が，"生活"や"睡

覚"を修飾するのでない。述語，補語，定語になるときは，"不平静"，"不安静"となるのに，状語の位置にあっては，"不平静地／不安静地＋VP"とならないのは，〈動作〉である"平静"，"安静"が，動詞との結合が緊密であるということである。㉔，㉕が示すとおり，"不＋〈動作〉＋VP"は，"(不＋〈動作〉)＋VP"となり得ず，"不＋(〈動作〉＋VP)"となる。"不"はⅰ)と同じく，動詞句全体に作用する。とすると，ⅲ)"很＋〈動作〉＋VP"も，当然，"很＋(〈動作〉＋VP)"と分析されるはずである。しかし，これは成立しない。それは，"讲卫生"，"靠不住"が，意味的に形容詞に相当し，状態として定着しているのに対し，"〈動作〉＋VP"は，動作の過程にあり，未だ状態として定着しておらず，動詞句全体がひとつの動作動詞に相当するからである。

3．[動作以前]，[動作以後]と"很"

ところで，状語としてのある語と動詞の関係は，常にひとつとは限らない。同じ語でも，動詞との関係が異なる場合がある。

（1）　[動作以前]，〈経験〉("平静")について

たとえば"平静"は，①環境が平穏であること，②心理状態が緊張していないことを表わす。前者は，㉑のように，"很平静①地VP"とならないが，後者は，"很平静②地VP"となる。
　㉖　他很<u>平静②地</u>说起那件事。
　　　（彼はとても落ち着いてあの事をはなしだした。）
しかし，㉖の"很平静②地"は，もはや[動作過程]，〈動作〉ではない。㉖が成立するということは，"(很＋平静地)＋VP"と分析でき，"平静②"は，動詞との結合が緊密でないということだが，それは，動作の進行を表わす"在"との共起関係からも裏付けられる。
　㉗　他们都在<u>平静①</u>(平平静静)地过日子。
　　　（彼らは皆おだやかに暮らしている。）
　㉘　*他在平静②地说那件事。
　　　（彼は落ち着いてあの事をはなしている。）

程度副詞"很"と状語の関係について　　123

"在＋V"は，持続を表わす"V着"とは違い，動作がまさに進展過程にあることを表わす。[13] この"在"と"平静①"(㉗)は共起するが，"平静②"(㉘)は共起しない。[動作過程]，〈動作〉である"平静①"は，動詞との関係が緊密で，"在＋(平静地＋VP)"となるのに対し，"平静②"は，"在＋(平静②地＋VP)"とは分析できないということで，"平静②"と動詞の結合の弱さを示している。"平静②地"は，動作者の心理状態をいうもので，㉖は，"他很平静②(地)，说起那件事"となるが，この場合，事態1("他很平静")は，事態2("说起那件事")発生の原因ではなく，動作(事態2)発生以前に，動作者が経験するある状態("很平静")である。"很平静②"は，[動作以前]のうち，動作者の〈経験〉を表わす。

（事態1：他很平静②(地)　事態2：说起那件事）

（2）　[動作以前]，〈経験〉("刻苦")について

次の"刻苦"は，[動作過程]，〈動作〉として用いられるが，[14] "很刻苦地"にすると，[動作以前]，〈経験〉になる。

㉙　他刻苦学习。
　　（彼は懸命に勉強している。）
㉙′　他在刻苦学习。
　　（彼は懸命に勉強しているところだ。）
㉚　他很刻苦地学习。
　　（彼はたいへんな思いをして勉強している。）
㉚′　*他在很刻苦地学习。
　　（彼はたいへんな思いをして勉強しているところだ。）
㉚″　*他学习得很刻苦。
　　（彼はたいへん一生懸命に勉強した。）

〈動作〉である"刻苦"は，㉙′のように"在"と共起する。しかし，㉚の"很刻苦地"は，㉚′が示すとおり，"在很刻苦地VP"とならない。"很"を付加すると，動作との関係が変るということである。[動作過程]でなければ，[動作以前]か[動作以後]だが，"很刻苦"は，"得"字句の補語㉚″になれないので，動作の結果——[動作以後]ではなく，[動作以前]に関与する。つまり，"他"は，"学习"にとりかかる前に，たとえば，サッカーの試合を見たいという気持ちを抑えた，それを"很刻苦"と表

現しているのである。"很刻苦地"は，動作者の〈経験〉を表わす。

（3）　［動作以後］，〈賓語〉（"清楚"，"干浄"等）について

　［動作以前］だけでなく，［動作以後］も"在"と共起しない。"清楚"，"干浄"等は，［動作以後］，〈賓語〉の状態を描くが，"在清楚（干浄）地VP"とならない。
　㉛　*他在清楚地写字。
　　　（彼ははっきりと字を書いているところだ。）
　㉜　*他在干浄地擦桌子。
　　　（彼はきれいにテーブルをふいているところだ。）
これは，動作の結果，〈賓語〉の状態をいう"清楚"，"干浄"等と動作が未だ進展過程にあることを表わす"在"とが矛盾するからである。また，次のように動作の持続を表わす"着"とも共起しないが，これもやはり，動作の結果と動作の持続とが反発しあうからである。
　㉝　*他清楚地写着字。
　　　（彼ははっきりと字を書いている。）
　㉟　*他干浄地擦着桌子。
　　　（彼はきれいにテーブルをふいている。）
このほか，本来［動作過程］，〈動作〉だが，"很"がつくと［動作以後］になるものがある。"詳細"，"順利"，"巧妙"等がそうである。
　㉟　他詳細説明。
　　　（彼は詳しく説明した。）
　㉟′　他在詳細説明。
　　　（彼は詳しく説明しているところだ。）
　㊱　他很詳細地做了説明。
　　　（彼はとても詳しく説明した。）
　㊱′*他在很詳細地说。
　　　（彼はとても詳しくはなしているところだ。）
　㊱″*他很詳細地说着那件事。
　　　（彼はとても詳しくあの事をはなしている。）
　㊲　他们順利地进行研究。
　　　（彼らは順調に研究を進めている。）

㊲′ 他们在顺利地进行研究。
（彼らは順調に研究を進めているところだ。）

㊳ 他们很顺利地做完了研究。
（彼らはたいへん順調に研究をやり終えた。）

㊳′ *他们在很顺利地进行研究。
（彼らはたいへん順調に研究を進めているところだ。）

㊳″ *他们很顺利地做着手术。
（彼らはたいへん順調に手術をしている。）

㊴ 他巧妙地回答。
（彼はたくみに答えた。）

㊴′ 他在巧妙地回答。
（彼はたくみに答えているところだ。）

㊵ 他很巧妙地摆脱了敌人的监视。
（彼はたいへんうまく敵の監視を逃れた。）

㊵′ *他在很巧妙地回答。
（彼はたいへんうまく答えているところだ。）

㊵″ *他很巧妙地欺骗着，谁都不发觉。
（彼はたいへんうまくごまかしていて，誰も気付かない。）

㉟～㊵″が示すとおり，［動作過程］，〈動作〉である“详细”，“顺利”，“巧妙”は，“在详细（顺利，巧妙）地VP”となるが，“很详细地”，“很顺利地”，“很巧妙地”は，“清楚”，“干净”と同様，“在”と共起せず，持続を表わす“着”とも共起しない。これらは，もともと，意味的に，［動作過程］，〈動作〉を描くことも，また，動作の結果，動作の始めから終わりまで，その全体を描き，［動作以後］に関与することもできる。それで，“很”がつくと，［動作以後］としての性質が顕勢化して，“得”字句の補語にされることが多い。

㊶ 他说明得很详细。
（彼はとても詳しく説明した。）

㊷ 他们进行研究进行得很顺利。
（彼はたいへん順調に研究を進めた。）

㊸ 他回答得很巧妙。
（彼はたいへんうまく答えた。）

㊱，㊳，㊵は，㊶～㊸と同様，動作の結果，説明が“很详细”，研究が

"很順利"，回答が"很巧妙"であることをいうが，〈賓語〉("清楚"，"干浄"等)のように，具体的なモノが存在するわけではない。始めと終わりのある動作の，その全体を見て，話者は，結果的には評価を下している。逆に，評価を下すためには，動作の始めから終わりまで，全体を通して見なければならない。そのため，これらは，㊱，㊳，㊵に示したように，動作が完了している場合によく用いられる。そして，たとえ，"他们很順利地进行研究"と，現在形で用いられても，それは，"(現在只今)たいへん順調に"ではなく，"(現在までのところ)たいへん順調に"ということで，現在より前に始められた動作を，現在を終点として見ているのである。ただ，評価であるが，事態発生に対する〈評価$_1$〉とは違い，これらは感情形容詞ではない。そこで，これらを〈評価$_2$〉とする。

このように，[動作以前](〈経験〉)，[動作以後](〈評価$_2$〉)が，"很＋AB＋地VP"となるのは，これらは，動詞との結合が弱く，まず，"很"と結合し，それから，動詞を修飾し，"(很＋〈経験〉／〈評価$_2$〉)＋VP"となるからである。しかし，[動作以前]，[動作以後]のすべてが，"很＋AB＋VP"となるわけでない。更に詳しく見ることにする。

4．〈原因〉,〈賓語〉について

（1）〈原因〉

[動作以前]のうち，〈原因〉は，"很＋AB＋地VP"とならない。⑪〜⑭を㊹〜㊼として再録する。

　　㊹　他一走进屋里去，他爱人就高兴地跑过来了。
　　㊹′＊他一走进屋里去，他爱人就很高兴地跑过来了。
　　㊺　行人见了也会汗毛发炸，急忙加快脚步躲开。
　　㊺′＊行人见了也会汗毛发炸，很急忙地加快脚步躲开。
　　㊻　她慌忙地停下脚步一看……
　　㊻′＊她很慌忙地停下脚步一看……
　　㊼　雯雯的声音在哆嗦，霏霏奇怪地看了她一眼。
　　㊼′＊雯雯的声音在哆嗦，霏霏很奇怪地看了她一眼。
㊹〜㊼の"高兴地"，"急忙"，"慌忙地"，"奇怪地"に"很"をつけら

れないのは㊹′～㊼′が示すとおりである。これは、〈原因〉である状語（事態1）が、動作者の心理変化を表わし、その心理変化が、状態として定着する暇もなく、次の動作（事態2）を発生させるからである。状態の変化そのものをいう場合、"很"等の程度副詞がつかない。[15]

㊽　他的成績現在好了。
　　（彼の成績は今はよくなった。）
㊽′＊他的成績現在很好了。
　　（彼の成績は今はたいへんよくなった。）
㊽″　他的成績現在很好。
　　（彼の成績は今はたいへんよい。）

㊽は、"了"が状態変化を表わしているが、これに"很"を付加した㊽′は成立せず、"很"を用いたら、㊽″のように、"了"をとらなければならない。"很＋〈原因〉＋VP"の不成立は、㊽′の不成立と同じ理由による。

これとは逆に、〈経験〉を表わす状語は、すでに見たように、"很"がつく。動詞との結合が弱く、まず"很"と結合する、ということはまた、〈経験〉がすでに状態として定着しているということでもある。いずれにしても、〈原因〉、〈経験〉はともに、事態1から事態2へと、継起的に発生し、連動式に相通じる、という点では共通している。

（2）　〈賓語〉

次に、［動作以後］のうち、〈賓語〉である"清楚"、"干浄"、"整斉"等は、動作者について叙述する文では、"很＋AB＋地VP"とならない。

㊾　＊他很清楚地写了。
　　（彼はとてもはっきりと書いた。）
㊿　＊她很干浄地扫了。
　　（彼はとてもきれいに掃いた。）
51　＊她们很整齐地摆了。
　　（彼女達はたいへん整然と並べた。）

"清楚"、"干浄"、"整斉"等は、本質的に、動作の結果、賓語の状態を描くものだが、"很"を用いた㊾～51は成立しない。このようなときには、52～54のように、結果の状態を表わす本来の構造――"得"字句の補語にされる。

(52) 他写得很清楚。
（彼女はとてもはっきり書いた。）

(53) 她扫得很干净。
（彼女はとてもきれいに掃いた。）

(54) 他们摆得很整齐。
（彼女達はたいへん整然と並べた。）

これに対して，存現文のかたちをとり，賓語が意味上の主語であるときは，“很＋AB＋地VP”となる。

(55) 黑板上很清楚地写着几个字。
（黒板に字がいくつかたいへんはっきりと書いてある。）

(56) 屋子里很整齐地摆着十几张桌子。
（教室にたいへん整然と机が十数台並べてある。）

(55)，(56)の動詞の後の“着”は，［附着］[16] の“着”で，“写着”，“摆着”は，動作の結果，受事者（＝賓語）である“几个字”，“十几张桌子”の状態である。しかも，文中に動作者が出現していない，つまり，受事者について叙述する文が，もっとも自然に，“很＋AB＋地VP”となる。(57)は，その例である。

(57) 说话的声音很清楚地传过黑篱笆来。〈69〉
（はなし声がたいへんはっきりとくろっぽいまがきのむこうから伝わってきた。）

この文の主語“说话的声音”は受事者で，その状態が“很清楚”である。

同じ［動作以後］でも，事態発生後，話者（或いは主体）の心理状態をいう〈評価$_1$〉には，このような制限がない。

(58) 他们很意外地捕获了一只“梅花鹿”。

(59) 两人很奇怪地赤着脚在水泥马路上。

(60) 笔者同时也很高兴地看到，并不是所有的独生子女的家庭都是这样不理智地溺爱孩子的。

(61) 它很痛苦地尚未出世的孩子与丈夫之间，选择了丈夫。

(58)～(61)は，先の〈評価$_1$〉の例，⑰～⑳の状語に“很”を付加したものだが，これらはすべて成立する。結果的に評価となった〈評価$_2$〉も，この点では同じである。

以上，［動作過程］に比べて，［動作以前］，［動作以後］は，“很＋AB＋地VP”となりやすいのは，これらが動詞との結びつきが弱く，動作者（〈経

験〉)，話者(〈評価₁〉)，動作の全過程(〈評価₂〉)，賓語(〈賓語〉)に対して述語の関係にあり，状態として定着しているからである。述語としてあるときは，[動作過程]，〈動作〉を描くのに用いられる語も，当然"很"の修飾を受ける。

　程度の大小を判断するためには，その対象が，状態として定着していなければならない。動詞文において，状語が状態として定着するためには，その前提として，動作が実現しなければならない。動作が実現してこそ，状語の[動作以前]，[動作以後]への関与，状態への定着が現実のものとなる。だから，未然を表わす"要～了"構文，命令文の状語には，すべて"很"がつかない。

　　㉒　他们就要顺利地完成任务了。
　　　　（彼らは順調に任務を終えようとしている。）
　㉒′＊他们就要很顺利地完成任务了。
　　　　（彼らはたいへん順調に任務を終えようとしている。）
　　㉓　你要平静地说！
　　　　（落ち着いてはなしなさい！）
　㉓′＊你要很平静地说！
　　　　（とても落ち着いてはなしなさい！）
　　㉔　你要写清楚。
　　　　（はっきりと書きなさい。）

　㉒，㉓の"顺利"(〈動作〉)，"平静"(〈経験〉)を㉒′，㉓′のように"很顺利"(〈評価₂〉)，"很平静"(〈経験〉)に言い換えることはできない。なお，〈賓語〉は，命令文においては，そのほとんどが，㉔のように結果補語にされる。

　これまで見てきたとおり，[動作過程]，〈動作〉は，動詞との結合が緊密で，いわば状語が動詞に組み込まれており，状態への定着以前にあるため，程度の大小の判断を下さず，"很"がつかない。これに対して，[動作以前]，[動作以後]は，動詞との結合が弱く，動作者(〈経験〉，〈評価₁〉)，話者(〈評価₁〉)，動作の全過程(〈評価₂〉)，賓語(〈賓語〉)に対して述語の関係にあり，状態として定着しやすく，程度の大小の判断を下す対象となり得る。それで，両者には"很"がつく。ともあれ，状語に"很"がつくか否かによって，動詞との関係が変ることは，すでに述べたとおりである。M_1, M_2, M_3といっても，それは固定的なものではない。刘月

华の分類より，一段上のレベルでの分類を必要とする所以はそこにある。

〈注〉

1） 朱德熙1956,「现代汉语形容词研究」,『语言研究』1956年第 1 期。
2） 陆俭明1980,「"程度副词＋形容词＋的"一类结构的语法性质」,『语言教学与研究』1980年第 2 期。
3） "太"，"更"は別に論じる必要がある。"太"は，状語を修飾することはない。一方"更"は，"很"がつかない［動作過程］,〈動作〉を修飾する。
4） 刘月华1983,「状语的分类和多项状语的顺序」, 中国语文杂志社编,『语法研究和探索』1, 北京大学出版社，1983。
5） 原由起子1988,「"高兴"と"高高兴兴"」,『中国語』2月号, 大修館書店, 1988。本書所収。
6） 刘月华1982,「状语与补语的比较」,『语言教学与研究』1982年第 1 期。
7） 5）に同じ。
8） 5）に同じ。
9） 4）に同じ。
10） 5）に同じ。状語と動詞の関係と，動詞と補語の関係が異なるため，補語の中には，状語への言い換えができないものがある。たとえば次のとおりである。
　　① 小丫儿听得入神。〈小丫〉
　　　（娘はうっとりと聞き入っていた。）
　　①′*小丫儿入神地听……
　　② 他一定喝得七歪八倒。〈波の〉
　　　（彼はきまってぐでんぐでんに酔っ払って……）
　　②′*他一定七歪八倒地喝。
　　③ 就这么一封信撕得粉碎地仰头掷回……。〈69〉
　　　（そんなふうに手紙を粉々に引き裂いて投げ付けて……）
　　③′*粉碎地撕……
　　④ 正打得昏天黑地，难分难解……。〈海浜〉
　　　（まさに敵味方入り乱れてやり合っていると……）
　　④′*正昏天黑地，难分离解地打……。
①～④の"入神"，"七歪八倒"，"粉碎"，"昏天黑地，难分难解"はいずれも，動作の結果もたらされた状態で，①′～④′のように，状語として用いることはできない。たとえば，①の"听得入神"の，"入神"（うっとりしている）という状態は，まず"听"（聞く）という行為がなければあり得ないからであろう。

11) 饶継庭1982,「"很"+动词结构」, 胡裕树主编,『现代汉语参考资料』下册, 上海教育出版社, 1982。
    范継淹・饶长溶1982,「再谈动词结构前加程度修饰结构」, 胡裕树主编,『现代汉语参考资料』下册, 上海教育出版社, 1982。
12) また, "很买了几本书"のような例も, "很+(买了几本书)"と分析される。この場合, 動詞の後の"了", 目的語の前の数量詞"几本"は必須の要素で, "很买", "很买了", "很买了本书"とはいえないことからもわかるように, "买了几本书"は, すでに動作の結果が出ているものである。結果の出ているものであれば, やはり, 状態へと転じていく。
13) 陈刚1980,「试论"着"的用法及其与英语进行的比较」,『中国语文』1980年第1期。
14) 4)では M_2 状語としている。
15) "更"は, 状態変化そのものをいう場合にも用いることができる。たとえば次のとおりである。
    　　他的成绩现在更好了。
    　　(彼の成绩は更によくなった。)
16) 木村英樹1983,「关于补语性词尾"着"/zhe/"和"了/le」,『语文研究』1983年第2期。

<主要参考文献>

王力1920,「形容词和副词的发展」,『汉语史稿』中册, 中华书局, 1920。
王力1955,「拟声法和绘景法」,『中国语法理论』下, 中华书局, 1955。
李临定1963,「"得"字补语」,『中国语文』1963年第3期。
吴之翰1966,「形容词使用情况的一个考察」,『中国语文』1966年第6期。
金丸邦三1966,「中国時態接尾辞deについて」,『一橋論叢』第65巻第5号, 1966。
橋本萬太郎1968,「連用修飾語の統辞法1」,『ことばの宇宙』第3巻第7号, テック言語教育事業グループ, 1968。
橋本萬太郎1968,「連用修飾語の統辞法2」,『ことばの宇宙』第3巻第8号, テック言語教育事業グループ, 1968。
杉村博文1976,「他课文念得很熟について」,『中国語学』223, 中国語学会, 1976。
西尾寅弥1976,「「ぼくは悲しい」けれど,「彼女は悲しがる」」——感情, 感覚形容詞の特色」,『新日本語講座』2, 岩波書店, 1979。
荒川清秀1980,「中国語の状態動詞」,『愛知大学文学論叢』65, 1980。
潘文娱1980,「谈谈"正""在"和"正在"」,『语言教学与研究』1980年第1期。

吕叔湘・饶长溶1981,「试论非谓形容词」,『中国语文』1981年第2期。
王还1982,「汉语结果补语的一些特点」,『语言教学与研究』1982年第1期。
赖汉纲1982,「"很"用法初探」,『语言教学与研究』1982年第2期。
董树人1982,「关于AABB式重叠的问题」,『语言教学与研究』1982年第3期。
卞觉非1983,「"干净"和"干干净净"及其他」,『语文学习』1983年第4期。
吴葆棠1983,「"很+形容词"并不是偏正词组」,『汉语学习』1983年第5期。
于根元1983,「关于动词后附"着"的使用」, 中国语文杂志社编,『语法研究和探索』1, 北京大学出版社, 1983。
川端善明1983,「副詞の条件——叙法の副詞組織から」, 渡辺実編,『副用語の研究』, 明治書院, 1983。
宮島達夫1983,「情態副詞と陳述」, 渡辺実編,『副用語の研究』, 明治書院, 1983。
仁田義雄1983,「結果の副詞とその周辺——語彙論的統語論の姿勢から」, 渡辺実編,『副用語の研究』, 明治書院, 1983。
原田寿美子1983,「連用修飾語はどのように「修飾」するのか」,『未名』第4号, 神戸大学文学部中文研究会, 1983。
朱德熙1984,「关于向心结构的定义」,『中国语文』1984年第6期。
王还1984,「汉语的状语与"得"后的补语和英语的状语」,『语言教学与研究』1984年第4期。
卞觉非1985,「AABB重叠式的语义, 语法, 修辞和语用功能」, 中国语文杂志社编,『语法研究和探索』3, 北京大学出版社, 1985。
荒川清秀1985,「形容詞の対照研究, 日本語と中国語——中国語の感情(感覚)形容詞について」,『日本語学』3月号, 明治書院, 1985。
马清华1986,「现代汉语的委婉否定格式」,『中国语文』1986年第6期。
马希文1987,「北京方言里的"着"」,『方言』1987年第2期。

〈引用文献〉

蒋子龙1970,「宝塔庭下的人」,『蒋子龙选集』1, 百花文艺出版社, 1970。〈宝塔〉
蒋子龙1970,「招风耳, 招风耳!」,『蒋子龙选集』1, 百花文艺出版社, 1970。〈招风〉
水上勉(陈涛译)1981,「白色的铁索」(水上勉1962,「白い鎖」,『花の墓標』, 中央公論社, 1962),『日本短篇推理小説选』, 辽宁人民出版社, 1981。〈白色〉
刘月华1983,「状语的分类和多项状语的顺序」, 中国语文杂志社编,『语法研究和探索』1, 北京大学出版社, 1983。〈多项〉

高方正・王学媚1984,「法尼娜，法尼尼」,『广播剧选集』,广播出版社，1984。〈法尼〉
李迪1985,「傍晚敲门的女人」,『惊险侦破小说选』,群众出版社，1985。〈傍晚〉
魏威1986,「海滨追踪」,『惊险侦破小说选』,群众出版社，1985。〈海滨〉
王安忆1986,『69届初中生』中国青年出版社，1986。〈69〉
涵逸1986,「中国的小皇帝」,『中国作家』,作家出版社，1986年第3期。〈中国〉
井上靖(赵德远译注)1987,「波の音(波涛声)」,『日语学习与研究』1987年第2期。〈波の〉
克明1987,「小丫儿在坟场的奇遇」,『人民文学』1987年第7期。〈小丫〉

"有"構文と連体修飾

0. はじめに

"有NVP"（Aタイプ）と"有VP的N"（Bタイプ）は，意味・機能に，どのような違いがあるのだろうか。

朱德熙1986は，主に抽象名詞が構成するAタイプについて，"有N"は，話者の，VP発生の必要性，可能性に対する態度，即ちmodalityを表わすとしている。[1] たとえば，"有理由去"は"可以去"に相当し，その違いはただ，"有理由"等の"有N"は具体的，助動詞は抽象的という点にある，とした。讚井1989は，これを受けて更に，"有NVP"の"有N"をVP$_1$，"VP"をVP$_2$，VP$_1$がmodalな意味をもつ場合Modal VP$_1$，VP$_2$に現れる助動詞をModal Vとして，その間に平行性があるとされた。[2] そして，たとえば"经历"がAタイプにならないのは，"有经历"にmodalな意味がないから，とされた。

しかし，"有N"のmodalityという観点からでは説明しきれない例がある。また，いずれの研究も，Bタイプにはほとんど言及されていない。実際には，Bタイプは，その出現環境が限られている。本稿は，AタイプとBタイプの違いを，その構造，即ち，NとVPの関係の違いに求める。そのNとVPの関係の違いを，定語（Bタイプ）への過程のなかで捉えて明らかにし，必ずしもmodalな意味を表わさないとされる"有人VP"等についても，[3] 包括的な説明をしたい。

1. "有NVP"から"有VP的N"へ

朱德熙が述べている通り，AタイプはBタイプに言い換えることがで

きる。[4]
　① (没)有东西吃。
　　（食べるような物がある〔ない〕。）
　①′ (没)有吃的东西。
　　（食べる物がある〔ない〕。）
　② (没)有希望治好。
　　（治るような見込みがある〔ない〕。）
　②′ (没)有治好的希望。
　　（治る見込みがある〔ない〕。）
　③ (没)有人爱她。
　　（彼女を愛するような人がいる〔いない〕。）
　③′ (没)有爱她的人。
　　（彼女を愛する人がいる〔いない〕。）
①～③は①′～③′に言い換えられる。しかし，両者は等価ではない。第一に，Bタイプは出現環境が限られる。
　④ 有买车的钱，但是没有买房子的钱。
　　（車を買うお金はあるが，しかし家を買うお金はない。）
　⑤ 很遗憾，您的女儿完全没有治愈的希望。〈明姑〉
　　（たいへん残念ですが，娘さんは治る見込みが全くありません。）
　⑥ 王家的小媳妇没有活路。心理越难受，对人也越不和气，全院里没有爱她的人。〈柳家〉
　　（王家の嫁は行き場がなかった。辛ければ辛いほど，人にもきつくなり，四合院じゅう，彼女を好きな人はいなかった。）
　⑦ 有很多从宽办的理由。〈武则〉
　　（多くの寛大に処置する理由がある。）
即ち，④のような対比，⑤，⑥のように，モノが皆無であることを殊更にいう場合，⑦のような複数の場合等に出現する。
　第二に，言い換えできないものがある。
　⑧ 小金钱也没有妈妈来照顾他，关心他，只能靠自己来生活。〈看门〉
　　（小金銭は，世話をしたり，気遣ったりしてくれるようなおかあさんもいないので，自分を頼りに生活するしかない。）
　⑧′ *小金钱也没有来照顾他的妈妈……
　⑨ 我们没有出国旅游的自由。

（我々には海外旅行に出かける自由がない。）
⑨′ *我们没有自由出国旅游。
⑩　他没有去留学的经历。
　　　（彼は留学の経歴がない。）
⑩′ *他没有经历去留学。

　⑧は，現実に母親がいなくて面倒を見てもらえないのだが，このAタイプを，⑧′のようなBタイプにできない。逆に，⑨，⑩の"自由"，"经历"は，⑨′，⑩′のようなAタイプにならない。
　なぜ，言い換えができないのだろうか。一般に，Aタイプを構成する名詞は，抽象的な意味のものが多い。しかし，名詞が具体的か抽象的か，或いは，"有N"にmodalな意味があるかないかだけでは説明しきれない。⑧のように，具体的な"妈妈"がAタイプ，逆に，⑨のように，抽象的な"自由"がBタイプにしかならない。そして，讃井1989は，"经历"がAタイプにならないのは，"有经历"にmadalな意味がないから，とされたが，5)"自由"はどうであろうか。"有自由"にも可能のmodalityがあると考えられるが，Aタイプにはならない。言い換えができないのは，AタイプとBタイプでは，NとVPの関係が異なるからである。
　ここで予測されることは，⑧は，現実に母親がいない以上，VP("来照顾他")は，N("妈妈")を限定していない。一方，⑨，⑩の"出国旅游"，"去留学"は，"自由"，"经历"を限定している，ということである。"自由"は形容詞出自で，たとえば，言論，集会等が制限されない状態をいう。また，"经历"も，具体的で，個々に数えられる経験をその内容に含んでいる。そこで，常に，そのいずれかに限定する必要がある，と思われる。この予測は，文法機能の面から裏付けられる。

2. 文法機能

(1) "有什么N？"との関係

　ここで，言い換え可能な場合の，二つのタイプの文法機能の違いを見てみよう。
　まず，Aタイプは，"有什么N？"に対する答にならない。次の通りで

ある。
⑪　有什么东西？
　　（どんなものがあるの？）
⑪′＊<u>有东西吃</u>。
　　（食べるようなものがある。）
⑪″<u>有吃的东西</u>。
　　（食べるものがある。）
⑫　有什么机会？
　　（どんな機会があるの？）
⑫′＊<u>有机会见面</u>。
　　（会うような機会がある。）
⑫″<u>有见面的机会</u>。
　　（会う機会がある。）
⑬　有什么希望？
　　（どんな望みがあるの？）
⑬′＊<u>有希望治好</u>。
　　（治るような見込みがある。）
⑬″<u>有治好的希望</u>。
　　（治る見込みがある。）
⑭　有什么权利？
　　（どんな権利があるの？）
⑭′＊<u>有权利去投票</u>。
　　（投票するような権利がある。）
⑭″<u>有去投票的权利</u>。
　　（投票する権利がある。）
⑮　有什么人？
　　（どんな人がいるの？）
⑮′＊<u>有人理我</u>。
　　（私をかまうような人がいる。）
⑮″＊<u>有理我的人</u>。
　　（私をかまう人がいる。）
⑯　有什么办法？
　　（どんな方法があるの？）

⑯′ *有办法解决。
　　（解決するような方法がある。）
⑯″*有解决的办法。
　　（解決方法がある。）
⑰　有什么理由？
　　（どんな理由があるの？）
⑰′ *有理由骂他。
　　（彼を罵るような理由がある。）
⑰″*有骂他的理由。
　　（彼を罵る理由がある。）
⑱　有什么条件？
　　（どんな条件があるの？）
⑱′ *有条件上大学。
　　（大学へ進むような条件がある。）
⑱″*有上大学的条件。
　　（大学へ進む条件がある。）

"有什么N？"の答に関して，二つのグループに分れる。ひとつは，⑪〜⑭の問いに対するもので，⑪′〜⑭′のAタイプは答にならず，⑪″〜⑭″のBタイプが答になる。いまひとつは，⑮〜⑱に対するものだが，これらは，Aタイプ⑮′〜⑱′，Bタイプ⑮″〜⑱″ともに，答として不適当である。⑮に対しては，人名や職業等を，⑯〜⑱に対しては，具体的にその内容を述べなければならない。たとえば，次の通りである。

⑲　屋里有什么人？
　　（部屋にどんな人がいるの？）
⑲′ 屋里有张三他们。
　　（部屋に張三達がいる。）
⑲″ 屋里有几个学生。
　　（部屋に数人の学生がいる。）

以上の例から，Aタイプは，VPが，"有什么N？"の"什么"に相当するものとして，Nを限定していない。一方，BタイプはVPがNを限定している。無論，⑮″〜⑱″も，それ自体は成立する。⑪″〜⑭″とはレベルが違うが，やはり，NがVPに限定されていることは，以下の第3章第1節で明らかになる。

"有"構文と連体修飾　　139

文法機能の面から，⑧～⑩に関する予測が裏付けられたが，Aタイプ のVPは，なぜ，Nを限定できないのだろうか。次に，数量詞との関係か ら考えてみよう。

（２）"有NVP"と数量詞

　AタイプのNに数量詞がつくとどうなるだろうか。
　"有一个N～"となると，名詞が"人"の場合を除き，そのままでは成 立せず，"有一个N(是)可以／能／要VP"としなければならない。⑳，㉑ ～㉘と㉑′～㉘′が示す通りである。

　　⑳　有一个人管我。
　　　　（ある人が私を管理する。）
　　㉑　*有一种东西吃。
　　㉑′　有一种东西可以吃。
　　　　（あるものが食べられる。）
　　㉒　*有一句话说。
　　㉒′　有一句话要说。
　　　　（一言はなしたいことがある。）
　　㉓　*有一个机会见面。
　　㉓′　有一个机会(是)可以见面。
　　　　（会える機会がひとつある。）
　　㉔　*有一丝希望治好。
　　㉔′　有一丝希望(是)能治好。
　　　　（治るという一縷の望みがある。）
　　㉕　*有一个权利去投票。
　　㉕′　有一个权利(是)可以去投票。
　　　　（投票できるというひとつの権利がある。）
　　㉖　*有一个办法解决。
　　㉖′　有一个办法(是)可以解决。
　　　　（解決できる方法がひとつある。）
　　㉗　*有一个理由骂他。
　　㉗′　有一个理由(是)可以骂他。
　　　　（彼を罵ることのできる理由がひとつある。）

㉘ *有一个条件上大学。
㉘′ 有一个条件(是)可以上大学。
　　(大学へ進める条件がひとつある。)

"有一个N～"とNが個として抽出されると、Nについて述べなければならない。⑳が成立するのは、NとVP、即ち"人"と"管我"が、もともと主述関係で、しかも、Nが動作主であることによる。しかし、㉑～㉘のNとVPは主述関係になく、Nは動作者ではない。だから、"是"や助動詞を用いて、状態化——形容詞相当にする必要がある。

Nが個として抽出され、次に、それについて述べるのが、認識の自然の順序である。それが、数量詞を伴わず、"是"や助動詞がなくてもよいAタイプは、Nがまだ、個として抽出されていない、といえる。だから、VPがNを限定できないのである。

個の抽出が、名詞の限定には必須である。Nが個として抽出され、そのNについて述べる、即ち、特性叙述を経て、ある特性を具えたものとして、名詞を限定しBタイプになる。その過程を具体的に示すと次のようになる。

個としての抽出　→
　㉙　有一个太太……
　　　(ある奥さんがいる……)
Nについて述べる(特性叙述)　→
　㉚　有一个太太爱管闲事。
　　　(ある奥さんはおせっかいだ。)
特性を具えたもの
　㉛　有一个爱管闲事的太太……
　　　(あるおせっかいな奥さんがいる……)

㉙は、文の終了感が弱く、㉚のように、"太太"について述べる必要がある。この"爱管闲事"という特性叙述を経て、㉛のようなBタイプになる。そして、また更に、Nについて述べる、ということになる。

あるモノの存在を提示したら、その特性をいう。㉑′～㉘′は、特性叙述の段階にある。しかし、Nが個として未抽出のAタイプのVPは、特性叙述以前にある。それは、"有人VP"も同じで、"有一个人"とは異なる(第3章第2節参照)。

"有"構文と連体修飾　　141

3．"有NVP"のNとVPの関係

（1）"没有NVP"

更に，AタイプのNとVPの関係を見ることにする。ここで，否定形"没有NVP"について見る。

㉜ "喂！"他喊了一声，屋子里竟没有人答应，十岁的孩子照例在胡同里疯玩儿，老婆呢，也没像平日那么应声，她哪儿去啦？哼！这还像个家吗？〈减去〉
（"おーい！"彼は大声で呼んだが，部屋の中には答える者がいない。十歳の子供は，いつものように露地裏で遊び呆けている。女房は？やはりいつもの返事がない。彼女はどこへ行ったんだ？ ふん！ これでも家庭か？）

㉜′＊屋子里竟没有答应的人。
㉜″＊屋子里有人，但是却没有答应的人。
（部屋のなかに人がいる，しかし答える者はいない。）
㉝ 小金也没有妈妈来照顾他……〈看门〉
㉝′＊小金钱也没有来照顾他的母亲……

㉜の"没人答应"は，文脈から明らかだが，家中の者が出はらって，"人"がいない。これを，㉜′のようにBタイプにすることはできない。Bタイプは，㉜″のように，"人"がいることはいるが，そのうち"答える者"がいない，という意味になる。㉜は，限定すべきモノそのものがない。つまり，モノがあるか，ないかだけが問題の，二項対立をなしているからである。㉝は，⑧の再録だが，これがBタイプにならないのも基本的には同じ理由である。"小金钱"という子供にとって，母親は唯一無二の存在で，その母親がいないのだから，"世話をしてくれる母親"とか，"世話をしてくれない母親"という類別があり得ないからである。これに対してBタイプは，類のなかの他の成員の存在が意識されている。いま少し例を挙げてみよう。

㉞ 没有时间去旅行。
（旅行に行くような時間がない。）
㉟ 没有地方摆书架。

(本棚を置くような場所がない。)
㉞′ 没有去旅行的时间，但是有看书的时间。
(旅行に行く時間はないが、本を読む時間はある。)
㉟′ 没有摆书架的地方，但是有摆电视机的地方。
(本棚を置く場所はないが、テレビを置く場所はある。)
㉞″ 连看书的时间也没有。
(本を読む時間さえない。)
㉟″ 连摆电视机的地方也没有。
(テレビを置く場所さえない。)

㉞，㉟は㉜，㉝と同じで，時間，場所そのものがないが，㉞′，㉟′は，"去旅行"，"摆书架"によって限定された時間，場所がない。Bタイプが，他の成員の存在を意識していることは，㉞′，㉟′のように，対比文に用いられる以外に，"连X也没有"と共起することからも明らかである。[6] "Xさえもない"とは，当然，Y，Zもないことを意味し，類が分割されている。

このように，Aタイプは，Nそのものが存在しない。個としての抽出もあり得ず，従って，VPによる限定もない。しかし逆にいうと，Nが存在し，個として抽出されれば，VPはNの特性になり得るものである。"有"以外の動詞との関係からも見てみよう。

㊱ 有办法解决。
(解決するような方法がある。)
㊱′ 有解决的办法。
(解決方法がある。)

たとえば，㊱から㊲′への経緯は，㊲〜㊳に見られる。"有"はneutralだが，㊲，㊲′も"有"と同じく，Aタイプ，Bタイプの構造である。

㊲ 想办法陷害你。〈骗子〉
(人を陥れる方法を考えている。)
㊲′ *想陷害你的办法。
㊳ *想出办法陷害你。
㊳′ 想出陷害你的办法来了。
(人を陥れる方法を考えついた。)

㊲は，"人を陥れる"ことのできるような方法を考えた，具体化する可能性はあるが，まだそこに至らない。"想"は，そこに止まっている。こ

"有"構文と連体修飾　　143

の“想”の意味とAタイプの構造のもつ意味が合致し，㊲′のように，Bタイプを排除する。そして，“想出”と，具体的に考えつくと，Aタイプではなく，Bタイプになる。㊳，㊳′に示す通りである。

Aタイプは，Nが個として未抽出で，VPは，Nの特性になり得るが，可能性に止まっている。そこから，Nは，不特定，非具体的なモノになる。㊱，㊲の“办法”は，特定の具体的な方法ではない。一方Bタイプは，個として抽出ずみで，VPによって限定されているので，Nは，特定，具体的である。㊱′，㊳′の“办法”も，特定の具体的内容をもつ方法である。この両者の違いは，次の例に反映している。

㊴　怕有人知道。〈骗子〉

（誰か知っている人がいるのではと心配している。）

㊴′ *怕有知道的人。

㊴の“怕”は，“～ではないかと心配する”と，あくまでも不確実のことである。だから，非限定的，不特定，非具体的なAタイプを要求し，Bタイプとは，㊴′のように相容れない。㊴′は，“怕”の不確実性と，Bタイプの，限定，特定，具体性が矛盾する。

（2）“有NVP”のN

Aタイプの N が不特定のモノであることは，“有什么NVP”と“有谁VP”が疑問詞疑問文でないことが証左となる。

㊵　武后问道：“有什么话要说。父亲经过正当审判系犯罪，他罪有应得，死得并不冤枉。”〈武则〉

（則天武后は尋ねた。“何か言いたいことがあるか。父親は，公正な取り調べの結果，罪を犯している，当然の報いだ，決して無実の罪で死に処されたのではない。”）

㊶　喂！你们有谁能打拍子？〈小灰〉

（すみません！ どなたか拍子をとれますか？）

㊵，㊶の“有什么话要说”，“你们有谁能打拍子”を文脈から切り離すと，次のように，二通りの解釈が可能である。

㊵a　有什么话要说。↑

≒　有什么话要说吗？

㊶a　你们有谁能打拍子。↑

　　　　≒　你们有谁能打拍子吗？
㊵b　　有什话要说。↓
　　　＝　反语
㊶b　　你们有谁能打拍子。↓
　　　＝　反语

　㊵a，㊶aのように，文末を上げて発音すると，"吗"の省略された諾否疑問文，即ち，刘月华1988のいう"语调是非问句"で,[7]"ナニカ～","ダレカ～"となる。逆に，㊵b，㊶bのように下げて発音すると反语になる。㊵,㊶が疑問詞疑問文ではなく，諾否疑問文に相当することは，両者が，諾否疑問文と同じく，"究竟／到底"と共起しないことから明らかである。[8]

㊷　　究竟／到底(是)谁能打拍子？
　　　（結局どなたが拍子をとれますか？）
㊸　　*究竟／到底有什么话要说吗？
　　　（結局何か言いたいことがあるか？）
㊵′*究竟／到底有什么话要说？
　　　（結局何か言いたいことがあるか？）
㊶′*你们究竟／到底有谁能打拍子？
　　　（結局どなたか拍子をとれますか？）

　疑問詞疑問文は，㊷のように，これらの副詞と共起するが，㊸のような諾否疑問文とは共起しない。そして，㊵,㊶に，"究竟／到底"を用いた㊵′,㊶′は成立しない。

　"有什么N VP"，"有谁VP"が，"ナニカ"，"ダレカ"と，所謂"虚指"になるのは，この位置にくる名詞が不特定であることの裏付けである。
　"有谁VP"とparallelなのが，"有人VP"である。"有一个人VP"と比較してみよう。

㊹　　她好象听出来，广场上真的响起有人走路的脚步声了，那不是一个，是好几个人。〈小灰〉
　　　（彼女は，広場で本当に，誰か人が歩いている足音を聞いたようだ。それは一人ではない，何人もの人だった。）
㊹′*广场上真的响起有一个人走路的脚步声了，那不是一个人……

　㊹の"有人走路"は，"一人ではない，何人もの人だ"という以上，㊹′のような"有一个人"は使えない。"有一个人"は，個として抽出ずみ

145

で，少なくとも話者にとっては特定の人で，当然，単数である。しかし，"有人VP"は本来，単数，複数いずれとも分ちがたく，"ダレ"ともつかない，"ダレカ人が～"という意味である。

以上のように，Nの個として抽出されているか否かが，VPのNに対する限定，非限定を決定し，更に，Nの特定，不特定或いは具体的，非具体的に関連する。二つのタイプの，この違いが，実際の使用範囲を分けるが，最後に，Bタイプの出現環境をもう一度見ることにする。

4．"有VP的N"

個としての認識という観点から，Bタイプの出現環境を見てみよう。
〈対比〉
対比は，ある類のなかで，二つのモノをとりあげる。即ち，個の抽出に等しい。

⑤ 有买车的钱，但是没有买房子的钱。
（車を買うお金はあるが，しかし家を買うお金はない。）

〈皆無〉
皆無，即ち，数量ゼロである。ゼロにしろ，数量がとくに問題になること自体，個としての認識がある。

㊻ 您的女儿完全没有治癒的希望。〈明姑〉
（娘さんは治る見込みが全くありません。）

㊼ 心里越难受，对人也越不和气，全院里没有爱她的人。〈柳家〉
（辛ければ辛いほど，人にもきつくなり，四合院じゅう，彼女を好きな人はいなかった。）

〈複数〉
複数は，いうまでもなく個の集合である。

㊽ 有很多机会可以打猎。〈武则〉
（狩をできるような多くの機会がある。）

㊽′*有很多机会打猎。
（狩をするような多くの機会がある。）

㊾ 有很多从宽办的理由。〈语调〉
（多くの寛大に処置する理由がある。）

㊾′ *有很多理由从宽办理。

（多くの寛大に処置するような理由がある。）

㊽，㊾は，数量詞があるのと同じで，Aタイプにするのなら，少なくとも，㊽のように“有很多N可以VP”とする必要があり，助動詞のない，㊽′，㊾′は成立しない。

〈几乎〉

“几乎”（ほとんど）の不確実性は，個の認識と矛盾し，Bタイプとは相容れない。

㊿ *几乎没有知道他的情况的人。

（ほとんど彼の情況を知っている人はいない。）

㊿′ *他的情况几乎没有知道的人。

（彼の情況はほとんど知っている人がいない。）

(51) 几乎没有人知道他的情况。〈女孩〉

（彼の情況を知っているような人はほとんどいない。）

以上，定語への過程という視点で捉えると，Aタイプは，Nが個として抽出されておらず，VPは，Nに対して特性叙述以前にある。それは逆に，個として抽出されれば，Nの特性になり得るものとして捉えられている。一方，Bタイプは個としてのNの抽出，特性叙述を経たもので，VPによって限定されている。

〈注〉

1）朱德熙1986，「变换分析中的平行性原则」，『中国语文』1986年第2期。

2）讃井唯允1989，「Modal VPとModal Vの平行性」，中国語学会第39回全国大会発表レジュメ，1989年10月15日。

3）藤堂明保・相原茂1985，『新訂中国語概論』，大修館書店，1985。
具体名詞は，“VP”が“有N”のNを用いて行なう動作を意味する場合のみmodalな意味をもつとされている。

4）朱德熙1982，『语法讲义』，商务印书馆，1982。
更に，1）でも述べている。

5）2）に同じ。

6）望月八十吉1974，「中国語の“はめこみ構造”」，『人文研究』（大阪市立大学）20-10，1974。

7）刘月华1988，「语调是非问句」，『语言教学与研究』1982年第2期。
もちろん，“吗”の有無による，話者の表現意図の違いはある。“吗”が

ない場合は，話者の不信，疑問，驚き，或いは，実質的には，使役，命令になることもある。
8）刘月华1987,「用"吗"的是非问句用法比较」,『句型和动句』，语文出版社，1987。

<主要参考文献>

吕叔湘1956,『中国文法要略』，商务印书馆，1956。
范方连1963,「存在句」,『中国语文』1963年第5期。
鈴木直治1972,「"有"による強調表現について」,『金沢大学教養部論集』2, 1972。
望月八十吉1973,「"有"と否定文 反復疑問文」,『人文研究』(大阪市立大学) 19-10, 1973。
岩倉国浩1974,『日英語の否定の研究』，研究社出版，1974。
望月八十吉1980,「中国語の世界創造的述語」,『中国語』6月号，大修館書店，1980。
李临定1981,「连动句」,『语文研究』1981年第2期。
詹开第1981,「有字句」,『中国语文』1981年第1期。
中右実1981,『意味と形』, こびあん書房, 1981。
中川正之1982,「中国語の名詞と日本語の名詞」,『未名』2号，神戸大学文学部中文研究会，1982。
織田稔1982,『存在の様態と確認――英語冠詞の研究――』, 風間書房, 1982。
蔺璜1983,「连动式的特点与范围」,『山西师学学报』1983年第3期。
周国光1985,「现代汉语里几种特殊的连动句式」,『安徽师大学报』哲社版, 1985年第3期。
林裕文1985,「谈疑问句」,『中国语文』1985年第2期。
吕叔湘1985,「疑问・否定・肯定」,『中国语文』1985年第4期。
范继淹1985,「无定NP主语句」,『中国语文』1985年第5期。
大河内康憲1985,「量詞の個体化機能」,『中国語学』232, 中国語学会, 1985。
F. R. Palmer 1986, *Mood and Modality*, Cambrige University Press, 1986.
邢福义1987,「现代汉语的特指是非问」,『语言教学与研究』1987年第4期。
陈平1987,「释汉语与名词性成分相关的四组概念」,『中国语文』1987年第2期。
望月八十吉1989,「中国語の疑問文4」,『北九州大学外国語学部紀要』第67号, 1989。

<引用文献>

望月八十吉1974,「中国語の"はめこみ構造"」,『人文研究』(大阪市立大学)

20-10, 1974。〈中国〉
朱德熙1982,『语法讲义』,商务印书馆, 1982。〈语法〉
航鹰1983,「明姑娘」,『全国优秀短篇小说评选获奖作品集　1982』,上海文艺出版社, 1983。〈明姑〉
金近1984,「小灰鸽历险记」,『爱听童话的仙鹤』,人民文学出版社, 1984。〈小灰〉
金近1984,「看门的大黑狗」,『爱听童话的仙鹤』,人民文学出版社, 1984。〈看门〉
金近1984,「骗子和宝镜」,『爱听童话的仙鹤』,人民文学出版社, 1984。〈骗子〉
谌容1987,「减去十岁」,『全国优秀短篇小说评选获奖作品集　1985～1986』,上海文艺出版社, 1987。〈减去〉
林语堂1988,『武则天正传』,时代文艺出版社, 1988。〈武则〉
刘月华1988,「语调是非问句」,『语言教学与研究』1982年第2期。〈语调〉
老舍1989,「柳家大院」,刘颖南・许自强编,『京味小说八家』,文化艺术出版社, 1989。〈柳家〉
田珍颖1989,「女孩儿妮妮」,『人民文学』1989年第12期。〈女孩〉

上記以外の例文は作例であるが，数人の中国人インフォーマントのチェックを受けた。

"有・N・VP"構造に於けるNとVPの関係

0. はじめに

　"有N　VP"（Aタイプ）のNとVPにはどのような関係があるのか。つまり，"有VP的N"（Bタイプ）のように動詞句が名詞を限定する場合と，どう違うのだろうか。

　朱德熙1986は，[1] Aタイプの"有N"には，VP発生に対する可能，必然性等のmodalityがあるとし，たとえば"有理由去"は"可以去"に相当し，その違いを，"有理由"等の"有N"は具体的，助動詞は抽象的とした。次に，讃井1989は，[2] これを受けて，"有N　VP"の"有N"をVP₁，VPをVP₂，VP₁がmodalな意味をもつ場合はMadal VP，VP₂に現れる助動詞をModalVとして，その間に平行性があるとされた。そして，たとえば，"経历"がAタイプにならないのは，"有经历"にmodalな意味がないからと説明された。

　しかし，"有N"にmodalityがあるとする考え方，つまり，"有N"とVPの関係からでは，"自由"がAタイプにならない理由を説明できない。"有自由VP"の"有自由"にも可能のmodalityがありそうだが，実際にはAタイプにならないからである。

　そこで原1991は，[3] A，B両タイプの違いを，その構造，即ち，NとVPの関係の違いに求めた。そこでは主に，数量詞との関係から，BタイプのVPが，Nを限定し，"VP的N"は特定的，具体的であるのに対し，Aタイプは，Nが個として未抽出で，不特定，VPはNに対して非限定的であるとした。

　しかし，非限定的というだけでは，AタイプのNとVPの関係は，なお判然としない。本稿は，前稿を受けて，AタイプのNとVPの関係について，更に詳しく見ることにする。

1. 個の抽出と特性叙述

　ＡタイプとＢタイプの違いは，定語(名詞限定)への過程のなかで考えなければならない。定語への過程は次のとおりである。
　1）個の抽出
　　① 有一个女孩子……
　　　（ある女の子がいる……）
　2）特性叙述
　　② 有一个女孩子爱讲话。
　　　（ある女の子はおしゃべりだ。）
　3）特性による限定
　　③ 有一个爱讲话的女孩子。
　　　（あるおしゃべりな女の子がいる。）
　まず，1）名詞が個として抽出され，存在が提起される。そのままでは文の終了感が弱く，次に，2）その名詞について叙述する。この特性叙述を経て，3）ある特性を具えたものとして名詞を限定し，定語（Ｂタイプ）になる。このような過程のなかで，Ａタイプは，どこに位置するのだろうか。数量詞との共起関係から見てみよう。
　Ａタイプは，"人"を除き，Ｎに数量詞がつくと，そのままでは成立せず，"有＋数＋量＋Ｎ(是)可以／能／要ＶＰ"としなければならない。
　　④ 有东西吃。
　　　（食べるようなものがある。）
　　④′＊有一个东西吃。
　　　（食べるようなものがひとつある。）
　　④″有一个东西可以吃。
　　　（食べられるものがひとつある。）
　　⑤ 有办法治疗。
　　　（治療するような方法がある。）
　　⑤′＊有一个办法治疗。
　　　（治療するような方法がひとつある。）
　　⑤″有一个办法(是)能治疗。
　　　（治療できる方法がひとつある。）

⑥　有话说。
　　（言うことがある。）
⑥′*有一句话说。
　　（ひとこと言うことがある。）
⑥″有一句话要说。
　　（ひとこと言いたいことがある。）
④′～⑥′は，なぜ成立しないのか。⑦，⑦′と比較してみよう。
⑦　有人理我。
　　（私を相手にするような人がいる。）
⑦′有一个人理我。
　　（ある人が私を相手にする。）

名詞が"人"の場合，数量詞"一个"をつけても，⑦′のように，"是"や助動詞を補わなくてよい。⑦′はもともとNとVPが主述の関係で，個として抽出されたN（動作者）に対して，VPが叙述しているからである。ところが，④′～⑥′のNは，動作者ではなく，VPとは主述関係にない。そこで，④″～⑥″のように，"是"や助動詞を補い状態化（形容詞相当に）して，Nに対する特性叙述にする必要がある。

もちろん，"一个"以外の数量詞，複数を表わす"一些"や，"很多"等でも同じ現象が起こる。複数，即ち，個の集合であるからだが，"很多"の場合を見ておこう。

⑧　我决定回贡嘎岭，我还有很多事情要做。〈大学〉
　　（私は貢嘎嶺に戻ることにしたわ。私にはまだしなければならないことがたくさんあるの。）
⑧′*我还有很多事情做。
　　（私にはまだすることがたくさんある。）

⑧の"要"は必須のもので，これがないと⑧′のように，成立しない。Nに数量詞がついて，個として抽出されると，そのNについて叙述する。逆に，数量詞がつかず，"是"や助動詞を用いなくてもよいAタイプは，Nが個として未抽出で，VPはNに対する特性叙述以前にある。即ち，上述の定語への過程のなかで，1）の前の段階にある。それは，"有人VP"も同じだが，詳細は後節に譲る。

2. 限定と非限定

　AタイプのNが個として未抽出で，VPは，Nに対する特性叙述でないことは，属性を表わす形容詞がAタイプ("有NAP")にならないことから裏付けられる。
　　⑨　*有人聪明。
　　　　（賢い人がいる。）
　　⑨′　有(个)聪明的人。
　　　　（賢い人がいる。）
　　⑩　*有办法巧妙。
　　　　（うまい方法がある。）
　　⑩′　有(个)巧妙的办法。
　　　　（うまい方法がある。）
　⑨，⑩の"聪明"，"巧妙"は，"人"，"办法"の属性であるが，この場合，Aタイプではなく，⑨′～⑩′のように，Bタイプになる。つまり，AタイプのVPの位置には，属性や内容を表わすものはこないことを示唆している。
　事実，VPがNの内容であるときはAタイプにならない。
　　⑪　我有去留学的经历。
　　　　（私は留学の経歴がある。）
　　⑪′*我有经历去留学。
　　　　（私は留学の経歴がある。）
　　⑫　我们有出国旅游的自由。
　　　　（私達は海外旅行に出かける自由がある。）
　　⑫′*我们有自由出国旅游。
　　　　（私達は海外旅行に出かける自由がある。）
　　⑬　我也有说梦话的毛病。〈梦话〉
　　　　（私も寝言をいう癖がある。）
　　⑬′*我也有毛病说梦话。
　　　　（私も寝言をいう癖がある。）
　讃井1989では，⑪の"经历"がAタイプにならない理由を，"有经历"にmodalityがないから，とされたが，それでは，⑫，⑫′が説明できな

い。"有自由"にも可能のmodalityがありそうだが、実際には、⑫′のようにAタイプにならない。Aタイプになるか否かは、"有N"とVPの関係ではなく、NとVPの関係による。⑪, ⑫のVP("去留学", "出国旅游")は, N("经历", "自由")の内容として含まれている。⑬の"说梦话"と"毛病"も同様で、Bタイプにしかならない。

　属性や内容は、個別のモノやコトに内在するもので、これがAタイプのVPの位置にこないこと自体、AタイプのNは個として未抽出で、VPはNの特性でないことの証明である。

　Nが個別化されていず、VPもNに対する特性叙述でない以上、VPで以ってNを限定することはできない。だから、Aタイプは、"有什么N？"の答にならない。

⑭　有什么东西？
　　（どんなものがあるの？）
⑭′*有东西吃。
　　（食べるようなものがある。）
⑭″有吃的东西。
　　（食べるものがある。）
⑮　有什么责任？
　　（どんな責任があるの？）
⑮′*有责任帮助你。
　　（君を助けるような責任がある。）
⑮″有帮助你的责任。
　　（君を助ける責任がある。）

⑭～⑮″が示すとおり、"有什么N？"と、Nに対する限定を求める問いには、Aタイプではなく、Bタイプで答える。[4]

3. subclassへの区分

（1） VPの位置にくるもの

　Nが個として未抽出、VPはNに対して非限定的、とすると、AタイプのNとVPは、どのような関係にあるのだろう。

まず、VPの位置には何がくるのか。形容詞から見ることにする。
⑯　没有地方不疼。
　　（痛くないところがない。）

身体の"地方"（部位）にとって、"疼"（痛い）とか、"不疼"（痛くない）ということは、本来、内在する属性ではなく、一時的な状態である。形容詞でAタイプ（"有NAP"）になるのは、一時的な状態を表わすものだが、動詞句でいうと、事態である。

⑰　要考什么艺术学院。但家里没有钱供她……〈虾战〉
　　（芸術学院とやらを受けたがっているが、家には彼女に出してやるようなお金がない……）
⑱　有机会聆听它们的吟咏歌唱。〈梦魂〉
　　（それらの歌を拝聴する機会がある。）
⑲　他应当通知他一举一动都有人禀报给武后。〈武则〉
　　（彼の一挙一動のすべてを、則天武后に報告する人がいることを、彼は知っているはずだ。）

⑰～⑲の動詞句に注目すると、すべて、特定の時空に発生する事態である。特定の時空に於ける事態は、本来、名詞を限定するものとしては、遠い関係にある。それで、これらの名詞と動詞句の組み合わせでは、まずはAタイプになり、Bタイプになることが少ない。

（２）　個別化と類の区分

次に、名詞を個として捉えないとはどういうことか。"必要"、"责任"、"理由"、"办法"、"能力"、"希望"等の名詞は、外界の実在物ではなく、抽象的な概念を表わすので、当然、個別のものとして捉えにくい。だが、抽象名詞だけでなく、"人"のように、具体的で、独立の実在物を表わし、数えあげることのできる名詞も、Aタイプになると、単数、複数いずれとも分かちがたく、不特定になる。次の例がそうである。

⑳　她好象听出来，广场上真的响起有人走路的脚步声了，那不是一个，是好几个人。〈小灰〉
　　（彼女は、広場で、本当に誰か人が歩いている足音を聞いたようだ。それは一人ではない、何人もの人だ。）
⑳′＊她好象听出来，广场上真的响起有一个人走路的脚步声了，那不

是一个，是好几个人。
　　（彼女は，広場で，本当にある人が歩いている足音を聞いたようだ。
　　　それは一人ではない，何人もの人だ。）
　⑳の"有人走路"は，その後で，"一人ではない，何人もの人だ"という以上，同じ文脈で，⑳′のような"有一个人"は使えない。"有一个人VP"は，無論，個として抽出ずみで，少なくとも話者にとっては特定の人物である。しかし，"有人VP"の"人"は，単数，複数いずれの可能性もあり，不特定(所謂"虚指")である。だから同じ位置に"誰"を用いても，疑問詞疑問文にならない。
　㉑　你们有谁认识李先生？
　　（皆さんのなかで誰か李さんを知っている人がいますか？）
　㉒　你们究竟／到底(是)谁认识李先生？
　　（皆さんのなかでいったい／結局誰が李さんを知っていますか？）
　㉑′*你们究竟／到底有谁认识李先生？
　　（皆さんのなかでいったい／結局誰か李さんを知っていますか？）
　㉑″*你们究竟／到底有谁认识李先生吗？
　　（皆さんのなかでいったい／結局誰が李さんを知っていますか？）
　㉑が，もし疑問詞疑問文であれば，㉒と同じように，"究竟／到底"と共起するはずである。しかし，実際には，㉑′のように共起せず，㉑″の諾否疑問文と同じふるまいを見せている。"有谁VP？"は，'吗'の省略された諾否疑問文に相当し，"ダレカVPの人がいるか？"という意味である。[5] そして，"什么"についても，当然，同じことがいえる。[6]
　AタイプのNは不特定で，単数とも，複数ともつかない。即ち，"人"のように，独立の実在物で，数えられるものでも，Aタイプになると，個々の成員を示差的に捉えていないのである。それは，否定形"没有人VP"の場合は，一層明らかになる。
　㉓　"喂！"他喊了一声，屋里竟没有人答应，十岁的孩子照例在胡同里疯玩儿，老婆呢，也没像平日那么应声，她哪儿去啦？哼！这还像个家吗？〈喊去〉
　　（"おーい！"彼は大声で呼んだが，部屋のなかには答える者がいない。十歳の子供は，いつものように露地裏で遊び呆けている。女房は？ やはりいつもの返事がない。彼女はどこへ行ったんだ？ ふん！ これでも家庭か？）

㉓′ *屋里竟没有答应的人。
　　(部屋のなかに答える者はいない。)

㉓は，文脈が示すとおり，家中の者が出払い，"人"がいない，つまり，限定すべきNそのものが存在しない。この場合，㉓のようなBタイプにできない。㉓′が成立するには，次のような文脈が必要である。

㉓″ 屋里竟没有答应的人，但是有不理他的人。
　　(部屋のなかに答える者はいない，しかし，彼を無視する人はいる。)

つまり，部屋に"人"がいて，しかも，"答える人"に対して，"無視する人"と，他の成員との区別がある場合である。

Aタイプは，個々の成員を問題にしないが，Bタイプは，他との区別対比がある。

㉔　班里连理他的人也没有。
　　(クラスには彼を相手にする者さえいない。)

Bタイプは，㉔のように，"连X也没有"の構文に用いることができる。[7] "Xさえもない"とは，当然，Y，Zもないことを意味し，X以外の他の成員が視野に入っている。

個々の成員を示差的に捉え，他と区別，対比するには，話者の意識のなかに於ける，ある区切られた"場"のなかで，総数が設定されなければならない。ところがAタイプは，そのような総数が問題にされていない。

㉕　车上一直没有人发现她，她却在一张堆满食品的小桌上，发现了渴望已久的东西。〈香雪〉
　　(車中ではずっと彼女をみつけた人はいなかったが，彼女は，食物が山と積まれた小さなテーブルの上に，長い間欲しかったものをみつけた。)

㉕は，車中に"人"がいないわけではない。"人"はいるが，ただ，その総数が設定されていない。だから，総数限定を加えられない。

㉕′ *车上几十个人一直没有发现她……
　　(車中数十人のうち，ずっと，彼女をみつけた人はいなかった……)
㉕″ 车上几十个人一直没有发现她的人。
　　(車中数十人のうち，ずっと，彼女をみつけた人はいなかった。)

㉕′，㉕″のように，"几十个人"と，総数限定を加えると，Aタイプではいえず，Bタイプにしなければならない。[8]

話者の意識のなかの，ある区切られた"場"での総数設定がなく，単

数，複数いずれともつかず不特定で，個々の成員を示差的に捉えないAタイプのNは，ひとつのclassを表わし，VPは，そのclassを区分する指標である。Aタイプ全体としては，その指標のもとにsubclassを形成しているが，個別化には至っていない。

　ある指標のもとに統括されるsubclassの有無をいい，個々の成員を示差的に捉えていないAタイプは，否定の場合，㉓のようにNそのものが存在しなくても，或いは，㉕のように存在しても，結局は同じことになる。

4．構造のもつ意味と解釈

（1）　抽象名詞とAタイプ

　"人"等具体的名詞がAタイプの否定形になると，Nそのものの存在に関して，有無いずれもあり得るが，抽象名詞はどうだろうか。
　㉖　这是应该怪你自己，你老是迟疑不快，似乎很忙，没有工夫仔细考虑一番。〈大学〉
　　　（これはあなた自身のせいだ，ためらってばかりいるから，忙しくて，じっくり考えるような暇がないみたいだ。）
　㉖′＊不是没有工夫，但是没有工夫仔细考虑一番。
　　　（暇がないわけではないが，じっくり考えるような暇がない。）
　"工夫"は，独立の実在物ではなく，"暇"という概念を表わす。このような抽象的概念を表わす名詞は，総量を設定しないAタイプの否定形に於いては，Nそのものがない。つまり，㉖は，"じっくり考える"ような"暇"そのものがないのである。それで，㉖′のように，"不是没有工夫"とは矛盾をきたす。
　一方，Bタイプは，VPによって分割された時間の幅をいう。
　㉗　没有去旅行的工夫，可是有去看电影的工夫。
　　　（旅行する暇はないが，映画を見に行く暇はある。）
　たとえば，㉗のように，"旅行する"だけの暇はなくても，暇そのものがないことにはならない。一定の幅（たとえば一月，一年）に設定された時間の総量のなかで，限定分割し，他の成員との対比がなされる。そして，たとえ，形式上顕現しなくても，この対比は意識されている。

"工夫"等の抽象名詞がAタイプの否定形になると，Nそのものがないことになる。逆にNがあれば，VP(事態)が発生し得るものとして解釈される。しかし，だからといって，"有N"にVP発生に対する可能，必然性等のmodalityがあるのではない。このような解釈は，あくまでも，NとVPの関係，即ち，VPに区分されるsubclassに止まり，個別化には至らないという，Aタイプの構造のもつ意味がもたらすのである。

（2） 個別性，限定性，具体性

以上のように，Aタイプは，VPを指標とするsubclassの有無のみをいい，その成員を，個別的，示差的に捉えず，不特定，非限定的で，当然，非具体的になる。逆に，Bタイプは，個別的，示差的，特定的，限定的で，具体的である。この両者の違いが，次の構文との共起に反映している。

㉘　直到宋歌要求放弃给她评定的助学金时，问题才<u>有了解决的希望</u>。〈大学〉
　　（宋歌が，彼女に決まっている奨学金の辞退を申し出て，問題はようやく<u>解決の見込みがついた</u>。）

㉘′＊问题才<u>有了希望解决</u>。
　　（問題はようやく<u>解決する見込みがついた</u>。）

"有了～"は必ずBタイプを伴ない，㉘′のように，Aタイプにできない。"有了～"となると，"あるようになった"という状況，状態の変化と，同時に，具体的な結果を生じたことを表わす。それで，非具体的なAタイプを排除する。[9]

しかし，"几乎"，"怕"はAタイプとしか共起しない。次のとおりである。

㉙　愣了半天，<u>几乎没有勇气</u>迈出第二步。〈大学〉
　　（しばらく茫然として，二歩目を踏みだす<u>勇気がほとんどなかった</u>。）

㉙′＊<u>几乎没有迈出第二步的勇气</u>。
　　（二歩目を踏みだす<u>勇気がほとんどなかった</u>。）

㉚　<u>怕有人知道他的底细</u>。〈骗子〉
　　（<u>誰か彼の素性を知っている人がいるのではと心配した</u>。）

㉚′＊<u>怕有知道他的底细的人</u>。
　　（<u>彼の素性を知っている人がいると心配した</u>。）

これは，"几乎"（ほとんど）と"怕"（～ではないかと心配する）の不確実性

が，非個別的，不特定，非限定的，非具体的なAタイプを求めるからである。

そして，A，B二つのタイプの個別性，限定性，具体性の違いが，話者(或いは聞手)の好尚にも係わっていく。

たとえば，"能力"についていうと，Aタイプは，"VPをする"ような"能力"そのものの有無をいうが，Bタイプは，"VPをする"ことに限定された"能力"である。仮に，㉛，㉛'の否定形を比較すると，より重大に受けとめられるのは，㉛のAタイプである。

㉛　他没有能力解决这个问题。
　　（彼はこの問題を解決するような能力がない。）
㉛'　他没有解决这个问题的能力。
　　（彼はこの問題を解決する能力はない。）

しかし，病気の治癒への"希望"(見込み)は限定的で具体的なほうがよい。だから，見込みがあるのなら，Bタイプを聞くと心強い。その裏返しで，㉜のようなBタイプの否定形は，より深刻に受けとめられる。

㉜　爸爸知道她的病没有治愈的希望，但是他怕女儿伤心。〈明姑〉
　　（父親は，彼女の病気は治る見込みがないと知っていた。しかし，彼は，娘が悲しむのを恐れた。）

このように，Aタイプ，Bタイプのいずれが話者や聞手の好尚に合致するかは，名詞と動詞の組み合わせによる。即ち，事柄により，個別性，限定性，具体性に関する好尚が異なるのである。

最後に，個有名詞や人称代名詞がAタイプになる場合，基本的には"有一个人VP"と同じである。たとえば，"有李老师教化学"(化学を教えている李先生がいらっしゃる)の"李老师"は無論，個として抽出ずみで，少なくとも話者にとっては特定の人物である。"李老师"の存在を提起し叙述していて，"谁教化学？"(誰が化学を教えていますか？)に対するものではない。この問いには，"李老师教化学"(李先生が化学を教えています)で答える。

以上，定語への過程という観点から，A，B両タイプの，NとVPの関係の違いを考えた。その結果，Aタイプは，VPが区分するsubclassに止まり，個別化には至っていないことが明らかになった。Nが個別化された後，特性叙述を経て，特性による名詞の限定が行なわれてBタイプになる。

〈注〉

1) 朱德熙 1986,「变换分析中的平行性原则」,『中国语文』1986年第2期。
2) 讚井唯允 1989,「Modal VPとModal Vの平行性」,中国語学会第39回全国大会発表レジュメ,1989年10月15日。
3) 原由起子 1991,「"有"構文と連体修飾」,『姫路獨協大学外国語学部紀要』第4号,1991。本書所収。
4) "理由"等は,Bタイプでも答えられない。たとえば次のとおりである。
    ① 有什么理由？
        （どんな理由があるの？）
    ①' *有理由骂他。
        （彼をしかるような理由がある。）
    ①" *有骂他的理由。
        （彼をしかる理由がある。）
    ①のような問いには,内容を具体的に述べる必要がある。しかし,①"のBタイプのVPがNを限定していることに違いはない。
5) 刘月华 1987,「用"吗"的是非问句用法比较」,『句型和动句』,语文出版社,1987。
    刘月华 1988,「语调是非问句」,『语言教学与研究』1982年第2期。
    もちろん,"吗"の有無によって,話者の表現意図の違いはある。"吗"がない場合は,話者の不信,疑問,驚き,或いは,実質的には,使役,命令になることもある。但し,構造的に,諾否疑問文と疑問詞疑問文が合成されているので,誰かを具体的に答えることもある。
6) "有谁VP？","有什么N VP？"は,厳密には,更に別の解釈が可能である。発話時に,文末を昇り調子でいうと,本文中で述べたように,"吗"の省略された諾否疑問文だが,文末を下降調にすると,反語になる。次に示すとおりである。
    ②a 有什么话要说。↑
        ≒有什么话要说吗？
        （何かいいたいことがあるのか？）
    ②b 有什么话要说。↓
        ≒反语
        （何かいいたいことがあるか,ないはずだ。）
7) 望月八十吉 1974,「中国語の"はめこみ構造"」,『人文研究』（大阪市立大学）20-10,1974。
8) "没有一个N VP"も,総数限定を加えることができない。総数が設定されると,"一个N也没有VP"となる。

③ *刚才街上有那么多人，现在却没有一个人走。
　（さっきは通りにあんなに大勢の人がいたのに，今は，歩いている人ひとりいない。）
③′ 刚才街上有那么多人，现在却一个人也没有走。
　（さっきは通りにあんなに大勢の人がいたのに，今は，ひとりも歩いていない。）
9) このほか"想"もＡタイプになるが，"想了～"や"想出"と結果補語がつくとＢタイプにしなければならない。また，"具有"もＢタイプしか伴なわないが，いずれも，"有了～"の場合と同じ理由による。

〈主要参考文献〉

吕叔湘 1956,『中国文法要略』，商务印书馆，1956。
范方连 1963,「存在句」,『中国语文』1963年第5期。
鈴木直治 1972,「"有"による強調表現について」,『金沢大学教養部論集』2，1972。
岩倉国浩 1974,『日英語の否定の研究』，研究社出版，1974。
望月八十吉 1980,「中国語の世界創造的述語」,『中国語』6月号，大修館書店，1980。
詹开第 1981,「有字句」,『中国语文』1981年第1期。
李临定 1981,「连动句」,『语文研究』1981年第2期。
中川正之 1982,「中国語の名詞と日本語の名詞」,『未名』2号，神戸大学文学部中文研究会，1982。
織田稔 1982,『存在の様態と確認――英語冠詞の研究――』，風間書房，1982。
蔺璜 1983,「连动式的特点与范围」,『山西师院学报』1983年第3期。
林裕文 1985,「谈疑问句」,『中国语文』1985年第2期。
吕叔湘 1985,「疑问・否定・肯定」,『中国语文』1985年第4期。
范继淹 1985,「无定主语句」,『中国语文』1985年第5期。
大河内康憲 1985,「量詞の個体化機能」,『中国語学』232，中国語学会，1985。
陈平 1987,「释汉语与名词性成分相关的四组概念」,『中国语文』1987年第2期。
刑福义 1987,「现代汉语的特指性是非问」,『语言教学与研究』1987年第4期。
C. E. ヤーホントフ（橋本萬太郎訳）1987,『中国語動詞の研究』，白帝社，1987。
竹島永貢子 1993,「「有・Ｎ・ＶＰ」と「有ＶＰ的Ｎ」――日本語からの考察――」,『中国語学』240，日本中国語学会，1993。
John Kimball 1973, "The Grammar of Existence", Papers from the Ninth

Regional Meeting of the Chicago Linguistic Society, 1973.
Gray Milsark 1974, "Existential Sentences in English", Ph.D. dissertation, MIT, 1974.
John Lyons 1977, *Semantics*, volume 1, 2, Cambridge University Press, 1977.
Ray Cattell 1984, "Composite Pedicates in English", *Syntax and Semantics* 17, Academic Press, New York, 1984.
F.R. Palmer 1986, *Mood and Modality*, Cambridge University Press, 1986.
Angelika Kratzer 1987, *Stage-Level and Individual-Level Predicates*, University of Massachusetts at Amherst, 1987.

〈引用文献〉

铁凝 1982,「哦, 香雪」,『全国优秀短篇小说评选获奖作品集 1982』, 上海文艺出版社, 1983。〈香雪〉

金近 1984,「小灰鸽历险记」,「骗子和宝镜」,『爱听童话的仙鹤』, 人民文学出版社, 1984。〈小灰〉〈骗子〉

谌容 1985,「减去十岁」,『全国优秀短篇小说评选获奖作品集 1985~1986』, 上海文艺出版社, 1987。〈减去〉

李宪 1988,『大学生变奏曲』, 北京十月文艺出版社, 1988。〈大学〉

林语堂 1988,『武则天正传』, 时代文艺出版社, 1988。〈武则〉

聂震宁 1990,「梦话」,『人民文学』1990年第9期。〈梦话〉

王晓晴 1990,「梦・魂・舞」,『人民文学』1990年第9期。〈梦魂〉

邓刚 1990,「虾战」,『人民文学』1990年第11期。〈虾战〉

"最"と数量詞の位置について

0．はじめに

　朱徳熙 1956は，[1]"程度副詞＋形容詞"は乙類成分で，描写的定語になるが，"最／頂／更＋形容詞"が構成する定語は特殊で，明らかに限定的である，と述べている。そして，定語と数量詞の位置について，限定的であるとき，数量詞は定語の前，描写的であるときは，定語の前後に出現する，としている。しかし実際には，限定的とされる"最＋形容詞"が定語になるとき，数量詞は，その前後に現われる。たとえば，次のとおりである。
　　①　他们把它看做是<u>一件最快乐的享受</u>。〈黄鱼〉
　　　　（彼らはそれを<u>もっとも楽しい事のひとつ</u>と見なしている。）
　　②　不过他的调查无疑是<u>最出色的一次</u>了。〈仪式〉
　　　　（しかし彼の調査のなかでは，疑いなく<u>一番優れたもの</u>であった。）
　限定的とされながら，なぜ，数量詞が前後に出現するのだろうか。両者の違いはどこにあるのか。本稿は主に，①と②に代表される構造——"数量＋最＋形＋的"と"最＋形＋的＋数量"のもつ意味と機能の違いを明らかにしたい。なお，"頂／更"についても同じ現象が見られ，"最"と同様に考えられる。"更"については触れるが，"最"と同じく最高級を表わす"頂"については，"最"を以て代表させる。

1．ふたつの意味

　①と②はどう違うのか。数量詞の位置による違いを見る前に，まず，数量詞を含まない例を見てみよう。
　　③　<u>最小的女儿</u>也有了妥善安排，我们都十分高兴。〈表妹〉

(末の娘もしかるべき相手を得て，我々は皆たいへん喜んでいる。)
④　他平常最快活的事，一是想，二是写，三是同朋友半夜半夜的聊天。〈黑体〉
　(彼がふだんもっとも楽しい事は，一に考えること，二に書くこと，三に友人と夜毎語り合うことである。)

　③と④では"最"の意味が違う。③の"最小的女儿"(末の娘)は，長幼の序列の最低で，唯一無二である。しかし④は，"快活的事"(楽しい事)が三つも挙げられていて，唯一最高とはいえない。程度としては，"非常／特別"(非常に／特に)に相当する。これは，日本語の"もっとも"も同じで，④の"最"は，"彼はもっとも優秀な学生のひとりである"の"もっとも"と同じである。
　このように，"最"にはふたつの意味があるが，この意味の違いを，形式的に顕現させているのが①と②である。即ち，数量詞の位置によって"最"の意味が異なるということだが，それは，次の⑤，⑥が示唆している。
⑤　富士山是日本最高的一座山。
　(富士山は日本で一番高い山だ。)
⑥　*富士山是一座日本最高的山。
　(富士山は日本で一番高い山だ。)

　富士山は，日本で唯一最高の山だが，複数のなかで唯一最高(或いは最低)をいうとき，数量詞は，⑤のように定語の後でなければならなず，逆に，定語の前にある⑥は成立しない。例文②，③は，⑤と同じである。一方，①の"最"は④と同じで，"非常に／特に"の意味である。というのは，"数量＋最＋形＋的"は，限定的ではなく描写的だからである。
　朱徳熙1956は，"最＋形"が限定的である理由として，"最＋形＋的"が体詞性であることを挙げているが，実際には，定語だけでなく，状語にもなる。[2]　但し，状語になるのは唯一最高(最低)の"最"ではない。
⑦　他最认真地学习。
　(彼はもっとも真面目に勉強している。)
⑦′　他是一个最认真地学习的人。
　(彼はもっとも真面目に勉強しているひとりだ。)
⑦″*他是最认真地学习的一个人。
　(彼はもっとも真面目に勉強しているひとりだ。)
⑧　他回答得最巧妙。

　　　　（彼はいちばんうまく答えた。）
　⑧′　他是回答(得)最巧妙的一个人。
　　　　（彼はいちばんうまく答えた人だ。）
　⑧″　*他是一个回答(得)最巧妙的人。
　　　　（彼はいちばんうまく答えた人だ。）

⑦の"最认真地"（もっとも真面目に）は描写的状語だが，それを定語に言い換えた⑦′は，数量詞が定語の前で，⑦″のように，後に置くことはできない。唯一最高の"最"は状語にならず，⑧のように"得"補語になる。[3)] ⑧が唯一最高の"最"であることは，定語にした⑧′の数量詞の位置から明らかで，これを⑧″のように，定語の前に出すことはできない。このように，描写的状語からの言い換え可能な"数量＋最＋形＋的"は，他の"程度副詞＋形＋的"同様，描写的である，といえる。事実，描写的な"很认真的"（たいへん真面目な）等が定語になるとき，⑨，⑩のように，数量詞は，まず前にくる。

　⑨　他是一个很认真的人。
　　　　（彼はたいへん真面目な人だ。）
　⑩　她是一个非常漂亮的女孩子。
　　　　（彼女は非常に奇麗な女の子だ。）

描写的な定語や状語は，モノの一時的状態をいい，類の，他との区別を問題にしないが，特に，状語の場合，他者との比較に用いることができない。それは，"更"の場合，一層明らかである。"更＋形"も，限定的とされながら，状語になる。

　⑪　他比以前更认真地学习中文了。
　　　　（彼は以前より更に真面目に中国語を勉強するようになった。）
　⑫　*他比哥哥更认真地学习中文。
　　　　（彼は兄よりもっと真面目に中国語を勉強している。）
　⑫′　他学习中文(学习得)比哥哥更认真。
　　　　（彼は兄よりもっと真面目に中国語を勉強している。）

⑪は，"他"（彼）自身の態度が以前と比較されているが，⑫は，"他"（彼）と"哥哥"（兄）の，異なる動作者の態度の比較で，この場合，"更认真地"（もっと真面目に）と状語にできず，⑫′のように，"得"補語或いは述語になる。

　このように，描写的状語には他との比較対照がない。他との比較対照

がなくて，"最"の場合，唯一最高という序列もあり得ず，⑦，⑦'の"最"は，程度としては，"非常／特別"(非常に／特に)に相当するに止まる。一方，⑧のような"得"補語は，動作の結果をいう構造で，結果が出ていれば，他との比較が容易で，唯一最高の序列を与えられる。

描写的状語から言い換え可能な"数量＋最＋形＋的"は描写的定語となる。それでは，唯一最高を表わす"最＋形＋的＋数量"は限定的なのだろうか？　その答を出すには，唯一最高のとき，なぜ，数量詞が定語の後にくるのか，その理由を考える必要がある。そのため，次に，形容詞以外で，やはり数量詞を後に伴う，場所，時間，範囲，領属関係を表わす定語を見ることにする。

2．名詞との意味関係

"最"が唯一最高を表わす例文②，⑤は，数量詞の位置，そして，定語と名詞の意味関係も，次の⑬〜⑯と同じである。

⑬　足球打翻了路边上的一个小摊子。(場所)〈貝利〉
　　(サッカー・ボールが道端の小さな露店をひっくりかえした。)
⑬'＊足球打翻了一个路边上的小摊子。
　　(サッカー・ボールが道端の小さな露店をひっくりかえした。)
⑭　最近几次局党扩大会议，都请了岳夫列席参加。(時間)〈誘惑〉
　　(最近数回の"局党拡大会議"はいずれも岳夫に列席するよう招請した。)
⑭'＊几次最近局党扩大会议……
　　(最近数回の"局党拡大会議"は……)
⑮　那是《新约全书》上的一句话。(範囲)〈綿花〉
　　(それは『新約全書』のなかの言葉だ。)
⑮'＊那是一句《新约全书》上的话。
　　(それは『新約全書』のなかの言葉だ。)
⑯　李玲是我的一个朋友。(領属関係)
　　(李玲は私の友人である。)
⑯'　＊李玲是一个我的朋友。
　　(李玲は私の友人である。)

⑬～⑯の定語は順に，場所，時間，範囲，領属関係を表わし，数量詞は，すべて定語の後にあり，⑬′～⑯′のように前に出せない。劉月華1984は，これら場所，時間，範囲，領属関係の定語を限定的とし，限定的定語について次のように述べている。

 ×定语[4]的主要作用是限制，指明中心语所表示的事物是"哪个(些)"，提问时常用"哪(个，些，儿的，天的……)"，"谁(的)"等疑问代词……
 (×定語の主な作用は，中心語が表わす事物を"どれ"と限定し，明確に指すもので，質問するとき，"哪〔个，些，儿的，天的……〕"，"谁〔的〕"等の疑問代詞がよく用いられる……)

つまり，"哪(个，些，儿的，天的……)"，"谁(的)"等の疑問詞疑問文に答えるもので，中心語の表わす事物を限定し，指示するもの，ということだが，問題は，限定的としながら，同時に指示的としている点である。事物の限定とは，朱德熙1956に従うと，事物の本質的で恒久的な属性により，他と類を区別することだが，これと指示とは，厳密には異なる。⑬～⑯の場所，時間，範囲，領属関係の定語は，名詞の属性ではなく，空間或いは時間的な"ありか"を指している。たとえば⑬は，いくつか設定し得る場所のひとつ，"路边上"(道端)を指し，⑭は，幾度か開かれた会議のうち，"最近几次"(最近の数回)を，特に指している。⑮の範囲は，⑬の場所と同様に考えられる。そして，⑯の領属関係も，所属先を指定し，結局は，場所の指示と同じである。

このように，⑬～⑯は，広い意味での場所の指示であるが，唯一最高の"最＋形＋的＋数量"(②，⑤)も同じで，たとえば，⑤の"最高的一座山"(いちばん高い山)とは，高さの目盛りの最高値を示す，その位置の指示に他ならない。これらの定語の指示性は，呂叔湘1985が述べているように，[5]"定＋数量＋名"の構造には，指示代詞"这，那"の出現頻度が低く，たとえ出現して，"定＋指示代詞＋数量＋名"となっても，その指示性は弱いことからも裏付けられる。呂叔湘は，この構造の定語には"決定作用"がある，としているが，"这，那"が出現しないのは，定語の指示性により，その必要がないからである。

以上のように，定語と名詞の意味関係から，唯一最高の"最＋形＋数量＋的"は，場所，時間，範囲，領属関係とともに，指示的定語として，限定的定語と区別される。しかし，文法機能の面ではどうだろうか。そ

れを次に見ることにする。

3．文法機能の違い

　ここで，特に，数量詞が後にくる場合の文法機能を，前にくる場合と比較しながら明らかにする。その際，便宜的に"数量＋最＋形＋的"をAタイプ，"最＋形＋的＋数量"や場所，時間，範囲，領属関係の定語をBタイプとする。
　A，B両タイプには，1）～4）のように，文法機能に歴然とした違いがある。
　1）"有"構文との関係
　Aタイプは，"有"構文の目的語になるが，Bタイプはならない。⑰と⑱～㉒が示すとおりである。
〈Aタイプ〉
　　⑰　我们班里有一个最优秀的学生，他最近住院了。
　　　　（我々のクラスにもっとも優秀な学生がいるが，彼が最近入院した。）
〈Bタイプ〉
　　⑱　*静冈县有日本最高的一座山。（唯一最高）
　　　　（静岡県には日本で一番高い山がある。）
　　⑲　*商店里有邻村的一个姑娘。（場所）
　　　　（店のなかに隣村の娘がいる。）
　　⑳　*抽屉里有最近几年的资料。（時間）
　　　　（引き出しのなかに最近数年の資料がある。）
　　㉑　*笔记本上有《新约全书》上的一句话。（範囲）
　　　　（ノートに『新約全書』のなかの言葉がある。）
　　㉒　*北京有我的一个朋友。（領属関係）
　　　　（北京に私の友人がいる。）
　　⑱′　静冈县有一座山，是日本最高的。
　　　　（静岡県には日本で一番高い山がある。）
　　⑲′　商店里有一个姑娘，她住在邻村。
　　　　（店のなかに隣村に住んでいる娘がいる。）
　　⑳′　抽屉里有一些资料，是最近几年的。

　　　　（引き出しのなかに最近数年の資料がある。）
　　㉑′ 笔记本上有一句话，是《新约全书》上(写)的。
　　　　（ノートに『新約全書』のなかの言葉がある。）
　　㉒′ 我有一个朋友在北京。
　　　　（私には北京に友人がいる。）

"有"構文は，人や物の存在そのものをいい，物語等で，その存在を初めて提示するときに用いられる。この"有"構文と，Aタイプは共起するが，Bタイプは共起しない。⑱～㉒はすべて成立せず，⑱′～㉒′のように，まず，"有＋数量＋名"とし，その後で名詞について説明する，所謂兼語式にしなければならない。これは何を意味するのか。"在"構文との関係からも見る必要がある。

２）"在"構文との関係

Aタイプは，"在"の主語にならないが，Bタイプは，"在"の主語になる。

〈Aタイプ〉

　　㉓　*一个最优秀的学生在我们班里。
　　　　（もっとも優秀な学生が我々のクラスにいる。）
　　㉓′ 有一个最优秀的学生在我们班里。
　　　　（もっとも優秀な学生が我々のクラスにいる。）

〈Bタイプ〉

　　㉔　日本最高的一座山在静冈县。（唯一最高）
　　　　（日本で一番高い山は静岡県にある。）
　　㉕　邻村的一个姑娘在商店里。（場所）
　　　　（隣村の娘が店のなかにいる。）
　　㉖　《新约全书》上的一句话总在我心里。（範囲）
　　　　（『新約全書』のなかの言葉がいつも私の心のなかにある。）
　　㉗　最近几年的资料都在抽屉里。（時間）
　　　　（最近数年の資料はすべて引き出しのなかにある。）
　　㉘　我的一个朋友在北京。（領属関係）
　　　　（私の友人は北京にいる。）

Aタイプの㉓は，そのままでは成立せず，㉓′のように，文頭に"有"を補わなければならない。しかし，Bタイプは，㉔～㉘に示すとおり，すべて"在"の主語になる。"在"構文は，存在そのものではなく，人や物の所在をいう。同じく存在文でも，"有"構文とは違い，存在そのものは

既に前提となっている。この"在"構文と共起し，初めてモノの存在を提起する"有"構文と相容れないBタイプは，名詞が表わすモノの存在が確認されたうえでの言い方である。即ち，㉔〜㉘は，"山"(山)，"姑娘"(娘)，"资料"(資料)，"话"(言葉)，"朋友"(友人)の存在は既に折り込まれている。

一方Aタイプは，存在そのものを最初に提起する"有"構文と共起し，"在"構文とは共起しないことから，まだ，モノの存在を前提としていず，数あるなかから，ある人やモノを抜き出し，個別のものとして認識するにとどまる。

この存在を前提としているか否かが，次の3)已然・未然，4)形容詞文との関係に反映している。

3) 已然・未然との関係

Aタイプは，未然形動詞の目的語になる。しかし，Bタイプ，特に，唯一最高の"最"は，已然形とは共起するが，基本的に，未然形動詞の目的語にならない。

〈Aタイプ〉
㉙　我想买一枝最好的钢笔。
　　（私はもっともいい万年筆を買いたい。）

唯一最高の"最"が構成する名詞句が未然形動詞の目的語になりにくいのは，唯一最高と位置づけるには，比較するための範囲が限定される必要があるが，動詞によっては，未然では，比較のための枠が設定できないからである。たとえば，"买"（買う）がそうである。

〈Bタイプ〉
㉚　我买了最漂亮的一件衣服。（唯一最高）
　　（私は一番奇麗な服を買った。）
㉚′＊我想买最漂亮的一件衣服。
　　（私は一番奇麗な服を買いたい。）
㉚″我要买这些里头最漂亮的一件衣服。
　　（私は，これらのなかで一番奇麗な服を買う。）

㉚は，動詞が已然形"买了"（買った）で，買ったモノが存在している以上，既に，一定範囲内で比較，選択ずみで，唯一最高と位置づけられることで成立する。これに対して未然形の㉚′は，"想买"（買いたい）というだけで，モノは存在せず，存在を前提とするBタイプとは矛盾する。し

かし，㉚"のように"这些里头"(これらのなかで)と，現に，眼前にモノがあり，比較選択の範囲が限定，表示されていれば，未然形でも成立する。

そして，動詞のなかには，まずモノが存在していなければ，動作が発生し得ないものがある。それは未然でも同じで，動作を起こそうとする意思をもつにも，モノの存在が必須である。場所，時間，範囲，領属関係の定語を含む名詞は，そのような動詞の目的語になる。

㉛　我要去找邻村的一个姑娘。(場所)
　　(私は隣村の娘を訪ねに行く。)
㉜　我要整理过去的一些资料。(時間)
　　(私は過去の資料を整理する。)
㉝　我要背出《新约全书》上的一句话。(範囲)
　　(私は『新約全書』のなかの言葉を諳じる。)
㉞　我打算约他的一个朋友。(領属関係)
　　(私は彼の友人を誘うつもりだ。)

㉛～㉞の動詞，"找"(訪ねる)，"整理"(整理する)，"背出"(諳じる)，"约"(誘う)はいずれも，動作以前に，人やモノが存在していなければならない。

4）形容詞文との関係

更に，Aタイプは，形容詞文の主語にならないが，Bタイプは，形容詞文の主語になる。

〈Aタイプ〉
㉟　*一枝最好的钢笔真便宜。
　　(もっともいい万年筆が全く安い。)
㉟′　有一枝最好的钢笔真便宜。
　　(もっともいい万年筆が全く安い。)

〈Bタイプ〉
㊱　最好的一枝钢笔怎么那么便宜？(唯一最高)
　　(一番いい万年筆がどうしてそんなに安いの？)
㊲　邻村的一个姑娘又漂亮又聪明。(場所)
　　(隣村の娘は聡明で美しい。)
㊳　最近几次会议特别重要。(時間)
　　(最近数回の会議は特に重要である。)
㊴　《新约全书》上的一句话真不错。(範囲)

"最"と数量詞の位置について　173

　　　　（『新約全書』のなかの言葉はまったくすばらしい。）
　　⑩　他的一个朋友非常精明。（領属関係）
　　　　（彼の友人は非常に利口である。）
　形容詞文は，人やモノの性質，状態を叙述するが，存在が確認されていないものは，叙述の対象となり得ない。だから，Aタイプは，形容詞文の主語にならず，㉟は，㉟′のように，文頭に"有"を補い，存在を提示する必要がある。逆に，存在を前提とするBタイプが，㊱～⑩のように，形容詞文の主語になる。
　1)～4)の文法機能の特徴から，A，B両タイプの違いは，モノの存在を前提としているか否かにある，といえる。モノの存在を前提とするBタイプの特徴は，Bタイプが，広い意味で，場所の指示であることを裏付けている。場所の指示がなされるには，モノの存在が不可欠であるからである。
　以上，"最"が構成する定語について，意味，機能の両面から数量詞が前にくるAタイプは描写的，後にくるBタイプは指示的であることが明らかになった。

4．指示と属性

　さて，"最"以外の程度副詞が構成する定語はどうだろうか。ここで，"更"及び"很／非常"等について見ることにする。

(1) "更"

　まず，"更"から見てみよう。"更"も，A，Bふたつのタイプになり，それぞれ，前章で見た1)～4)の文法機能上の特徴を具えている。
　〈Aタイプ〉
　　㊶　这儿有一个更好的东西。1)
　　　　（ここにもっといいものがある。）
　　㊷　*一件更漂亮的衣服在衣柜里。2)
　　　　（もっと奇麗な服が箪笥のなかにある。）
　　㊸　我早就想找一个更好的地方。3)

　　　　（私は早くから，もっといいところを捜そうと思っていた。）
　㊹ *一件更漂亮的衣服反而便宜。 4）
　　　　（もっと奇麗な服がむしろ安い。）

〈Bタイプ〉
　㊺ *这儿有更好的一个东西。 1）
　　　　（ここにもっといいものがある。）
　㊻ 更漂亮的一件衣服在衣柜里。 2）
　　　　（もっと奇麗な服が箪笥のなかにある。）
　㊼ *我早就想找更好的一个地方。 3）
　　　　（私は早くから，もっといいところを捜そうと思っていた。）
　㊼′ 我找到了更好的一个地方。 3）
　　　　（私はもっといいところをみつけた。）
　㊽ 更漂亮的一件衣服反而便宜。 4）
　　　　（もっと奇麗な服がむしろ安い。）

　㊶～㊽に示したとおり，"更"も，Aタイプは，"有"の目的語になるが，"在"の主語にならず，未然形動詞の目的語になり，形容詞文の主語にならない。一方Bタイプは，"有"の目的語にならず，"在"の主語になる。一般に，未然形動詞の目的語にならず，形容詞文の主語になる。"更"もまた，Bタイプは，モノの存在を前提としている。そこには当然，指示的定語への契機がある。
　また，既述のとおり，"更＋形"もやはり，定語のみならず状語にもなるが，他者との比較をいう場合は状語にできない（第1章参照）。しかし，定語にすると，"更"の場合，Aタイプ，Bタイプともに，他者との比較を形式的に明示できる。

〈Aタイプ〉
　㊶′ 这儿有一个比那个更好的东西。
　　　　（ここに，それよりもっといいものがある。）
　㊸′ 我早就想找一个比这儿更好的地方。
　　　　（私は早くから，ここよりもっといいところを捜そうと思っていた。）
〈Bタイプ〉
　㊼″ 我找到了比这儿更好的一个地方。
　　　　（私はここよりもっといいところをみつけた。）

　A，Bともに，他者との比較が明示されているが，両者の違いは，㊸′

と㊼″に顕著である。㊸′は未然で、"这儿"(ここ)と比較すべき他の場所の存在が確認されていない。比較の体裁はとっていても、まだ存在が確認されていない場所との比較で、存在が確認されていなければ指示への契機もない。しかし㊼″は、場所がみつかっている以上、存在が確認されている場所との比較で、比較の結果による位置づけを指示できる。

　程度による指示のためには、比較は必須条件である。しかし、㊶′のように、たとえ比較がなされても、ただそれだけでは、指示には至らない。では㊶′は、比較の結果をどう捉えているのか。即ち、Aタイプの構造のもつ意味はなにか、という問題である。次の例で考えてみよう。

　　㊾　他只觉得他的艾兰真美丽，羞涩得象一个山村姑娘。〈黄沙〉
　　　　(彼はただ、彼の艾蘭は本当に奇麗だと思った。まるで山の村娘のように恥じらっていた。)
　　㊿　这还是一双童年的腿，虽然瘦，可紧绷绷的，富有弹性。〈童眸〉
　　　　(これはやはり少年の足だ、痩せてはいるが、引き締まっていて、弾力に富んでいる。)
　　㈤　它总希望自己有一双大鹅的翅膀。〈甜梦〉
　　　　(鵝はいつも、自分に鵝鳥のような羽が欲しいと願っている。)

　㊾～㈤に示した定語は、指示的な場所、領属関係の定語である"山村的一个姑娘"、"童年的一双腿、"大鹅的一双翅膀"とは違う。㊾の"一个山村姑娘"(山の村娘)は、町娘との区別が意識されており、"山村"(山村)という場所に住んでいる娘ではなく、其処に住む人々の特性をもつ娘、という意味である。㊿も、"虽然"以下の説明からもわかるように"一双童年的腿"は"少年特有の足"で、同様に、㈤の"一双大鹅的翅膀"は"鵝鳥のような羽"という意味になる。いずれも、場所や所属先の指示ではなく、他の類との区別を意識し、属性として捉えた、朱德熙1956のいう限定的定語である。この限定的定語と、描写的であるAタイプが同じ構造をとる。ということは、類を他と区別するものでなくても、一時的状態をあるがままに、モノの属性として捉え描写しているのである。㊶′の"一个比那更好的"も、比較の結果を属性として捉えている。そのような属性を有した個別のものとして認識する。そこに止まり、焦点がある限り、比較の結果による明確な位置づけの指示には至らない。

　類を区別する恒久的なものか、或いは、一時的に捉えて描写するものかを問わず、"数量＋定＋的"(＝Aタイプ)は、モノの属性をいう構造で

ある。このAタイプを"很／非常"等は構成しやすく、"最"、"更"に比べて、Bタイプになりにくい。最後に、"很／非常"について見ることにする。

（2）"很／非常"

"最，更"が指示的定語を構成しやすいのは、これらが意味的に、他者との比較の結果による位置づけが容易であることによる。つまり、"X比Y更W"（XはYよりもっとW）や"～之中最W"（～のなかでもっともW）と言える、ということだが、しかし、"很／非常"等は、比較文に使えず、同質の異なる個体間の比較で、一方を基準にして他方の程度を測るのに用いない。[6]

㊾　小李个儿很高。
　　（李君は背がとても高い。）
㊿　小张非常用功。
　　（張君は非常に勉強熱心だ。）

たとえば、㊾、㊿の"很高"、"非常用功"は、人々（話し手）が、自身のなかにある一般的標準に照して、背丈や学習態度が、"とても高い"、"非常に勉強熱心だ"という部類に属することをいう。他の誰か、たとえば"小王"（王君）と比べていっているのではない。

同質の個体間の比較がなくては、程度上の位置づけができない。他者との比較がなく、程度上の順位が定かでなければ、当然、程度による指示には至らない。言い換えると、それだけ属性として捉えやすい、ということである。だから、既に、⑨、⑩に示したとおり、まずはAタイプになる。ここに、㊴、㊵として再録する。

㊴　他是一个很认真的人。
　　（彼はたいへん真面目な人だ。）
㊵　她是一个非常漂亮的女孩子。
　　（彼女は非常に奇麗な女の子だ。）

しかし、少数とはいえ、"很／非常"等もBタイプになる。次のとおりである。

㊶　胡头点起了很亮的一盏灯。〈童眸〉
　　（胡頭はとても明るいランプをともした。）

(57) 大黒猫领着小力和小闹跑了很长一段路……〈这是〉
(大きな黒猫は小力と小鬧を引きつれて随分長い間駆けた……)

他者との比較がなく，程度上の順位が定かでない“很／非常”等は，何を契機にBタイプになるのか。そして，どのような意味と機能を托されているのか。それは，形容詞の重畳形式(AA，AABB)とともに論じるべきである。重畳形式も，定語になるときは“ほどよい程度”を表わすというだけで，[7] 程度の順位が定かでないが，A，Bふたつのタイプになる。次のとおりである。

(58) 冯金山跑到一座窄窄的石板桥上，放慢了脚步。〈风琴〉
(馮金山は狭い石橋まで駆けてくると歩みを遅くした。)

(59) 白白胖胖的一个姑娘怎么瘦成这样子了？
(色白でぽっちゃりした娘さんがどうしてこんな痩せてしまったのか？)

指示は，場所，時間，範囲，領属関係の他，程度上の位置づけのみでなされるのではない。それは，指示代詞のうち，“这样／那样”には，性質(属性)を代替する作用があることからも推察されるが紙幅の都合で，“很／非常＋形”と重畳形式，そして指示代詞については，稿を改めて論じることにする。

［**附記**］本稿は，中国語学会第39回全国大会(於東京外国語大学，1989年10月15日)に於ける発表をまとめたものである。

〈**注**〉

1）朱德熙 1956，「现代汉语形容词研究」，『语言研究』1956年第1期。

乙类成分里也有一些特殊的格式，最显著的是最高级或比较级的程度副词(顶、最、更)跟形容词构成的词组。它们做定语时显然是限制性的。例如：“最近的邮局，顶便宜的书，更好的地方”，“最近的”，“顶便宜的”，“更好的”既不能直接做谓语，也不能做补语，它们都是典型的体词结构……

(乙類成分のなかにも特殊な形式があって，最も顕著なのは最高級或いは比較級の程度副詞〔顶，最，更〕が形容詞と構成するフレーズである。それらが定語になるときは明らかに，限定性のものである。たとえば，“最も近い郵便局”，“一番安い本”，“もっといいところ”，“最近的”，“顶便宜的”，“更好的”は直接述語になることができないし，補

語になることもできない。それらは典型的な名詞性構造である……)
2) たとえば、"我们一定要最快地赶上和超过世界科学水平"など。
3) たとえば、"有的只能碰一下挂得最低的那个小蚂蚱……"(〈小青〉)など。
4) 刘月华 1984,「定语的分类和多项定语的顺序」,『语言学和语言教学』,安徽教育出版社, 1984。
　　この×定語とは"限定性定语"(限定的定語)のこと。
5) 吕叔湘 1985,『近代汉语指示词』,学林出版社, 1985。
　　这、那在定语之后, 那个定语就显得有决定作用; 这, 那在前, 那个定语就显得没有决定作用; 只有描写作用, 仿佛是这样的, 前一种构造是：(定语+这、那)+名词, 后一种构造是：(这、那)+(定语+名词)。……正如前面说过的冠词性这、那往往可以不用一样, 和别的定语配合的这、那也不可以不用。……更常见的是省去这、那而留下数量词。
　　("这","那"が定語の後にある場合, その定語は決定作用があることが明らかである。"这","那"が前にある場合, その定語は決定作用がないことが明らかである。ただ描写作用のみがあるかのようである。前者の構造は"〔定語+这、那〕+名詞", 後者の構造は"〔这、那〕+〔定語+名詞〕"である。……まさに前で述べた冠詞性の"这","那"は往々にして用いなくてもよいのと同じように, 他の定語と組み合わさった"这","那"も用いなくてもよい。……更によく見られるのは, "这","那"を省いて数量詞を残したものである。)
6) 崔永华 1982,「与褒贬义形容词相关的句法和词义问题」,『语言学论丛』第 9 辑, 商务印书馆, 1982。
　　当我们用形容词来表述某事物具有某种性质时, 这种性质往往是经过比较才确定的。大致说来, 形容词在话语中表示性质是三种不同比较的结果。……第一种, 跟存在于人们心目中的一般标准相比较。
　　(我々が形容詞を用いて, ある事物がある性質を具えていることを述べるとき, その性質は往々にして比較を経てようやく確定したものである。だいたいにおいて, 形容詞は話のなかで性質を表わすのは三種類の異なる比較の結果である。……一つは人々の心のなかにある一般的基準と比較するものである。)
7) 1)に同じ。
　　在定语和谓语两种位置上时的候, 完全重叠式不但没有加重, 强调的意味, 反而表示一种轻微的程度。
　　(定語と述語の二つの位置にあるとき, 定全重畳形式は重きを置いたり強調をする意味あいがないばかりでなく, むしろ, 一種軽微であるという程度を表わす。)

〈主要参考文献〉

朱德熙 1956,「现代汉语形容词研究」,『语言研究』1956年第1期。
A. A. 龙果夫 1958,『现代汉语语法研究』,科学出版,1958。
中川正之 1975,「日中両国語における数量表現」,『日本語と中国語の対照研究』第1号,日本語と中国語対照研究会,1975。
相原茂 1976,「構造助詞"de"の省略可能性——Inalienble possession」,『漢文学会会報』No. 35, 1976。
橋本萬太郎 1977,「中国語の叙述修飾語と制限修飾語」,『中国語』1月号,大修館書店,1977。
大河内康憲 1977,「第一,第二,上,下など」,『中国語』9月号,大修館書店,1977。
大河内康憲 1981,「这、那、同」,『中国語』8月号,大修館書店,1981。
詹开第 1981,「有字句」,『中国语文』1981年第1期。
荒川清秀 1981,「日本語名詞のトコロ(空間)性——中国語との関連で」,『日本語と中国語の対照研究』第6号,日本語と中国語対照研究会,1981。
崔永华 1982,「与褒贬义形容词相关的句法和词义问题」,『语言学论丛』第9辑,商务印书馆,1982。
奥田寛 1982,「说"一个"」,『中国語学』229,中国語学会,1982。
織田稔 1982,『存在の様態と確認——英語冠詞の研究』,風間書房,1982。
木村英樹 1983,「指示と方位——「他那本书」の構造と意味をめぐって——」,『伊地智善継・辻本春彦両教授退官記念中国語学・文学論集』,東方書店,1983。
刘月华 1984,「定语的分类和多项定语的顺序」,『语言学和语言教学』,安徽教育出版社,1984。
吕叔湘 1985,『近代汉语指示词』,学林出版社,1985。
范继淹 1985,「无定NP主语句」,『中国语文』1985年第5期。
大河内康憲 1985,「量詞の個体化機能」,『中国語学』232,中国語学会,1985。
中川正之 1987,「描写と限定」,『中国語』8月号,大修館書店,1987。
John Lyons 1977, "Deixis and Anaphora", edited by Terry Myers, *The Development of Conversation and Discourse*, Edinburgh Univ. Press, 1977.

〈引用文献〉

戈语觉 1981,「表妹的婚礼」,『人民文学』1981年第1期。〈表妹〉
田增・田岸1984,「"贝利"足球和"怪鞋区"」,『广播剧选集』4,中国广播电视

出版社，1984。〈贝利〉
金近 1984,「小人书里说的」,『爱听童话的仙鹤』，人民文学出版社,1984。〈小人〉
金近 1984,「黄鱼和盘子」,『爱听童话的仙鹤』，人民文学出版社,1984。〈黄鱼〉
金近 1984,「这是小狗捡的」,『爱听童话的仙鹤』，人民文学出版社,1984。〈这是〉
金近 1984,「小青蛙跳得高」,『爱听童话的仙鹤』，人民文学出版社,1984。〈小青〉
张炜 1988,「黄沙」,『童眸』，北京十月文艺出版社，1988。〈黄沙〉
张炜 1988,「童眸」,『童眸』，北京十月文艺出版社，1988。〈童眸〉
郭大森 1989,「甜梦」,『人民文学』1989年第2期。〈甜梦〉
郭大森 1989,「《黑体》—刘再复肖像」,『人民文学』1989年第2期。〈黑体〉
铁凝 1989,「棉花垛」,『人民文学』1989年第2期。〈棉花〉
格非1989,「风琴」,『人民文学』1989年第3期。〈风琴〉
苏童1989,「仪式的完成」,『人民文学』1989年第3期。〈仪式〉
杨剑敏 1989,「诱惑」,『人民文学』1989年第3期。〈诱惑〉

上記以外は作例だが，中国人によるチェックを受けた。

定語の指示機能
―― 数量詞の位置から ――

0. はじめに

　本稿は，重畳形式の形容詞及び"很／非常"等が構成する定語と数量詞の位置について述べる。これらが定語になるとき，数量詞は，その前後に出現するが，特に，後にくる場合の意味と機能について，前に出る場合と比較しながら明らかにする。
　ここでは，重畳形式と"很／非常"等を同列に扱うが，それは，両者がともに程度上の順位が定かでないからである。重畳形式は，定語になると，"ほどよい程度"を表すというだけで，[1] 程度上の位置づけは明確でない。また，"很／非常"等は，比較文に用いることができない。即ち，"X比Y很／非常W"（XはYよりとても／非常にWだ）などとはいえず，他者との比較に使えない。他者との比較がなくては，順位のつけようがない。
　程度上の順序が定かでないということが，重畳形式，"很／非常"等が，"最／更"と違う点である。これらは，"～之中最～"（～のなかでもっとも～），"X比Y更W"（XはYよりもっとWだ）と，他者との比較に用いて，程度上の位置づけをする。この"最／更"が構成する定語も数量詞をその前後にとり得る。これは，朱德熙1956の指摘とは異なる事実である。定語と数量詞の位置に関して，朱德熙1956は，定語が限定的であるとき，数量詞は定語の前，描写的であるときは，その前後に現われるとし，"最／更／頂＋形"が構成する定語を限定的としている。[2] 朱德熙のいうとおり限定的なら，なぜ数量詞が前後に出現するのか。
　この"最／更"と数量詞の位置について，原1990では，数量詞が前に出るものは，他の程度副詞が構成する定語同様描写的，後にくるものは指示的定語である，との結論を得た。[3] 重畳形式，"很／非常"等が構成

する定語も，数量詞が後にくるものは"最／更"と同じで，凡そ"定＋的＋数量"は，指示のための構造であることを明らかにすることが本稿の目的である。

1. "最"と数量詞の位置

原1990で，主に"最"と数量詞の位置関係から，数量詞が定語の後にくるものは指示的，との結論を得たが，その過程で次の点が明らかになった。
1) "一个＋最＋形＋的"と"最＋形＋的＋一个"は意味が異なり，唯一最高(最低)を表すのは後者である。
2) "一个＋最＋形＋的"は限定的ではなく，描写的で，程度としては，"非常／特別"(非常に／特に)に相当する。
3) "最＋形＋的＋一个"は，名詞との意味関係に於いて，場所，時間，範囲，領属関係の定語と同じで，広い意味で場所の指示である。
4) 3)は，"一个＋最＋形＋的"との文法機能の違いから裏付けられる。
5) 数量詞が定語の前，後のいずれになるかは，定語が限定的か描写的かによって決まるのではない。そのいずれであるかを問わず，即ち，恒久的か一時的かを問わず，モノの属性として捉えるときは定語の前，程度上の位置づけを指示するときは後になる。

以上，1)～5)について，具体的に見ることにする。その際，"一个＋最＋形＋的"をＡタイプ，"最＋形＋的＋一个"をＢタイプとして述べる。
1)
Ｂタイプが唯一最高を表すのは，次の例からわかる。
　① 富士山是日本最高的一座山。
　　（富士山は日本で一番高い山だ。）
　② *富士山是一座日本最高的山。

富士山は，日本で唯一最高の山だが，①，②のとおり，唯一最高をいうのはＢタイプで，Ａタイプではない。
2)
Ａタイプは，朱徳熙1956のいうように限定的ではなく，描写的である。というのは，Ａタイプは，体詞性とされているが，実際には，定語だけでなく，描写的状語にもなるからである。

③　他最认真地学习。
　　（彼はもっとも真面目に勉強している。）
④　他是一个最认真地学习的人。
　　（彼はもっとも真面目に勉強している人だ）
⑤　*他是最认真地学习的一个人。

　③の"最认真地"（もっとも真面目に）は描写的状語だが、これを定語に言い換えると、④のようにAタイプになり、⑤のようなBタイプにすることができない。

　描写的状語から言い換え可能なAタイプは描写的と言える。描写的定語は、モノの一時的状態を描写し、他と類の区別をしない。他との区別、即ち比較がない。これは状語も同じで、"更"の場合を見ると明らかである。

⑥　*他比小张更认真地学习。
　　（彼は張君よりもっと真面目に勉強している。）
⑦　他比以前更认真地学习中文了。
　　（彼は以前よりもっと真面目に中国語を勉強するようになった。）

　⑥のように、状語は、他者との比較をいえない。⑦は、動作主"他"（彼）の、現時点と以前との比較である。"最"の場合、他者との比較がなくては、程度上の位置づけができない。③、④は、唯一最高ではなく、"非常／特別"（非常に／特に）に相当する。

3）
　場所，時間，範囲，領属関係の定語も，数量詞を後に伴うが，これらの定語は，モノの属性ではなく，空間（場所，範囲，領属関係），時間的な"ありか"を指示する。領属関係も，所属先の指示で，結局は，すべて，広い意味での場所の指示である。

　Bタイプを構成する唯一最高の"最"も同じである。唯一最高とは，比較の結果による程度上の位置づけで，指示である。

4）
　3）は，定語と名詞の意味関係から述べたが，文法機能の特徴も，このことを裏付けている。AタイプとBタイプの違いは，"有"構文，"在"構文との共起関係にある。
　Aタイプ："有"の目的語になる。"在"の主語にならない。
　Bタイプ：通常"有"の目的語にならない。"在"の主語になる。

定語の指示機能　　185

"有"構文は，モノの存在を提示するのに用いるが，"在"構文は，存在そのものは既に前提としたうえで，モノの所在をいう。"有"と共起するが，"在"とは共起しないAタイプは，存在を前提としていない。逆に，"在"と共起し，通常"有"とは共起しないBタイプは，モノの存在を既に前提としている。モノの存在を前提とする，これは，指示には必須の条件である。指示はモノが存在してこそ，成立する。

具体的には第2章で詳述するので，例を省くが，文法機能の面からも，Bタイプは指示的であるといえる。

5）
上述のとおり，Bタイプは，程度上の位置づけの指示である。一方，Aタイプは，モノの属性として捉える。"最"以外の例文からもそのことがわかる。

⑧　她是一个山村姑娘。
（彼女は山の村娘だ。）
⑨　她是山村的一个姑娘。
（彼女は山村の娘だ。）

⑧の"一个山村姑娘"（山の村娘）は，そこに住む人々の属性を具えた娘である。いわば，"町娘"に対してある，朱徳熙1956にいう限定的定語で，⑨の"山村"という場所に住む娘とは異なる。この限定的定語と，描写的定語であるAタイプが同じ構造をとる。描写的定語は，モノの一時的状態の描写というが，一時的にしろ，ある状態を，あるがままに，属性として捉えることは可能である。Aタイプは属性をいう構造である。

以上は，比較の結果，程度上の位置づけが容易な，"最"，"更"（主に"最"）について調べた結果である。続いて"很／非常"，重畳形式について見るが，これらも，"数量＋定＋的"（Aタイプ）と"定＋的＋数量"（Bタイプ）になる。

2．"数量＋定＋的"と"定＋的＋数量"

（1）"数量＋定＋的"

程度上の位置づけには比較が必要だが，"很／非常"は，比較文に用い

ることができない。
⑩ *他的表比我的表很／非常好。
　　（彼の腕時計は私よりとても／非常によい。）

⑩が成立しないのは、"很／非常"は、話し手が持つ一般的標準に照らして、その程度に属することをいい、具体的に、何かを基準にして他と比較するのではないからである。[4]

他者との比較がなく、程度上の位置づけが不明確であるため、"很／非常＋形"は、"最"ほどＢタイプになりにくく、まずはＡタイプになる。

⑪ 她是一个很聪明的女孩子。
　　（彼女はとても聡明な女の子だ。）
⑫ 他是一个非常能干的人。
　　（彼は非常に有能な人だ。）

さて、程度上の順位が定かでないことでは、重畳形式も同じで、定語になるとき、ただ"ほどよい程度"を表すだけである。この重畳形式も、"unmarked"のものとしてはＡタイプになる。

⑬ 冯金山跑到一座窄窄的石板桥上，放慢了脚步。〈风琴〉
　　（馮金山は狭い石橋まで駆けてくると、足の運びを遅くした。）
⑭ 那是一个普普通通的周末黄昏。〈献给〉
　　（それは何ということもない週末の黄昏どきであった。）

"很／非常＋形"、重畳形式もＡタイプは属性をいうものである。それは、何かに喩える"比拟"の"象"が、その目的語に、Ａタイプしかとらないことから明らかである。

⑮ 他象一条很驯顺的小狗。
　　（彼は従順な子犬みたいだ。）
⑯ *他象很驯顺的一条小狗。
⑰ 圆裤腿儿象一个深深的黑洞。〈黄沙〉
　　（ズボンの丸い筒は深く暗い洞窟のようだ。）
⑱ *圆裤腿儿象深深的一个黑洞。

⑮、⑰の目的語を、⑯、⑱のように、Ｂタイプにすることはできない。"比拟"の"象"は、あるモノの属性を何かに喩えるのに用いる。目的語には、当然、属性をいう構造を要求する。

"很／非常"等及び重畳形式は、他者との比較がなく、程度上の順位が定かでない。裏返せば、一時的にしろ、属性として捉えやすい、という

定語の指示機能　　187

ことになる。
　しかし，多くはないが，これらもBタイプを構成する。次に示すとおりである。
　　⑲　大黒猫领着小力和小闹跑了很长一段路，跑出自己的村子，已经到了另外一个村子里了。〈这是〉
　　　（大きな黒猫は小力と小闹を引きつれて，とても長い道程を駆けて，自分達の村を出て，既に他の村に着いた。）
　　⑳　一是没有小孩子，冷冷清清，挺大的一个人举着一挂鞭自己点火自己放，有什么意思。〈拜年〉
　　　（ひとつには，彼には子供がなくて，寂しく味気ないもので，大の大人が，一人で爆竹を持って，自分で火をつけて，一人で鳴らしたところで，面白くもなんともないからだ。）
　　㉑　手里翻着厚厚一叠报纸，漫不经心地听着电视上正在播出的新闻。〈献给〉
　　　（手で分厚い新聞をめくりながら，聞くともなしに，ちょうどテレビが放送しているニュースを聞いていた。）
　　㉒　那是我离开剧团时带回的《哈姆雷特》，已经落了薄薄的一层灰尘。〈诱惑〉
　　　（それは私が劇団を離れるとき持ち帰った『ハムレット』で，すでに薄い埃をかぶっていた。）
　"很／非常"等が，なぜBタイプになるのか。それは，重畳形式とともに論じられるべきである。ここでは，主として重畳形式の文法機能，意味の面から考えることにする。

（2）　重畳形式と"定＋的＋数量"

　描写的な重畳形式が定語になるとき，数量詞はその前後に現われる。しかし，無論，両者は等価で置き換え可能ではない。
　　㉓　她是一个白白胖胖的女孩子。
　　　（彼女は色白でぽっちゃりした女の子だ。）
　　㉔　她是白白胖胖的一个女孩子。
　　　（彼女は色白でぽっちゃりした女の子だ。）
　　㉕　白白胖胖的一个女孩子怎么瘦成这样子了？

（色白でぽっちゃりした女の子がどうしてこんなに痩せてしまったの？）

　㉓はAタイプで，"色白でぽっちゃりした"という女の子の属性をいうものだが，これをいきなり，㉔のように，Bタイプにはしない。しかし，一定の条件を満たしていれば，㉔も㉕と同様Bタイプになる。その条件とは何か。つまり，何を契機にBタイプになるのか。まず，文法機能から見てみよう。

　重畳形式も，文法機能における，A，B両タイプの違いは，"最／更"と同様，存在文との共起にある。即ち，Aタイプは，"有"構文の目的語になるが，"在"構文の主語にならない。一方，Bタイプは，通常"有"構文の目的語にならず，"在"構文の主語になる。

1）"有"構文，"在"構文との関係
〈Aタイプ〉
　㉖　桌子上有一叠厚厚的晚报。
　　　（テーブルの上に分厚い夕刊がある。）
　㉗　*一叠厚厚的晚报在桌子上。
　　　（分厚い夕刊がテーブルの上にある。）
〈Bタイプ〉
　㉘　*山脚下有小小的一所房子。
　　　（山の麓に小さな家がある。）
　㉙　小小的一所房子在山脚下。
　　　（小さな家が山の麓にある。）

　"有"構文と"在"構文は，同じく存在文だが，前者は，モノの存在を初めて提示するのに用い，後者は，存在そのものは既に前提としたうえで，モノの所在をいうものである。"有"構文とのみ共起するAタイプは，必ずしもモノの存在を前提としていないが，逆に"在"構文と共起し，通常"有"の目的語にならないBタイプは，モノの存在を既に前提とする構造といえる。

　この，存在を前提としているか否かは，次の2）已然・未然との関係，3）形容詞文との関係にも反映している。

2）已然・未然との関係
　"有"以外の動詞の目的語になるとき，Aタイプは，已然・未然を問わない。しかしBタイプは，已然形とは共起するが，未然形とは基本的に

共起しない。
　〈Ａタイプ〉
　　㉚　我喝了一杯浓浓的咖啡。
　　　　（私は濃いコーヒーを飲んだ。）
　　㉛　我想喝一杯浓浓的咖啡。
　　　　（私は濃いコーヒーを飲みたい。）
　〈Ｂタイプ〉
　　㉜　我喝了浓浓的一杯咖啡。
　　　　（私は濃いコーヒーを飲んだ。）
　　㉝　*我想喝浓浓的一杯咖啡。
　　　　（私は濃いコーヒーを飲みたい。）
　このように，Ｂタイプが未然形動詞の目的語になりにくいのは，動作発生以前には，モノが存在し得ないことが多いからである。しかし，無論，それは，動詞と目的語の意味関係による。だから，形式は未然でも，Ｂタイプと共起することがあるし，逆に，已然でも共起しない場合がある。
　　㉞　昨天晚上我好容易睡着了。假如没有喝浓浓的一杯咖啡就好了。
　　　　（昨晩私はなかなか寝付けなかった。濃いコーヒーを飲まなければよかった。）
　　㉟　刚才我看见一个高高瘦瘦的人站在门口。
　　　　（さっき私は痩せて背の高い人が門の所に立っているのを見かけた。）
　　㊱　*刚才我看见高高瘦瘦的一个人站在门口。
　㉞は未然形だが，"假如没有喝"（もし飲まなかったら）とは，既に飲んでいて，当然，コーヒーは存在していたことになる。そこで，Ｂタイプの構造の持つ意味と矛盾しない。また，已然でも，㉟のような"看见"等の発見動詞は，目的語にＡタイプをとり，Ｂタイプをとらない。発見動詞は，モノがそこにあることを初めて認知するもので，"有"構文に相通じる。それで，Ａタイプを要求し，㊱のようなＢタイプを排除する。
　３）形容詞文との関係
　〈Ａタイプ〉
　　㊲　*一座窄窄的石板桥实在是危险。
　　　　（狭い石橋は本当に危険だ。）
　　㊳　有一座窄窄的石板桥实在是危险。

(狭い石橋があって本当に危険だ。)

〈Ｂタイプ〉
㊴　白白胖胖的一个姑娘怎么那么不可爱。
(色白でぽっちゃりした娘がどうしてあんなに可愛いくないのか。)

　形容詞文は，モノの性質，状態を叙述するものだが，存在が確認されていなければ，叙述の対象となり得ない。だから，Ａタイプは，そのままでは形容詞文の主語になれず，㊳のように，文頭に"有"を補い，存在を提示する必要がある。Ｂタイプは，無条件にというわけにはいかないが，㊴のように，Ｂタイプで示されている評価と相反することを述べる場合，形容詞文の主語になる。
　しかし，動詞文の場合，Ａタイプでも主語になる場合がある。

㊵　一个白白胖胖的姑娘在敞着门的病房里来回走。〈臨界〉
(色白でぽっちゃりした娘がドアを開け放した病室のなかを行ったり来たりしていた。)

㊶　一叠厚厚的晚报放在桌子上。
(分厚い夕刊がテーブルの上に置いてある。)

　㊵，㊶が成立するのは，"来回走"(行ったり来たりする)や"放"(置く)という動作は，その主体者や対象の存在なくしてはあり得ない，という前提による。㊵，㊶の場合文頭に"有"があるのと同じになる。
　以上，１）～３）から，重畳形式も，"最"，"更"と同様，Ｂタイプは，指示的定語としての特徴を具えている。指示は，常にモノの存在なくしてはあり得ないが，Ｂタイプは，そのモノの存在を既に前提としているからである。
　しかし，程度が明確でない重畳形式は，何を以て指示するのか。それを次に考えてみよう。

３．指示するものとして

　重畳形式は何を以て指示するのか。つまり重畳形式が構成するＢタイプの，定語と名詞の間に如何なる意味関係があるのか。それは指示代詞"这样／那样"，"这么／那么"と定語の関係から明らかになる。
　"这样／那样"は，次のとおり，Ａタイプにも，Ｂタイプにもなる。

㊷ 我们班上也有一个这样／那样的学生，刻苦学习，准备考大学。
(私達のクラスにもこんな／そんな学生がいて，懸命に勉強し，大学受験に備えている。)

㊸ 父母亲对古典文学也很有研究，罗宁就是长在这样一个环境里。〈黄沙〉
(両親は古典文学にも造詣が深い。羅寧はこういう環境のなかで育った。)

㊹ 他们不会理解那样的一种生活，不会理解那样的一种人。〈黄沙〉
(彼らにはそういう生活を理解できないし，そういう人を理解できない。)

　指示代詞には，代替と指示の機能がある。"这样／那样"は性質(属性)を代替するが，その代替機能を担うのはAタイプで，㊷は"こんな属性を持った人"という意味である。そして，指示機能を果すのが，指示代詞本来の位置にきているBタイプで，㊸や㊹は，属性そのものではなく，その属性を以て指示しているのである。Bタイプが指示の構造であることは，"这／那"，"这么／那么"(程度を表すものを除く)が常にBタイプになることも証左となろう。

　属性を以て指示するとはどういうことか。更にいえば，"这样／那样一个N"の"这样／那样"には，属性以外に何が托されているのか。程度を表すものを除いて常にBタイプになる"这么／那么"で考えてみよう。

㊺ 我现在对评论就这么一种感觉。〈神经〉
(私は今，評論についてこういう感じを持っている。)

㊻ 因为一个观众的那么一张条子，使他决定活下来了，他说得老泪直流。〈找乐〉
(観衆の一人の，そういうメモが，彼に生きていこうと決めさせたかと思うと，彼は，話しているうちに涙が出て仕方がなかった。)

　"这么／那么"は，直接名詞を修飾できないので，Aタイプ"一个这么／那么N"にならない。直接名詞を修飾してその属性をいえない以上，㊺，㊻のようなBタイプの"这么／那么"は属性そのものではあり得ない。そこに何が托されているのか。"有"構文との関係から見ることにする。

㊼ 有这么一个女儿，她的父母真有福气。
(こういう娘がいて，彼女の両親は本当に幸せだ。)

㊽ 区里评选"文化活动先进街道"，才不听你的《西厢记》哪，有那

　　　　么一段《结扎好》，齐了！〈找乐〉
　　　　(区で"文化活動先進地区"を選ぶのに，『西廂記』など聞くわけがな
　　　　い，『結扎好』なんかの一段でもあれば，それで十分だ！)
　　存在を前提としない"有"構文と，既に前提としているBタイプ，こ
の矛盾するものがなぜ共起するのか。㊼，㊽のような"有这么／那么一
个N"は，Aタイプが共起した"有"構文とはレベルが異なる。
　　㊾　我有<u>一位挺不错的女朋友</u>，也在这个城市工作。〈诱惑〉
　　　　(私には，やはりこの町で働いている，<u>とてもすばらしい女友達</u>がい
　　　　る。)
　　㊷　我们班上也有<u>一个这样／那样的学生</u>，刻苦学习，准备考大学。
　　　　(私達のクラスにも<u>こんな／そんな学生</u>がいて，懸命に勉強し，大学
　　　　受験に備えている。)
　　㊿　*有<u>这么／那么个人</u>，也在图书馆工作。
　　　　(やはり図書館で働いている，<u>こういう／そういう人</u>がいる。)
　　Aタイプは，"有"構文に於いて，所謂兼語式を構成できる。つまり，
㊾，㊷の"一位挺不错的女朋友"(とてもすばらしい女友達)，"一个这样／
那样的学生"(こんな／そんな学生)は，"有"の目的語であり，同時に，"也
在这个城市工作"(やはりこの町で働いている)，"刻苦学习，准备考大学"
(懸命に勉強し，大学受験に備えている)の主語でもある。しかし，Bタイプ
である"这么／那么一个N"は，同じレベルでは兼語式を構成できない。
㊿に示すように，目的語である"这么／那么个人"(こういう／そういう人)
について後で叙述できない。
　　目的語である名詞に対する叙述ができない，それはその必要がないか
らである。㊿の"这么／那么个人"の"这么／那么"には，"也在图书馆
工作"(やはり図書館で働いている)という，"人"に関する情報が既に含ま
れている。それを更に説明すれば，情報が重複し，価値を失う，言い換
えると，"有这么／那么个人"は，それ以前に，例えば"有一个人在图书
馆工作"(やはり図書館で働いている人がいる)がまずあって，そのうえでの
発話である。同じ"有"構文でも，既に，最初の存在提示の段階を経て
いる。だから，"有这么／那么一个N"は従属節になることが多い。㊼，
㊽をもう一度見てみよう。
　　㊼　有<u>这么一个女儿</u>，她的父母真有福气。
　　　　(<u>こういう娘</u>がいて，彼女の両親は本当に幸せだ。)

定語の指示機能　　193

㊽　有那么一段《结扎好》，齐了！〈找乐〉

（『結扎好』なんかの一段でもあれば，それで十分だ！）

㊼，㊽は，“她的父母真有福气”（彼女の両親は本当に幸せだ），“齐了！”（十分だ）が主節で，同時に，“こういう娘がいる”や“『結扎好』なんかの一段がある”ことに対する評価でもある。主節でモノの存在に対する評価をいう。ということは，“这么／那么一个N”の“这么／那么”には，Nの属性はもちろん，それ以上に，その属性に対する評価が托されているのである。㊼，㊽で，両親にとって幸せ，評価し選ぶ人間には十分，と評価できるのは，“这么”，“那么”に娘の属性に対する好感，好意，『結扎好』という芝居への軽視が込められているからである。モノの存在に対する評価より，モノ自体に対する評価が先である。そしてこれは，“这样／那样”のBタイプの場合も同じである。それは次の例の文脈から明らかである。

(51)　她也为自己找到这样一个丈夫，高兴得象喝醉了酒似的，有点迷糊起来。〈猫妈〉

（彼女はまた，自分のために，こういう夫を見付けて，うれしくて酒に酔ったようになり，少しぼうっとしてきた。）

(51)は，“这么一个丈夫”（こういう夫）がいることがうれしいのだから，当然，“这样”には夫の属性に対する評価（好意）が込められている。

(51)の“找到”も発見動詞といえるが，已然で，既に存在していると想定していたモノが“見付かった”ということで，想定していたモノの存在が確認されているので，Bタイプと共起している。これが未然で，たとえば“会找到”（見付かるだろう）という場合は，想定しているモノの存在を確認できないので，Bタイプと共起しない。

そして重畳形式も，Bタイプになる契機は同じである。第2章で述べたとおり，最初に存在を提示する“有”構文とは共起しないが，その存在提示を既に経た従属節の“有”構文とは共起する。(52)が示すとおりである。

(52)　有老老实实的一个男孩子，他的父母反倒也不放心。

（おとなしい男の子を持っていても，両親はむしろ心配だ。）

(52)は，単におとなしいという属性をいうのではなく，その属性に対する評価，ここでは心配の種となる消極的評価である。

重畳形式もまた，Bタイプが“有”構文と共起する場合，兼語式を構成できない。

(53) *有白白胖胖的一个姑娘，在门口走来走去。
（色白でぽっちゃりした娘が入口を行ったり来たりしている。）

評価が込められているということは，そのモノに対する叙述を既に経ているということで，更なる叙述を避けるのである。

“这样／那样一个N”，“这么／那么一个N”の場合を観察することによって重畳形式のBタイプは，属性に対する評価をいうものであることが明らかにされた。属性に対する評価，属性に関するものだが，属性からは既に遠い。属性を一旦突放したうえで，それに対して評価する。評価を与えるということはある位置に位置づけるということである。それが属性を以て指示するということである。

ところで，物語や会話の冒頭で，“从前有这么／那么一个故事”（昔々こういう話がありました），“有这么／这样一个人”（こういう人がいてね）などと，言い切りのかたちでいうことがあるが，それは，後に続くべき，作者や話者の，話や人の存在に対する評価を伏せて，読者や聞き手に委ねているのである。それによって，次に展開される話への興味が引き寄せられる。

4．“很／非常”と“定＋的＋数量”

最後に“很／非常”等について見ることにする。

(54) 大黑猫领着小力和小闹跑了很长一段路，跑出自己的村子，已经到了另外一个村子里了。〈这是〉
（大きな黒猫は小力と小鬧を引きつれて，とても長い道程を駆けて，自分の村を出て，既に他の村に着いていた。）

(55) 一是他没有小孩子，冷冷清清，挺大的一个人举着一挂鞭自己点火自己放，有什么意思。〈拜年〉
（ひとつには，彼には子供がなくて，寂しく味気ないもので，大の大人が，一人で爆竹を持って，自分で火をつけて，一人で鳴らしたところで，面白くも何ともないからだ。）

(54)，(55)は，⑳，㉑の再録だが，“很／非常”等がBタイプになるのも重畳形式と同じ理由による。それは，“这么／那么”が程度に関わる場合を見ると明らかである。“这么／那么”が程度に関わるとき，その場で手ぶ

り等で何かに喩えて程度そのものを表す場合と，程度そのものでなく，話者の誇張，感嘆を表す場合がある。[5] 前者は数量詞が前のAタイプ，後者は数量詞が後のBタイプになる。誇張，感嘆とは話者の評価に他ならないからである。

㊝　我要<u>一个这么大</u>的。
　　（私は<u>これくらいの大きさ</u>のものが欲しい。）

㊝　他们做梦也想不到我会在海滩弄出<u>这么好的一个</u>东西来。〈童眸〉
　　（彼らは，私が砂浜で，<u>こんなにいいもの</u>を作り出すとは夢にも思っていない。）

㊝　没钱雇车，扛着<u>那么重的一个</u>包袱，一路小跑到那老大夫的家。〈最后〉
　　（車を雇うお金がなくて，<u>あんなに重い包み</u>を肩に担いで，一路小は，あの老医師の家まで駆けて行った。）

㊝はAタイプで，"これくらいの大きさのもの"と，程度そのものを表している。しかし，㊝，㊝はBタイプで，"こんなにいい"，"あんなに重い"と，話者の誇張，感嘆である。このBタイプが誇張，感嘆であることは，感嘆文によく用いられる"多／多么"と同じ位置であることからも証明される。感嘆の"多／多么"はBタイプになる。

㊝　小弟弟……<u>多好的一个</u>小弟弟啊！〈童眸〉
　　（あぁ……<u>なんとすばらしい子</u>なんだろう！）

しかし，同じ"多／多么"が，単に程度を問うものとして用いられるときにはAタイプになる。

㊀　你不知道我犯了<u>一个多么大</u>的错误……〈童眸〉
　　（あなたは私が<u>どれほど大きな</u>過ちを犯したか知らない……）

このように，Bタイプは，単にある属性の程度をいうのではなく，その属性に対する誇張，感嘆，つまり評価を示す。

"很／非常"等も，他との比較がなく，話者の内なる一般的標準に照らした程度の属性を持つものとしていうのではなく，その属性に対する評価へと転じたときにBタイプになる。㊓の"很长一段路"は，"大黑猫"達が駆けるのに"とても長い道程"であり，㊔の"挺大的一个人"は，爆竹を一人で鳴らして遊ぶには"随分年をとっている人"であって，"大の大人"という訳がふさわしい。

以上，重畳形式も"很／非常"等も，Bタイプは，属性に対する評価を

托すものである。そして，唯一最高の"最"と同じく指示的である。評価は，属性を一旦突放したうえで与えられる位置づけで，その属性を持ったモノの存在が前提となっていなければならないからである。重畳形式，"很／非常"等のBタイプが，唯一最高の"最"と同様，モノの存在を前提としていることは，文法機能の特徴から明らかである。指示は，モノの存在なくしてはあり得ない。

しかし，指示的とはいえ，重畳形式，"很／非常"等のBタイプは，唯一最高の"最"や場所等を表す定語ほど強力ではない。というのは，後者は，"这／那"の出現頻度が低く，たとえ出現しても定語の後にくることができるからである。それだけ，定語の指示性が強いといえる。[6] 例えば次のとおりである。

㉛ 我们班上最优秀的这个学生。
（我々のクラスで一番優秀なこの学生。）
㉜ 邻村的那个姑娘。
（隣村のあの娘。）

ところが，重畳形式，"很／非常"等は，"这／那"が出現すると，Bタイプではなく A タイプになってしまう。

㉝ 那群稀稀落落的人影已经走到了池塘边上。〈风琴〉
（その疎らな人影はすでに池の端まで行った。）
㉞ *稀稀落落的那群人影已经走到了池塘边上。
㉟ 这个很／非常可爱的孩子是王老师的女儿。
（このとても／非常に可愛い子は王先生の娘さんだ。）
㊱ *很／非常可爱的这个孩子是王老师的女儿。

㉝の"那群稀稀落落的人影"（その疎らな人影），㉟の"这个很／非常可爱的孩子"（このとても／非常に可愛い子）を，㉞，㊱のようにBタイプにすることはできない。指示的とはいえ，ここに属性で以て指示することの限界がある。より強力な指示性を持った"这／那"の前に出ることができない。

指示性に強弱こそあるが，凡そBタイプは指示のための構造である。

〈注〉

1） 朱德熙 1956，「现代汉语形容词研究」，『语言研究』1956年第1期。

定語の指示機能　　197

2）同上。
3）原由起子 1990,「"最"と数量詞の位置について」,『中国語学』237, 日本中国語学会, 1990。本書所収。
4）崔永华 1982「与褒贬义形容词相关的句法和词义问题」,『语言学论丛』第9辑, 商务印书馆, 1982。
5）吕叔湘主编 1980,『现代汉语八百词』, 商务印书馆, 1980。
6）吕叔湘 1985,『近代汉语指示词』, 学林出版社, 1985。

<主要参考文献>

朱德熙 1956,「现代汉语形容词研究」,『语言研究』1956年第1期。
A・A龙果夫 1958,『现代汉语语法研究』, 科学出版, 1958。
范方莲 1963,「存在句」,『中国语文』1963年第5期。
佐久間鼎 1966,『現代日本語の表現と語法』, 恒星社厚生閣, 1966。
寺村秀夫 1976,「連体修飾のシンタクスと意味」2,『日本語・日本文化』No. 5, 1976。
橋本萬太郎 1977,「中国語の叙述修飾語と制限修飾語」,『中国語』3月号, 大修館書店, 1977。
鄧守信 1977, A Semantic Study of Transitivity Relations in Chinese, 台灣學生書局, 1977。
大河内康憲 1977,「第一, 第二, 上, 下など」,『中国語』9月号, 大修館書店, 1977。
詹开第 1981,「有字句」,『中国语文』1981年第1期。
奥田寬 1982,「说"一个"」,『中国語学』229, 中国語学会, 1982。
織田稔 1982,『存在の様態と確認——英語冠詞の研究』, 風間書店, 1982。
李英哲 1983,「汉语语义单位的排列次序」,『国外语言学』1983年第3期。
木村英樹 1983,「『こんな』と『この』の文脈照応について」,『日本語学』11月号, 明治書院, 1983。
刘月华 1984,「定语的分类和多项定语的顺序」,『语言学和语言教学』, 安徽教育出版社, 1984。
吕叔湘 1985,『近代汉语指示词』, 学林出版社, 1985。
范继淹 1985,「无定NP主语句」,『中国语文』1985年第5期。
大河内康憲 1985,「量詞の個体化機能」,『中国語学』232, 中国語学会, 1985。
陈平 1987,「释汉语中与名词性成分相关的四组概念」,『中国语文』1987年第2期。
中川正之 1987,「描写と限定」,『中国語』8月号, 大修館書店, 1987。

田窪行則 1989,「名詞句のモダリティ」,『日本語のモダリティ』, くろしお出版, 1989。
中川正之・李浚哲 1992,「日中両国語における数量表現」, 大河内康憲編,『日本語と中国語の対照研究論文集』上, くろしお出版, 1992。
John Lyons 1977, "Deixis and Anaphora", edited by Terry Myers, *The Development of Conversation and Discourse,* Edinburgh Univ. Press, 1977.

〈引用文献〉

蒋子龙 1982,「拜年」,『全国优秀短编小说评选获奖作品集 1982』, 上海文艺出版社, 1983。〈拜年〉
金近 1984,「猫妈妈的担心」,『爱听童话的仙鹤』, 人民文学出版社, 1984。〈猫妈〉
金近 1984,「这是小狗捡的」,『爱听童话的仙鹤』, 人民文学出版社, 1984。〈这是〉
张炜 1988,「童眸」,『童眸』, 北京十月文艺出版社, 1988。〈童眸〉
张炜 1988,「黄沙」,『童眸』, 北京十月文艺出版社, 1988。〈黄沙〉
格非 1989,「风琴」,『人民文学』1989年第3期。〈风琴〉
查建英 1989,「献给罗莎和乔」,『人民文学』1989年第3期。〈献给〉
杨剑敏 1989,「诱惑」,『人民文学』1989年第3期。〈诱惑〉
李蔚 1989,「临界」,『人民文学』1989年第3期。〈临界〉
史铁生 1989,「神经内科」,『人民文学』, 1989年第3期。〈神经〉
张洁 1989,「最后的高度」,『人民文学』1989年第3期。〈最后〉
陈建功 1989,「找乐」, 刘颖南・许自强编,『京味小说八家』, 文化艺术出版社, 1989。〈找乐〉

本文中の例文のうち, 上記の文献以外の作例については, 中国人インフォーマントのチェックを受けた。

"一个什么样的人"と"什么样一个人"

0．はじめに

性質，状態を尋ねる疑問代詞"什么样""怎么样"が定語になるとき，数量詞は，これら定語の前後に現れ，次のように，A，Bいずれの形式にもなる。

A："一个什么样／怎么样的N"
① 你妈妈是<u>一个什么样的人</u>呢？我还没见过。
　（あなたのおかあさんは<u>どんな方</u>ですか？ 私はまだお会いしたことがありません。）
①′？你妈妈是<u>什么样的一个人</u>呢？我还没见过。

B："什么样／怎么样(的)一个N"[1)]
② 你忘了你父亲是<u>什么样一个人</u>啦！〈雷雨〉
　（あなたはあなたのおとうさんが<u>どういう人</u>か忘れたの！）
②′？你忘了你父亲是<u>一个什么样的人</u>啦！

例①はA，②はBの形式だが，これを逆にして，①にB，②にAを用いた①′，②′は不自然である。"什么样"を"怎么样"にしても同様である。

AとBはどう違うのか。同じ疑問代詞だが，疑問詞として，それぞれ何を問い，答えに何を求めているのか。

①と②の違いは，"这样""那样"，更には描写的形容詞が，A，Bふたつのタイプになる際の違いに通じていく。朱徳熙1956は，描写的な乙類形容詞は潜在的な指称性があり，"雪白的纸"は，しばしば特定の紙を指す，としているが，[2)] その描写的形容詞も，数量詞を伴うとき，指示代詞"这样""那样"と同様に，やはりA，Bふたつのタイプになる。本稿は，"什么样"のAとBの意味・機能の違いを，特に"这样"の場合とともに明らかにし，描写的形容詞と数量詞の位置の問題を更に考える手がかり

としたい。
　その際，"什么样""怎么样""这样"のA，Bを，それぞれ〈什么样A〉〈什么样B〉，〈这样A〉〈这样B〉と記す。尚，量詞は"个"に限らない。

1．既知・未知と特定実在物の有無

　まず，〈什么样A〉，〈什么样B〉それぞれの出現状況を見ながら，次の二点について比較する。
　1）疑問の対象となっている事物が，発話者(質問者)にとって既知のものか，或いは未知のものか。
　2）発話者(質問者)から見て，一定の文脈のなかで特定できる実在物があるのかどうか。

（1）　既知と未知

　〈什么样A〉は，未知の存在について初めて尋ねるのに用い，〈什么样B〉は既知の存在に対する疑問である。
　〈什么样A〉
　　③　那年秋天，我随导师踏上了徒步考察长城的征程。进入陕甘宁蒙一带，我的心整日被强烈地震撼着。那是一片什么样的土地呵，大沟横断，小沟交错，沟中有沟，原本平展开阔的黄土高原被洪水切割成狰狞的黄土林。〈绝地〉
　　　(その年の秋，私は指導教官に従い長城の徒歩視察遠征の途についた。"陕甘宁蒙"一帯に入ると，私の心は終日強烈に震えていた。それはどんな土地か，大きな谷が横切り，小さな谷が交錯し，谷の中に谷がある，もとは開けた平らな黄土高原が洪水に切断されて険しい黄土林になっている。)
　　④　我跟隔壁的人很熟悉，知道他是什么样的一个人。
　　　(私は隣の人をよく知っていて，彼がどういう人だかわかっている。)
　たとえば例③はAだが，"陕甘宁蒙"一帯は初めての土地で，それがどんな土地なのかといっている。それに対してBの④では，"我"にとって"他"は，旧知の，しかもよく知っている相手である。

（2） 特定の実在物の有無について

　Aは，特定の実在物がない場合があるが，Bは，必ず特定の実在物がなければならない。
　〈什么样A〉
　　⑤　你买的是一件什么样的衣服？
　　　　（あなたが買ったのはどんな服ですか？）
　　⑥　依你看应该造一堵什么样的围墙？　具体点。〈围墙〉
　　　　（君が見てどんな塀をつくるべきだと思う？　具体的に。）
　〈什么样B〉
　　⑦　其实，班文也是把厂长当市长当的。且看班文是怎么样的一个"市长"。大处着眼，是班文的明智之处。〈班文〉
　　　　（実際，班文も工場長を市長にも相当するものとして務めていた。まずはどういう"市長"か見ればわかる。大所高所に立って見るのは班文の賢明なところである。）
　Aの例，⑤の"一件什么样的衣服"は，既に買われて実在しているが，まだ色やかたちを知らない服についての質問である。しかし⑥は，これからつくろうとしている塀のことであり，まだ実在していない。
　一方Bは，⑦が示すとおり，"怎么样一个市长"は，特定の人物"班文"に対する疑問である。
　このように，Aは，発話者にとって中身のわからない未知の存在についての質問で，特定の実在物がある場合も，ない場合もある。対するBは，発話者にとって既知の存在についての質問に用いられる。

2．〈这样A〉と〈这样B〉

　使用状況から，〈什么样A〉と〈什么样B〉の違いを見たが，ここで，A，Bの〈什么样〉とparadigmaticな〈这样A〉と〈这样B〉についても見よう。
　"什么样"は性質，状態を問うのに対し，"这样"は性質，状態をいう指示代詞だが，数量詞を伴うと，やはりA，Bふたつのタイプになる。そのA，Bの違いが"什么样"の場合と一致するかどうか。また，"这样"

は，指示代詞でありながら，なぜ数量詞の後ろにきてAタイプにもなるのか。この二点を見ていくことにする。

　数量詞"一个"を伴った名詞"一个N"は個別化された特定のものである。名詞が連体修飾語を伴っても同様で，モノが持つ属性によって個別化された特定のものを表す。[3]　しかし，"一个N"がそうであるように，"一个定语N"も，ときに特定の実在物がなく，不特定になることがある。[4]〈这样A〉もまた，実在物の有無に関しては，どちらもあり得る。

〈这样A〉
　⑧　这件衣服式样很好。我也有<u>一件这样的衣服</u>。
　　　（この服はデザインがとてもよい。私も<u>こんな服</u>を持っている。）
　⑨　看到水，她又想到将来她要盖<u>一间双层玻璃的雕塑室</u>，玻璃之间，灌满了水。我就说："将来我为自己设计住宅时，一定为你<u>预备一间这样的水晶宫</u>。"〈在悬〉
　　　（水を見ると，彼女はまた，将来二重ガラスを使ったアトリエを建て，ガラスとガラスの間に水を満たしたいと思った。そこで私はいった。"将来僕が自分のために家を設計するとき，きっと君のために<u>そんな水晶宮を一部屋用意する</u>よ。"）

⑧の"一件这样的衣服"は，発話者が現に持っている服のことである。ところが，⑨の"一间这样的水晶宫"は，これから造られるかもしれない，まだ存在していない部屋で，彼女が思い描いているのと類似した部屋という意味である。

　特定実在物の有無にかかわらず，〈这样A〉の"这样"はモノ（或いはコト）の属性を代替している。⑧，⑨でいうと，"デザインが美しい"，"二重ガラスに水を満たした"という替わりをしている。

　一方，〈这样B〉は，必ず特定の実在物があり，"这样"は，指示詞本来の位置にあり，指示機能を果たしている。

〈这样B〉
　⑩　不放过一个任何机遇，是班文的特点……抢机遇又是班文的过人之处。有<u>这样一个"市长"</u>，庆化人不怕不上时代的快车。〈班文〉
　　　（いかなるチャンスも逃さないのは班文の特質であり，チャンスを競ってものにするのは，また班文が人より優れている点である。……<u>こういう"市長"</u>がいれば，慶化の人々は時代の急行列車に乗り遅れる

心配はない。)

　⑩の"这样一个市长"は明らかに，チャンスを逃さずものにする，人より優れた人物班文を指している。

　呂叔湘 1985は，このような前方照応の場合，性質を指示している，[5] としている。それは，性質そのものというより，その性質を，一定範囲内での他者との相対的関係において，あるところに位置づけ——指示している。即ち，一旦は属性を代替し，更に，限られた場のなかで，属性の相対的位置を指し示すのである。⑩でいうと，"チャンスを逃さずものにする"特性は，"人より優れている"という位置が与えられている。

　このことは，次の例によく現れている。

⑪　每一个搞事业的人，在他的一生中总有最值得怀念，最值得回味的年代。对于我来说一九六三年就是这样一个年代。〈丁香〉
（仕事をしている人は誰でも，一生のうち，最も懐かしみ，回想に値する年代があるものだ。私にとっては一九六三年がそういう年だ。)

　ここで"这样一个年代"は，一生という限られた時間のなかで，1963年という一点を指して，最も懐旧に値する，そういう年だといっている。仮にこの〈这样B〉を〈这样A〉にすると，両者の差が鮮明になる。

⑪′?每一个搞事业的人，在他的一生中总有最值得怀念，最值得回味的年代。对于我来说。一九六三年就是一个这样的年代。

　⑪の〈这样B〉を〈这样A〉にした⑪′は，最も懐旧に値する年がいくつかあって，一九六三年はそのうちのひとつということになり，元の意味とは違ってしまう。これは〈这样A〉の"这样"は，指示代詞として本来持っている指示機能が働いていないことを示している。特定実在物がなくてもよいということ自体，指示的でないといえるが，数量詞の後ろ，名詞の前という位置が，指示機能を押さえ，代替機能を前面に押し出すと考えられる。

　以上，〈这样A〉は，他の"数量＋定語＋N"と同じく，実在物がない場合もあり，最大限，"这样"が代替する属性による個別化，特定化にとどまる。これに対して〈这样B〉は，必ず特定実在物があり，"这样"は，その属性を代替したうえで，相対的に促えて指示する。

　このように，使用状況から見ると，〈这样A〉と〈这样B〉の違いは，特定実在物の有無に関して，〈什么样A〉，〈什么样B〉の違いと一致しているが，文法形式の面ではどうだろうか。

3. 文法形式

(1) 存現文との関係

　陈平 1987によると，たとえば"定指"(definite)，"不指定"(indifinite)のどちらにもなり得るひとつの名詞句の形式が，それが生起する文法形式によって，いずれかに決定されることがあるが，[6] 存現文もそのような形式のひとつである。存在，出現等を表す存現文の目的語には，不特定，不定の成分がくるが，この構造には，"什么样"，"这样"ともにAタイプが共起する。

　⑫　隔壁住着一个什么样的人呢？我还没见过。
　　　（隣にはどんな人が住んでいるの？　私はまだ会ったことがない。）
　⑬　按照土司的法律，一个人犯了偷窃罪，就坎去那只偷了东西的手。如果偷东西的人不认罪，就要架起油锅，叫他从锅里打捞起一样东西。据说，清白的手是不会被沸油烫伤的。官寨前的广场上很快就架起了一口这样的油锅。〈月光〉
　　　（土司の法律では，窃盗罪を犯すと，盗みをした手を切り落とす。もし盗みをした者が罪を認めなければ，油の入った鍋を用意して，その者に鍋の中から同じものを拾い上げさせる。潔白な手は，煮えたぎる油によっても火傷をしないのだそうだ。役所の前の広場に，すぐにそのような油の鍋がしつらえられた。）

　⑫は存在，⑬は出現を初めて提示する文だが，このような文の目的語を〈什么样B〉にはできない。

　⑫′＊隔壁住着什么样一个人呢？我还没见过。
　⑬′＊官寨前的广场上很快就架起了这样一口油锅。

　⑫′，⑬′の不成立は，初めて存在や出現を提起するのに，既知の存在物への疑問の形式である〈什么样B〉や，特定のものへの指示であり，既に定のものである〈这样B〉は，構文の表す意味に矛盾するからである。
　しかし，存現文と同じ語順でも，変化と結果を表す文にはBタイプが共起する。

　⑭　出现了这样一个事实，他并没有按照自己事前设计的那样一直往前，而是在十字路口处往右走上了那条指示着荒凉的大道。〈鲜血〉

（こういう事実が明るみに出ると、彼は事前に自分で考えていたようにまっすぐ前進することはせず、荒涼たる大道を指している右の方へ歩みだした。）
⑮　出现了什么样一个事实？
　　　（どういう事実が明るみに出たのですか？）

⑭は、隠れていた事実が明るみになるという変化と結果を表しており、事実は既にあったものである。また、⑭の"这样一个事实"を"什么样一个事实"にした⑮も成立する。

初めて存在、出現等を提示するときにはAタイプ、その存在が前提となっているものに起こった変化と結果をいうものにはBタイプが用いられる。つまり"什么样"、"这样"ともに、AとBでは使われる段階が異なるということである。

"这样"に関しては当然、最大限、代替した属性による個別化、特定化にとどまる〈这样A〉が先に、既に特定ずみのものに対して指示をする〈这样B〉が後で用いられる。

また、"什么样"についても、特定実在物の有無、存現文との共起関係が"这样"の場合と一致していることから、Aが先、Bが後と予測されるが、更に詳しく見てみよう。

（2）　使用段階の違い

質問の順序からすると、中身のわからない未知の対象について尋ねる〈什么样A〉が先で、既知の存在への疑問である〈什么样B〉が後であるが、AからBに至る経緯は次のとおりである。
⑯　邻居是一个什么样的人呢？　我还没见过。
　　　（お隣はどんな方ですか？　私はまだ会ったことがありません。）
　　　　　　↓
⑯′　你们的邻居是一个年轻姑娘。
　　　（お宅のお隣は若い娘さんですよ。）
　　　　　　↓
⑰　我已经见过那位姑娘。不过她是什么样的一个人，我还不知道。
　　　（私はもうあの娘さんに会いました。でも彼女がどういう人かはまだわかりません。）

⑯→⑯′→⑰のように、まず面識のない隣人のことは〈什么样A〉で"どんな人"か尋ね、"若い娘"だという情報によって特定され既知の存在となった後、〈什么样B〉で"どういう人"かを尋ねる。

このように〈什么样A〉と〈什么样B〉は、使用される段階、即ち質問のレベルが違うということは、答えとして求めるところが異なるということである。

〈什么样A〉は、未知の対象を、それが持つ属性によって個別化、特定化することを求める。それが文脈から見て取れる例を挙げる。

⑱　对眼前出现的这一幕，两位姑妈表现出极大的热情，她们觉得一辆奥迪在父亲的身边打开车窗，这意味着车内的人一定与父亲相识，她们急于想知道会是<u>一个什么样的人</u>，于是她们向父亲这边走来，她们进入一种小跑步的状态……〈太平〉

（目の前に現れた光景に、ふたりの叔母は非常に強い関心を示した。彼女たちはアウディが父のそばで窓を開けたということは、車の中の人はきっと父の知り合いだと思った。彼女たちは<u>どんな人</u>か知りたいと焦った。そこで父の方へ歩いてきた。彼女たちは軽い駆け足状態になった……）

⑱は、アウディの中の人が誰か、叔母達は知らない。その人を見て、個として識別、特定するために、車の方向へ近寄ろうとしている。

次の⑲は、③の再録であるが、〈什么样A〉での問いに対し、その答えも同じ文中に示されている。

⑲　那是<u>一块什么样的土地</u>呵，大沟横断，小沟交错，沟中有沟，原本平展开阔的黄土高原被洪水切割成狰狞的黄土林。

（それは<u>どんな土地</u>か。大きな谷が横切り、小さな谷が交錯し、谷の中に谷がある。もとは開けた黄土高原が洪水に切断された険しい黄土林になっている。）

ここでは、"どんな土地"との問いに、土地の形状で"黄土林"を特定している。形状のような外見的なものにとどまらず、内面的性質である場合もあるが、それを個として特定するためのものとして捉える。ただ、個の識別の順序として、まずは目に見える特性から始まる。

次に、特定既知の対象に対する疑問である〈什么样B〉は、その対象の属性を一定範囲のなかで、他者との相対的関係において捉えなおし、指示することを要求する。⑦、⑩の再録である⑳を見てみよう。

⑳ 其实，班文也是把厂长当市长当的。且看班文是怎样的一个"市长"。大处着眼是班文的明智之处。……不放过任何一个机遇，是班文的特点，抢机遇又是班文的过人之处。

（実際，班文も工場長を市長にも相当するものとして務めた。まずは班文がどういう"市長"か見ればわかる。大所高所に立って見るのは班文の賢明なところである……いかなるチャンスも逃さないのは班文の特質であり，チャンスを競ってものにするのは，また班文が人より優れている点である。）

⑳は，"班文"が"どういう市長"かという問いかけに，単に大所高所から見たり，チャンスを逃さずものにする，という特性をいうのではなく，"市長"という枠のなかで他と比較し，賢明で優秀であると相対的に位置づけている。

このように，〈什么样A〉と〈什么样B〉は，質問でのレベル，答えに要求しているものが異なる。

ここで，最初に挙げた例文に話を戻そう。①，②，の①′，②′への言い換えが難しい理由は既に明らかであろう。①は，質問者とって未知の存在"你妈妈"についての疑問である。それを①′のように〈什么样B〉にすると，段階をひとつ飛び越して，まだ特定化以前にある対象を，いきなり他者との相対的関係のなかに置くことになり，その無理が文としての不自然さにつながる。逆に②は，母親の息子に対する質問で，質問者，聞き手双方にとって父親は特定の存在である。特定ずみとして〈什么样B〉を用いている。これを〈什么样A〉にした②′は，段階を特定化以前まで逆戻りして，父親の顔かたちまで忘れてしまったのかと聞いているような不自然さがある。

4．指示について

さて，属性による指示，或いは属性による指示を求めるとはどういうことなのか。指示とはいえ，〈这样B〉は，"这一个N"とは振る舞いを異にしている。たとえば，〈这样B〉は主語になりにくく，特に題述文の主語にはなりにくい。[7] 次の例が示すとおりである。

㉑ ?这样一个东西很好。

(こういう品物はとてもよい。)

㉑は不自然である。なぜだろうか。木村英樹 1990は,"这个"は"这"と異なり,題述文の主語になるとしているが,[8] "这一个N"も同様で,"述語で述べられる属性の持ち主としてのモノやコトを表し示す"が,意味内容の点では空に近い。しかし〈这样B〉は,内容が豊かである。〈这样B〉として指示に至るまでには,事物の存在の提示,それに対する特性叙述,特性(属性)による個別化,特定化を経てきている。既に特性叙述がすんでいるものに,更に叙述をすると,その過程を逆行することになる。それが,定のものでありながら〈这样B〉を主語の位置にたちにくくし,㉑を不自然にしている。[9]

しかし,〈这样B〉が主語になる場合がない訳ではない。次のような例が見られる。

㉒ 看来,这个人年纪很轻,在课里的地位也不高。这样一个人还经常跑酒吧,搞女人。花钱一定很多,薪水少是办不到的。太可疑了。这个人究竟干了些什么呢?〈白衣〉
(こうしてみると,年齢も若いだけに彼は大した地位ではないらしい。あんな男がバーに通い,好きな女と勝手なことをしている。相当金を使うに違いないが,安月給でよくそんなことができるものだ。どうもおかしい。あの男,なにをやっているのかわからない。)

〈这样B〉が主語になるのは,この例のように対比がある文に多い。文中の"这样一个人"は,若くて地位も高くない男を指しているが,この文は,こういう男がバー通いをすることが一般的通念に反することをいっている。その背景に,年配で,地位のある人物との対比があることは確かである。この種の対比の場合,述部で述べられていることは,主語"这样一个人"が既に経てきた特性叙述の内容と矛盾する。その矛盾故に,一旦経過した特性叙述の繰り返しにならず,指示に至るまでの過程を逆行しないですむ。それで㉒は成立する。これは,述部が〈这样B〉に対する直接の叙述でなければよいということにつながる。

そして同じことが,"这样"が数量詞を伴わない"这样的N"が定のものとして主語になっている場合にもいえる。㉒'に示すとおりである。

㉒' 身上那件棉袄穿了十三年,唯一一件灰卡叽布新衣,总是进县城开会才穿上……这样的人都要挨斗争,竹妹怎么想得通?〈爸爸〉
(身につけているあの綿入れは十三年も着ていて,唯一の灰色のサー

210

ジの新しい服は，会議のために県城へ行くときにしか着ない……こ
ういう人まで批判されるなんて，どうして竹妹に納得できようか？）

数量詞がなくて，個別化，特定化が明示的でない"这样的N"は，〈这
样B〉より制限は緩い。

指示するものとして〈这样B〉は，内容が豊かであるからこそ受ける
制限があるが，現場指示にあまり使われないのも同じ理由による。

たとえば店頭で，欲しい服を直示して，㉓のようにいうことがない訳
ではないが，そのような場面では，やはり㉔のように，まずは"这(一
个)N"が用いられる。

㉓ 我要这样一件衣服。
（私はこういう服が欲しい。）
㉔ 我要件这(一)件衣服。
（私はこの服が欲しい。）

その場で直ちに指すには，内容が豊富でない方が寧ろ適しているとい
うことである。

しかし，後方照応では〈这样B〉が活躍する。後方照応は，話し手に
はその性質や内容のわかっている事物を，中身を明かさないまま，聞き
手にその存在を提示し，直後に具体的に述べる。話し手にとって既知の，
具体的事物が存在し，必ず間近に示されるのだから，〈这样B〉の特徴と
合致する。たとえば次に示すとおりである。

㉕ 那两排洁白的牙齿使我想起洁白的棉花，有时还想起有青苔拂动
的溪水的透明度，还有诸如这样一些东西：镜子、玉米粒、或者
窗口中镶嵌的一排石头。〈蝴蝶〉
（あの二列の真っ白な歯は，私に純白の綿花を思い出させる。ときに
はまた苔が揺れている谷川の透き通った水や，更にこういうものを
思い出させる。鏡，とうもろこしの粒，或いは窓辺にはめ込まれた一
列の石等である。）

㉖ 他们到底做过了什么了？ 我问父亲。父亲于是向我讲述了这样一
段往事：父亲告诉我，伯父在我的堂姐之前还有一个女儿，那是
一个十分漂亮的女孩子。〈伤逝〉
（彼らはいったい何をしたのか？ 私は父に尋ねた。そこで父は私に
こういう昔話をした。父がいうには，伯父には，今の従姉の前にもう
一人娘がいて，とてもきれいな女の子だった。）

㉕では指し示されているのが，鏡，とうもろこし，石といったモノであるが，後方照応の場合，㉖のようにコトであることも多い。

　この後方照応には〈这样B〉が用いられ，〈这样A〉はほとんどなく，あっても次のように，目的語に不定の成分を求める形式のなかである。

　㉗　又似乎有意无意地要给他的客户一种这样的印象：他们的汽车已然打进了桌上那些小旗所代表的国家，他随时都有可能在这张桌上接待来自这些市场的商人。〈无雨〉

　　（またそれとなく彼の取引先にこんな印象を与えようとしているかのようだった。彼等の自動車はすでにテーブルの上の小旗が代表する国々へ入っていて，彼はいつでもこのテーブルでそれらの市場の商人を迎えることができると。）

㉗の〈这样A〉は，"给"構文の直接目的語になっている。一般に，二重目的語をとる動詞の直接目的語は不定のものだが，"给"も，間接目的語が人称代名詞である場合を除き，直接目的語の名詞は数量詞が必要で，不定である。[10]　ここで〈这样A〉が使われているのは，この構文の要求である。また意味的にも，殊に数量詞が"一种"で，また"似乎"と共起しているため，後ろで述べていること自体ではなく，それに類似した内容の印象というにすぎず，〈这样A〉，〈这样B〉の使い分けの規律に反してはいない。

　そして，〈这么样B〉も〈这样B〉と同様，主語の位置にたって叙述を受けにくい。

　㉘　？什么样的一个人才合乎你的理想呢？

　　（どういう人があなたの理想にかなうのですか？）

　㉘′　有什么样的一个人才合乎你的理想呢？

　　（どういう人だったらあなたの理想にかなうのですか？）

"什么样一个人"が主語になって直接叙述を受ける㉘は不自然で，㉘′のように"有"の目的語にして叙述を避け，レベルの違う文にすると無理なく成立する。[11]　これは，〈什么样B〉は，属性による指示を求めるもので，指示に至っている〈这样B〉の前の段階にあるとはいえ，やはり個別化，特定化以降に用いられ，既に，叙述を受けていることを前提にしているからである。たとえ，特定化までの過程が明示されていなくても，基本的にそのようなレベルの疑問として提起されるということである。そして，性質による指示，或いは性質による指示を求めるとは，既に例⑩，

⑪や⑳から明らかなように，その性質への評価付け（即ち位置付け）をも内包するものとして示し，或いは示すように要求するということである。

　以上，"什么样"，"这样"に共通するAとBの相違はまた，描写的形容詞と数量詞の位置の問題を更に考えるうえで示唆的である。描写的形容詞のAタイプとBタイプの間にも，既知，未知，特定実在物の有無，存現文との共起関係，使用段階等，"什么样"，"这样"の場合と共通点が多いが，これについては次の課題としたい。[12]

〈注〉

1) 一般に，"这样"，"什么样"等が後ろに数量詞，名詞を伴うとき，"的"を伴わなくてもよいが，実際には，例⑦のように"的"があることもある。
2) 朱德熙 1956,「现代汉语形容词研究」,『语言研究』1956年第1期。
3) 大河内康憲 1985,「量詞の個体化機能」,『中国語学』232, 中国語学会, 1985。
4) 陈平 1987,「释汉语中与名词性成分相关的四组概念」,『中国语文』1987年第2期。
　このなかで，"老杨想娶一位北京姑娘"の"一位北京姑娘"は，"实指"(specific)，"虚指"(nonspecific)のいずれにもなるとしている。
5) 吕叔湘 1985,『近代汉语指代词』, 学林出版社, 1985。
6) 4)に同じ。
7) 木村英樹 1983,「『こんな』と『この』の文脈照応について」,『日本語学』11月号, 明治書院, 1983。
　後方照応の場合，「こんな」は「このN」と違い，題述文の主語にならないとされている。
8) 木村英樹 1990,「中国語の指示詞——『コレ／ソレ／アレ』に対応するもの——」,『日本語学』3月号, 明治書院, 1990。
9) 〈这样A〉は特定ではあり得ても，不定の成分で，本来主語になりにくい。不定成分が主語になる場合については，范继淹 1985,「无定NP主语句」(『中国语文』1985年第5期)に詳しい。
10) 中川正之 1973,「二重目的語文の直接目的語における数量限定語について」,『中国語学』218, 中国語学会, 1973。
11) 存現文と〈什么样B〉が共起しないということは，"有"構文とも共起しないということになる。実際，"有什么样的一个人？"のように言い切りにすると成立しないが，例㉘′のように，存在を初めて提起するのでなく，また，主節ではなく従節に用いられ，あるモノが存在することに対

する評価を言う文では成立する。また〈这样B〉も例⑩のように"有"構文と共起するのは,〈什么样B〉と同じ条件を有するときである。
12) 古川裕 1994,「状態形容詞を含む名詞句の特性——"厚厚的一本书"と"一本厚厚的书"」,『中国語』9月号,内山書店,1994。
古川裕 1996,「指称性词组和陈述性词组」,第五届国际汉语教学讨论会论文,1996年8月8日～8月13日,北京。
これらの論文のなかで,数量詞が後ろにくる"Z+SL+M"の語用論的特徴は"ねじれ"であるとしている。"ねじれ"とは,本文の例㉒のように対比のある文のことであるが,そのように使われるまでにはやはり,個別化,特定化を経ていて,数量詞が前にある"SL+Z+M"とは使用段階が異なる。たとえば次のとおりである。
　Q:他是一个什么样的人呢?
　A:他是一个普普通通的人。
　Q:普普通通的一个人怎么能做这样的事呀?
　また"Z+SL+M"は,存現文全般と共起する訳ではなく,変化と結果を表す文に現れている。

〈主要参考文献〉

佐久間鼎 1966,『現代日本語の表現と語法』,恒星社厚生閣,1966。
呉之翰 1966,「形容词使用情况的一个考察」,『中国语文』1966年第6期。
望月八十吉 1968,「中国語の指示詞」,『中国語学』177,中国語学会,1968。
中川正之 1975,「日中両国語における数量表現」,『日本語と中国語の対照研究』第1号,日本語と中国語対照研究会,1975。
寺村秀夫 1976,「連体修飾のシンタクスと意味」2,『日本語・日本文化』No.5,1976。
相原茂 1976,「構造助詞"de"の省略可能性——Inalienble possession」,『漢文学会会報』No.35,1976。
橋本萬太郎 1977,「中国語の叙述修飾語と制限修飾語」,『中国語』3月号,大修館書店,1977。
朱徳熙 1980,「北京话、广州话、文水话和福州话里的"的"字」,『方言』1980年第3期。
大河内康憲 1981,「这、那、同」,『中国語』8月号,大修館書店,1981。
朱徳熙 1982,『语法讲义』,商务印书馆,1982。
陆俭明 1982,「关于定语易位的问题」,『中国语文』1982年第2期。
中川正之 1982,「中国語の名詞と日本語の名詞」,『未名』2号,神戸大学文学部中文研究会,1982。

木村英樹 1983,「指示と方位——「他那本书」の構造と意味をめぐって——」,『伊地智善継・辻本春彦両教授退官記念中国語学・文学論集』,東方書店,1983。

李崇兴 1986,「宜都话的两种状态形容词」,『方言』1986年第3期。

小川洋通 1986,「テクスト的直示表現」,『英語青年』第132巻第4号,1986。

中川正之 1987,「描写と限定」,『中国語』8月号,大修館書店,1987。

陆俭明 1988,「现代汉语中数量词的作用」,中国语文杂志社编,『语法研究和探索』4,北京大学出版社,1988。

讃井唯允 1988,「中国語指示代名詞の語用論的再検討」,『人文学報』198,東京都立大学人文学部,1988。

相原茂 1990,「『这』『这个』および『这块』など」,『中国語』2月号,大修館書店,1990。

陆俭明 1991,「现代汉语句法里的事物化指代现象」,『语言研究』1991年第2期。

木村英樹 1992,「中国語指示詞の『遠近』対立について——コソアとの対照を兼ねて」,大河内康憲編,『日本語と中国語の対照研究論文集』上,くろしお出版,1992。

金水敏・田窪行則 1992,『指示詞』,ひつじ書房,1992。

朱德熙 1993,「从方言和历史看状态形容词的名词化」,『方言』1993年第2期。

胡文泽 1995,「存现句的时段语义」,『语言研究』1995年第2期。

曹志彪 1996,「非副词的指名性状语浅析」,『汉语学习』1996年第2期。

John Lyons 1975, "Diexis as the Source of Reference", edited by Edward L. Keenan, *Formal Semantics of Natural Language*, Cambridge University Press, 1975.

〈引用文献〉

曹禺 1936,「雷雨」,『曹禺文集』,中国戏剧出版社,1986。〈雷雨〉

黄秋耘 1981,『丁香花下』,百花文艺出版社,1981。〈丁香〉

刘心武 1982,「爱情的位置」,兆岱丹编,『爱』,漓江出版社,1982。〈爱情〉

邓友梅 1982,「在悬崖上」,兆岱丹编,『爱』,漓江出版社,1982。〈在悬〉

陆文夫 1983,「围墙」,『全国短篇小说佳作集』,上海文艺出版社,1983。〈围墙〉

余华 1989,「鲜血梅花」,『人民文学』1989年第3期。〈鲜血〉

松本清张(南敬铭・邓青译)1989,『白衣魔影』(松本清張1982,「地の指」,角川書店,1982),中国文联出版社,1989。〈白衣〉

韩少功 1993,『爸爸爸』,作家出版社,1993。〈爸爸〉

铁凝 1994,『无雨之城』,春风文艺出版社,1994。〈无雨〉

马步升 1995,「绝地之音」,『人民文学』1995年第1期。〈绝地〉
海南 1995,「蝴蝶」,『人民文学』1995年第1期。〈蝴蝶〉
阿来 1995,「月光里的银匠」,『人民文学』1995年第7期。〈月光〉
荆歌 1996,「太平」,『人民文学』,1996年第4期。〈太平〉
高凯 1996,「班文和他的"环江翼龙"」,『人民文学』1996年第6期。〈班文〉
荒水 1996,「伤逝」,『人民文学』1996年第6期。〈伤逝〉

描写性形容詞と数量詞の位置

0．はじめに

　朱徳熙 1956に指摘されているように，描写的な乙類形容詞，たとえば程度副詞に修飾された単音節／二音節形容詞や重疊形式が定語になるとき，数量詞はその前後に現れる。たとえば次のとおりである。[1]
　A："数量＋定詞＋N"
　　① 看見了，是<u>一条很大的海黑鱼</u>，又把鱼钩吞了下去。〈链条〉
　　　（見えた，<u>大きなボラ</u>だ。また釣針を呑みこんだ。）
　　② 突然，我的脚下碰了<u>一个软乎乎的东西</u>。〈我爱〉
　　　（突然足元に<u>軟らかいもの</u>があたった。）
　B："定語＋数量＋N"
　　③ 当然还有衣包里的两万几千人民币——这对一个乡下教书匠来说是<u>很大的一笔财富</u>。〈大款〉
　　　（勿論，まだ衣類の包みのなかの二万数千元がある。——これは一人の田舎教師にとっては<u>たいへんな財産</u>だ。）
　　④ 但我仍把<u>白白的一盆面</u>很快弄成了猪血红，我的头都冒汗了。〈平衡〉
　　　（しかし私はやはり<u>白い麺</u>を揉んですぐに赤くした。顔じゅう汗びっしょりになった。）
　①，②のように数量詞が定語の前にあるものをA，③，④のように後ろにあるものをBとして，この二つの形式の違いはどこにあるのだろうか。
　朱徳熙 1956は，描写的形容詞は本来"指称性"があり，たとえば"雪白的纸"はしばしば特定の紙を指すとしているが，それではなぜ，指示代詞の"这样／那样"までもA，B両方の形式になるのかを説明できない。
　本稿は，AとBの意味，機能の違いが，原1990で扱った"最",[2] 原1997

で論じた"这样"のA，Bの違いと一致し，[3]"什么样／怎么样"のAとBの答に相当することを明らかにしたい。以下"最"，"描写性形容詞"，"这样"，"什么样／怎么样"のAとBをそれぞれ〈最A〉〈最B〉，〈MA〉〈MB〉，〈这样A〉〈这样B〉，〈什么样A〉〈什么样B〉と記す。

1．〈最A〉と〈最B〉

　描写的形容詞のうち，程度副詞に修飾されていない二音節形容詞，たとえば"便宜"等が"的"を伴うと名詞性のものになり，限定的な単音節形容詞に"的"が付いたものと同じく主語，目的語，定語になる。[4] その点，"程度副詞＋単音節／二音節形容詞"や重畳形式に"的"が付くと形容詞性になるのとは異なる。後者は定語，状語，述語，補語になるが，主語や目的語にはならない。しかし，定語になる際の数量詞の位置に関していうと，限定的な"単音節形容詞＋的"が必ず定語の前にくるのに対し，描写的な"二音節形容詞＋的"は，他の描写的形容詞，程度副詞を伴う単音節・二音節形容詞や重畳形式と同様，数量詞は定語の前後に出現する。

　⑤　且在哆咪嗦单调音阶练习之后增加了<u>一些简单的曲调</u>。〈生命〉
　　　（まずはドミソの単調な音階練習のあと，<u>いくらか簡単な調べ</u>が増えた。）
　⑥　那枚核桃已经遍体鳞伤了，从表面上看仍是<u>完整的一个</u>。用手指一碰，它浑身就会散落下来。〈平衡〉
　　　（その胡桃は既に傷だらけで，表面的にはそれでも<u>完全なもの</u>だったが，指で触れると，すぐにバラバラになりそうだった。）

⑤，⑥に示すとおり，数量詞の位置に関しては，"二音節形容詞＋的"は限定的単音節形容詞と一線を画しているが，これと同じことが，程度副詞のうち，"最／更／顶"等が構成する定語と数量詞の位置についてもいえる。

　"最／更／顶"等によって修飾された形容詞も，"的"を伴うと名詞性のものになり，主語や目的語になるが，"最／更／顶＋形容詞＋的"が定語になるとき，数量詞はやはりその前後に出現する。そのうち，とくに"最"と数量詞の位置については，原1990で，"最＋形容詞"は限定的と

されながら，なぜA，B二つの形式になるのかを述べた。それを簡単にまとめると以下のようになる。

まず"最"は二義的で，ひとつは日本語の"もっとも～のうちのひとつ"にあたり，程度としては"非常／特別"に相当する。いまひとつは，程度の序列のなかで唯一最高(或いは最低)を表す。

⑦　他平常最快活的事，一是想，二是写，三是同朋友半夜半夜的聊天。〈黑体〉
　　（彼がふだんもっとも楽しいことは，一に考えること，二に書くこと，三に友人と夜毎語り合うことである。）
⑧　最小的女儿也有了妥善安排，我们都十分高兴。〈表妹〉
　　（末の娘もしかるべき相手を得て私達は皆とても喜んでいる。）

⑦の"最快活的事"は〈最A〉で，楽しいことが三つも挙げられていて，程度としては"非常／特別"に相当する。しかし〈最B〉の⑧"最小的女儿"は長幼の序のなかで一番下で唯一無二である。

この"最＋形容詞"の持つ二つの意味を確実に分岐させ明示するのが，数量詞を伴うときのAとBである。〈最A〉は"非常／特別"の意味，〈最B〉は唯一最高(最低)を表す。それは次の例からも明らかである。

⑨　*富士山是一座日本最高的山。
　　（富士山は日本で一番高い山のひとつである。）
⑨′　富士山是日本最高的一座山。
　　（富士山は日本で一番高い山である。）

富士山は日本で唯一最高の山だが，それをいうときは，⑨のような〈最A〉ではいえず，⑨′のように〈最B〉でなければならない。唯一最高をいえないAタイプは"非常／特別"の程度に止まる。

朱德熙 1956はまた，"最＋形容詞"が限定的である理由として，"最＋形容詞＋的"が名詞性であることを挙げているが，実際には，定語だけでなく状語にもなる。しかしそれは，"非常／特別"の意味の場合で，唯一最高の"最"ではない。

⑩　他最认真地工作。
　　（彼はもっとも真面目に働いている。）
⑩′　他是一个最认真地工作的人。
　　（彼はもっとも真面目に働いているひとりだ。）
⑩″*他是最认真地工作的一个人。

(彼は一番真面目に働いている人だ。)
⑪　他回答得最巧妙。
（彼は一番うまく答えた。）
⑪′　他是回答(得)最巧妙的一个人。
（彼は一番うまく答えた人だ。）
⑪″＊他是一个回答(得)最巧妙的人。
（彼は一番うまく答えたひとりだ。）

⑩の"最认真地"は描写的状語だが、それを定語に言い換えるには、⑩′のように〈最A〉を用い、⑩″のように〈最B〉にはできない。唯一最高の"最"は状語にはならず、⑪のように"得"補語になる。これは定語にするときの数量詞の位置から明らかである。⑪を定語に言い換えるには、⑪′、⑪″が示すように〈最B〉でなくてはならず、〈最A〉にすることができないからである。

このように、描写的状語からの言い換えが可能な〈最A〉は限定的ではなく描写的である。では、描写的な〈最A〉は何を表しているかというと、限定的定語と同じくモノの属性である。

⑫　她是一个农村姑娘。
（彼女は村娘だ。）
⑬　她是农村的一个姑娘。
（彼女は農村の娘だ。）

⑫は限定的だが、"一个农村的姑娘"は農村の娘の特徴を備えた"村娘"という意味である。これに対して⑬は、たとえば町ではなく農村という場所に住むという意味で、定語部分はモノのありかを指示している。即ち、定語が限定的であるのか、或いは描写的であるかにかかわらず、数量詞が定語の前にあるときは、モノの属性を表すということである。たとえ描写的形容詞は一時的状態を表すものであっても、それを属性として捉えている。

一方、数量詞が定語の後ろにくる場合、⑬が場所の指示であるなら、〈最B〉も程度の序列の最高(或いは最低)をいい、広い意味でモノのありかを指示しているのである。

二音節形容詞は甲類から乙類への移行過程にあるといわれるが、[5]"＋的"のかたちだと限定的甲類と同様に主語、目的語になり、この点で、程度副詞を伴わない"二音節形容詞＋的"は、"最／更／頂＋形容詞＋

的"と同じグループを形成しているといえるが,定語になるときの数量詞の位置に関しては,他の描写的形容詞と同列に一括して論じるべきである。以下に"最"のAとBの違いと同じことが,程度副詞を伴わない二音節形容詞も含めて他の描写的形容詞が構成する二つのタイプ,即ち,〈MA〉と〈MB〉の間にも見られることを検証していく。

2．〈MA〉について

〈最A〉と〈最B〉の大きな違いのひとつは,Aはモノの存在を必ずしも前提としていないのに対し,Bはその存在を前提にしていることである。このことは,存在文でも"在"構文の主語になるか否かに反映している。

⑭ *一个最漂亮的女学生在我们班里。
　　（もっともきれいな女学生のひとりが私達のクラスにいる。）
⑭′我们班里有一个最漂亮的女学生。
　　（私達のクラスにもっともきれいな女学生のひとりがいる。）
⑮ 最漂亮的一个女学生在我们班里。
　　（一番きれいな女学生が私達のクラスにいる。）

存在文のなかで"在"は,モノが既に存在していることを前提に,その所在をとくにいうが,その主語に〈最A〉はなれない。Aを用いた⑭は不成立で,〈最A〉は,⑭′のように存在を初めて提起する"有"構文の目的語になる。しかし〈最B〉は,指示的で,指示のためにはモノの存在は不可欠で,既にその存在を前提にしているため,⑮のように"在"の主語になる。これと同じ違いが〈MA〉と〈MB〉の間にもある。

〈最A〉と同じく〈MA〉は必ずしもモノの存在を前提としていない。そこで,存在,出現を初めていう存在文には〈MA〉が共起する。

1）〈MA〉存在・出現
⑯ 在参观国务卿的办公室时她就发现国务卿的办公桌上有只小小的糖盒。〈无雨〉
　　（国務大臣のオフィスを参観した時,彼女はすぐに国務大臣の執務机の上にちっちゃなキャンディーボックスがあるのに気が付いた。）
⑰ 老人的书桌弥漫着一种浓浓的纸墨香气。〈神经〉

(老人の机には濃厚な紙や墨の香りが溢れていた。)

"有"はもとより，"弥漫着"も，存在の形態を具体的に示しているが初めて存在を提起している。

⑱ 姑姑长得什么样？在桑比的脑海里出现了<u>一只美丽的知了猴</u>，长着一对像天使一样带羽毛的大翅膀。〈无家〉
(叔母さんはどんな風だったのかしら。"桑比"の頭の中に<u>美しい蝉の幼虫</u>が現れた。天使のように羽毛のある大きな羽が生えていた。)

⑲ 这么说，在您家里发生了<u>一件很不愉快的事</u>，是吗？〈无雨〉
(すると，あなたの家に<u>たいへん不愉快な事</u>が起きたということですか？)

⑱の"出现"，⑲の"发生"ともに事物の出現を表している。

存在，出現を最初に提起する存現文の目的語は不定，不特定の成分であるが，〈MA〉はその目的語になり，これをいきなり〈MB〉にすることはできない。次のとおりである。

⑯′ *……她就发现国务卿的办公桌上有<u>小小的一只糖盒</u>。

⑰′ *老人的书桌弥漫着<u>浓浓的一种墨香气</u>。

⑱′ *……在桑比的脑海里出现了<u>美丽的一只知了猴</u>……。

⑲′ *……在您家里发生了<u>很不愉快的一件事</u>。是吗？

また，生産動詞，発見動詞の目的語にも，まず，〈MA〉がくる。

2）〈MA〉生産動詞・発見動詞

⑳ 到了第二年新春头上，丽蓉生了<u>一个白白胖胖的儿子</u>。〈结婚〉
(翌年の初めに，麗蓉は<u>色白でまるまるとした男の子</u>を生んだ。)

㉑ 他对我们车间文化大革命当中陆续参加工作的八个青工思想上的指引，工作上的帮助，生活上的关怀，简直可以写成<u>一本厚厚的书</u>。〈爱情〉
(私達の職場に文化大革命中続々と仕事に加わった八人の青年労働者に対する彼の思想上の手引き，仕事上の手助け，生活上の心くばりは，まったく<u>一冊の厚い本</u>にすることができる。)

㉒ 人圈子中央，临时砌了<u>一个高高的锅台</u>。〈爸爸〉
(人の輪の真ん中に，臨時に<u>高いかまど</u>が作られた。)

⑳，㉑，㉒の"生"，"写成"，"砌"は生産動詞だが，この種の動詞の目的語は，動作を通じて初めて生じるもので，動作以前には存在しない，所謂結果目的語である。また，次に示す発見動詞も，モノの存在を最初

に認定することを表し、この二種類の動詞文は初めて存在を提起する存現文に等しい。

㉓　在一片树林里走动，你突然遇到一棵黑黑的橡树。〈语文〉
　　（林のなかを歩いていて、君は突然黒々としたゴムの木に出会った。）
㉔　晚饭后闲暇无事。信步来到海边上。我在这里碰上一件非常凑巧的事情。〈蜜月〉
　　（夕飯後、用もなく暇なので、ぶらりと海辺にやってきた。そこで私は非常に都合のよい事にでくわした。）

これら㉕～㉔の〈MA〉を〈MB〉にするとやはり不自然である。

㉑′＊……丽蓉生了白白胖胖的一个儿子。
㉒′＊……简直可以写成厚厚的一本书。
㉒′＊……人圈子中央，临时砌了高高的一个锅台。
㉓′＊……你突然遇到黑黑的一棵树。
㉔′＊……信步来到海边上。我在这里碰上非常凑巧的一件事情。

〈MA〉はモノの存在を前提としない。ということはまた、必ずしも特定の指示物があるとは限らないということでもある。

㉕　但是他更相信，我们更多一些淳朴，更相信自己的文化，那就会找到一个更好的基点。〈童眸〉
　　（彼は更に信じている。もし我々がもっと素朴で、もっと自分達の文化を信じたら、もっとよい基盤が見付かると。）
㉖　至于文学里有没有一个更普通的东西，谈的很少。〈神经〉
　　（文学のなかにもっと普通のものがあるかどうかについては多くははなしていない。）

㉕′＊……那就会找到更好的一个基点。
㉖′＊……至于文学里有没有更普通的一个东西，谈的很少。

㉕は、可能の助動詞"会"もあるように、想定される"もっとよい基盤"が見付かる可能性があるというだけで、現にあるわけではない。㉖も、"もっと普通のもの"の有無そのものが問題になっていて、どちらも特定の指示物はない。これらの〈MA〉を、㉕′、㉖′のように〈MB〉にはできない。

〈MA〉は、〈最A〉と同じくモノの属性を表しているが、詳細は後節に譲る。

一方〈MB〉は必ず特定指示物がなければならない。

㉗ "试徒"是条规矩，是沙灶的画屋师爹比之其他工匠们更神气的一条特权。〈爸爸〉
("徒弟試用"は規則で，沙灶の絵師の親方が他の職人より更に得意に思っている特権である。)

㉗の"更神气的一条特权"は，"试徒"の規則を指していることは確かである。この〈MB〉について次に見ることにする。

3．〈MB〉について

（1） 特定実在物の有無

〈MB〉は，存在を前提とし，必ず特定の指示物がある。このことは，存在文でも，モノの存在を前提とし，その所在もわかっているが，それが何であるかに焦点がある"是"構文の目的語になることに反映している。[6)]

1）〈MB〉"是"構文

㉘ 她那副样子真让我吃了一惊，人消瘦不说，脸色苍白泛黄，眼圈是重重的两圈黑。〈金色〉
(彼女の様子に私は本当に驚いた。痩せ細っているのは無論だが，顔色は青白くて黄色みを帯びているし，目のまわりはひどい黒ずみだ。)

㉙ 第二天晚上，封幼玉闯到我家来了，一进门就丢出一只大信封，里面是厚厚一叠照片。〈金色〉
(翌日の夜，封幼玉が我家に乗り込んできた。入るなり大きな封筒を投げだした。なかは厚い一束の写真だった。)

㉘，㉙ともに"場所＋是＋モノ"のかたちで，存在物を示している。〈MB〉はまた，変化とその結果を表す動詞の目的語にもなる。

2）変化と結果

㉚ 英法联军端着洋枪洋炮攻进北京城里，不住地烧杀抢掠一把火就把好端端一座宫殿变成了灰秃秃的一堆废墟。〈先锋〉
(英仏連合軍は銃と大砲で北京城内に攻め入り，殺戮，放火，強奪を繰り返し，放火によって美しかった宮殿を廃墟にしてしまった。)

㉚は，同じ宮殿の端正な状態から荒れ果てた廃墟への変化をいい，同一の特定具体物の変化であるため，〈MB〉と共起する。ところが，同じ変化でも，別の新しいものに生まれかわる場合は〈MA〉になる。

㉛　狡猾的冰魔王变成一个善良而可怜的老太婆。〈龙王〉
　　（狡猾な氷の魔王が善良でかわいそうなおばあさんに変わった。）

㉛は，氷の魔王から人間になるという，全く別種への変化で，初めて出現を提起するのに等しいため，存在を必ずしも前提としない〈MA〉が用いられている。

更に，存現文のなかの変化と結果を表すものも〈MB〉を目的語にとる。

㉜　水面上结了厚厚一层冰。
　　（水面に厚い氷が張った。）
㉝　那是我离开剧团时带回的《哈姆雷特》，已经落了薄薄的一层灰尘。〈诱惑〉
　　（それは私が劇団を離れるとき持ち帰った『ハムレット』で，すでに薄い埃をかぶっていた。）

㉜,㉝の動詞"结","落"は，変化が発生すると同時に完成し結果が現れる。その結果が目的語の"厚厚一层冰","薄薄的一层灰尘"である。変化の実現と同時に具体的結果をもたらす一回完成型の動詞であるため，変化の結果である目的語も一回きりでその場限りの，他に同類のないものと見なされる。そのため，結果的に特定のものと同じになり，特定指示物のある〈MB〉を選ぶ。同じく結果目的語でも"生産動詞"のそれとは異なる。

また，"结","落"等の非意図的な変化を表す瞬間動詞は描写的状語をとらない。

㉜′*厚厚地结了一层冰。
㉝′*已经薄薄地落了一层灰尘。

上のように，㉜,㉝はいずれも状語にすることができない。"最"で見たように，描写的状語はAタイプ（描写的定語）に言い換えられたが，逆に描写的状語をとらない非意図的瞬間動詞の目的語は〈MA〉となる契機に乏しいともいえる。この点でも非意図的瞬間動詞は生産動詞と異なる。生産動詞は描写的状語をとり，それを〈MA〉に言い換えられる。[7]

㉞　他厚厚地写了一本书。
　　（彼は本を厚く書いた。）

描写性形容詞と数量詞の位置　225

㉟　孩子圆圆地画了一个圈儿。
　　（子供はまるをひとつまんまるに描いた。）
㉞′　他写了一本厚厚的书。
　　（彼はぶ厚い本を書いた。）
㉟′　孩子画了一个圆圆的圈儿。
　　（子供はまんまるのまるを描いた。）

　㉞,㉟の状語から定語〈MA〉にした㉞′,㉟′はいずれも成立する。生産動詞は意図的でありうるから，たとえ状語が，動作の結果，目的語の状態を描くものでも，そのような結果を意図して動作を行うということで，非意図的な瞬間動詞にこのような状語がつかないのも当然である。

　〈MB〉は，モノの存在を前提として，特定の事物についていう点で〈最B〉と一致しているが，では，〈MB〉も〈最B〉のように指示的であるのか，ということが次に問題になる。

（2）　場の限定

　指示の成立には，事物が存立する場の限定が必要である。限られた場のなかでこそ他者との相対的な関係が形成され，その張り合いのなかでの位置付け，即ち指示が可能になるが，〈MB〉は一定範囲のなかの特定のひとつをいうのに使用される。

㊱　菱角在我的故乡只是一种极平常的水生食物，也是我们那个时代的孩子们不多的零食中极普通的一种。〈回味〉
　　（菱の実は私の故里では非常にありふれた水生食物にすぎないが，私達の時代の子供にとっては，数少ないおやつのなかでごく普通のものでもあった。）
㊲　学历文凭应是降职标准中很重要的一条。〈火宅〉
　　（学歴は職位降格の基準のなかでたいへん重要なものだ。）

　㊱は，菱の実が"数少ないおやつのなか"という一定範囲のなかで，また㊲は学歴が"職位降格の基準のなか"という限定枠のなかで捉えられている。

　一定範囲のなかでの特定のひとつを指すときはAタイプではなくBタイプになるのは，"最"のA，Bの例，⑨，⑨′で見たとおりで，㊱,㊲もこの場合，〈MA〉にはできない。

226

㊱′ *菱角在我的故乡只是一种极平常的水生食物，也是我们那个时代的孩子们不多的零食中一种极普通的。
㊲′ *学历文凭应是降职标准中一条很重要的。

この限定枠は，常に明示的であるとは限らないし，枠の大きさも様々である。

㊳　阿美看着石丹怀里的孩子就说：小小的一个人，说大就大了。我还以为你们过不长呢，一眨眼孩子都这么大了。〈金色〉
　　（阿美は石丹が胸に抱いている子供を見ながら言った。小さかった子が，あっというまに大きくなって。私はあなた達はそんなにもたないと思っていたのに，瞬く間に子供もこんなに成長して。）

上の例では，"石丹の胸のなかの子供"を指して，小さかった子が大きくなったという，同じ子供を以前と現在の二項対立の場で捉えている。

また，時間のような抽象概念を表すものも，有限と捉えて，そのなかで一定の幅に区切るときも〈MB〉を用いる。

㊴　在很长一段时间里，这是皮鞋厂集中而细致的话题。〈爱情〉
　　（長い間，これは皮靴工場で皆がもちきりの話題だった。）

この時間の幅は，空間における範囲と同じく，広い意味で場所を示す定語である。

必ずしも明示的ではないが，ともかく大小様々の限定された場のなかで，特定のものを指していう〈MB〉は，指示のための条件が揃っているといえる。では，何を以て指示するのか。これを明らかにするために，まず〈这样A〉，〈这样B〉，次いで〈什么样A〉，〈什么样B〉を見てみる。[8]

（3）　属性と指示

性質，状態をいう指示代詞"这样"も定語になるときは，数量詞はその前後に現れ，〈这样A〉，〈这样B〉を構成する。

〈这样A〉と〈这样B〉も，特定指示物の有無に関して，前者はない場合もあるが，後者は必須のものである。

まず〈这样A〉の例から見てみよう。

㊵　看到水，她又想到将来她要盖一间双层玻璃的雕塑室，玻璃之间灌满了水。我就说："将来我为自己设计住宅时，一定为你预备一间这样的水晶宫。〈在悬〉

(水を見ると，彼女はまた，将来二重ガラスを使ったアトリエを建て，ガラスとガラスの間に水を満たしたいと思った。私は言った。"将来僕が自分のために家を設計するとき，きっと君のためにそんな水晶宮を一部屋用意するよ"。)

⑩の"一间这样的水晶宫"は，これから造られる可能性はあるが，まだ実在しない部屋で，彼女が思い描いているのと類似した部屋をいっている。

これに対して〈这样B〉は，特定の事物を指している。

㊶　每一个搞事业的人，在他的一生中总有最值得怀念，最值得回味的年代。对于我来说，一九六三年就是这样一个年代。〈丁香〉
（仕事をしている人は誰でも，一生のうちもっとも懐しみ，回想に値する年があるものだ。私にとっては一九六三年がそういう年だ。）

ここで"这样一个年代"は，一生という限られた時間のなかで，1963年という一点を指して，もっとも懐旧に値する，そういう年だと位置付けている。このように〈这样B〉は，事物の性質を一旦代替したうえで，一定の範囲のなかで，他との相対的関係のなかに位置付ける。つまり指示をしている。この㊶の〈这样B〉を〈这样A〉にすると，AとBの差異が明確になる。

㊶′ *每一个搞事业的人，在他的一生中总有最值得怀念，最值得回味的年代。对于我来说，一九六三年就是一个这样的年代。

㊶′は，もっとも懐旧に値する年がいくつかあって，1963年はそのうちのひとつということになり，元の意味とは違ってしまう。これは〈这样A〉の"这样"は，指示代詞として本来持っている指示機能が働いていないことの表れである。〈最A〉でも見たように，描写性のものでもAタイプは属性を表しており，それと同じ形式の〈这样A〉は，属性の代替をしているといえる。

この属性の代替をしている〈这样A〉と，属性を代替したうえで更に指示する〈这样B〉は，〈MA〉，〈MB〉と平行の関係にある。それは，両者とも，Aは〈什么样A〉，Bは〈什么样B〉に対する答に相当するレベルで用いられることから明らかになる。

"什么样"は性質，状態を尋ねるが，〈什么样A〉と〈什么样B〉は，それぞれ次のような段階で用いられる。[9]

㊷a　問：隔壁是一个什么样的人呢？我还没见过。

228

　　　　　（お隣はどんな方ですか？　私はまだお会いしたことがありません。）
㊷b　　答：是一个很年轻的人。
　　　　　（とても若い人ですよ。）
㊸　　　問：我已经见过那个年轻人。不过他是什么样的一个人呢？我还不太清楚。
　　　　　（私はもうあの若い人に会いました。でも彼はどういう人ですか？　まだよくわかりません。）

　㊷a→㊷b→㊸の順に段階を踏む。〈什么样A〉は，発話者（質問者）がまだ中身のわからない，その意味で未知の事物に対する疑問で，属性による特定化を求める。[10]　その答によって特定され既知の存在となった後に〈什么样B〉で尋ね，性質による位置付け，指示を求める。
　この段階を踏み違えると，次のように不自然な文になる。
㊹　？你哥哥是什么样的一个人呢？　我还没见过。
　　　　　（お兄さんはどういう方ですか？　私はまだお会いしたことがありません）
㊺　？你忘了你父亲是一个什么样的人啦！
　　　　　（あなたはお父さんがどんな人か忘れたの！）

　㊹は，まだ会ったこともない人のことを，特定化以降の段階にある〈什么样B〉で尋ね，逆に㊺は，息子にとって既知の存在である父親のことを，特定化以前の段階にある〈什么样A〉で問うている。それが，この二つの文を不自然にしている。次のように㊹は〈什么样A〉に，㊺は〈什么样B〉にしなければならない。
㊹′　你哥哥是一个什么样的人呢？　我还没见过。
　　　　　（お兄さんはどんな方ですか？　私はまだお会いしたことがありませんが。）
㊺′　你忘了你父亲是什么样一个人啦！
　　　　　（あなたはお父さんがどういう人か忘れたの！）

　ここで〈MA〉，〈MB〉に話を戻すと，〈MA〉は，㊷a，㊷bからも明らかであるが，〈什么样A〉に対する答に相当するレベルにある。〈MA〉は，〈最A〉と同じく描写性定語で，特定指示物がないこともあり，最大限属性による特定化に止まるからである。これらと特徴を同じくし代替した性質による特定化をする〈这样A〉も同じレベルにある。

描写性形容詞と数量詞の位置　　229

一方〈MB〉は，一定範囲のなかで特定のひとつを指していうため，特定化以降にあり，〈什么样B〉に対する答に相当する。つまり性質による指示をしているのである。一旦代替した性質によって更に指示する〈这样B〉も同じである。
　〈MB〉は指示的で，〈这样B〉と同様，〈什么样B〉に対する答に相当するものとしてある。では，指示するものとして，限定的形容詞の場合とどう違うのか。最後にそれを見ることにする。

4．指示するものとして

　恒久的属性を表す限定的な単音節形容詞は，単独で定語になるとき，一般に"的"を伴わず直接名詞を修飾するが，"的"を伴うと他者との対比になる。[11]
　㊻　他穿的是蓝的毛衣，你穿的是红的毛衣。
　　　（彼が着ているのは青いセーターで，君が着ているのは赤いセーターだ。）
　この場合の定語"蓝的"や"红的"は名詞性で，それ自体が主語や目的語になり，指示的にもなる。
　㊼　蓝的很好看。
　　　（青いのはとてもきれいだ。）
　㊽　我要红的。
　　　（私は赤いのが欲しい。）
　これらが指示的であることは，"哪个"に対する答になることから明らかである。
　㊾　問：你要哪个？
　　　　　（あなたはどれにする？）
　　　答：我要红的。
　　　　　（私は赤いのがいい。）
　"限定的単音節形容詞＋的"で指示的なものを"X的"とすると，"X的"は題述文の主語になるが，〈MB〉はなりにくい。
　㊿　红的很好看。
　　　（赤いのはきれいだ。）

(50)′ *红红的一件毛衣很好看。

(赤あかとしたセーターはとてもきれいだ。)

これは〈这样B〉にもいえることだが，〈MB〉は属性による特定化を経ている。既に特性叙述を経たものに，更に特性叙述をするというのは，この過程を逆行することになる。逆にいえば，直接的な叙述を避ければよいということでもある。

(51) 普普通通的一个学生怎么会做这样的事呢？

(平凡な学生がどうしてそんな事をするだろう？)

これは，“平凡な学生”がしそうにないことをやってのけた場合の発話としてあり得る。即ち，述部が，既に経てきた特性叙述と重ならず，むしろ，その特性とは矛盾するからである。

ではなぜ“X的”は題述文の主語になるのか。限定的単音節形容詞は，モノに内属する本質的，恒久的属性を表し，“X的”自体が名詞に相当するため，特性叙述を受けられるのである。

更に“X的”は“哪个”に対する答，〈MB〉は〈什么样B〉に対する答に相当する。“哪个”は単に“指さし”を求めているが，〈什么样B〉が求めているのは，豊かな内包を持つものとしての指示である。意味内容が豊富なだけに，指示するものとしては逆に融通性に欠ける。〈MB〉が現場指示にあまり使われない理由もそこにある。現場指示には“哪个”に対する“X的”や“这个／那个”が適している。

ところで，〈最B〉や程度副詞を伴わない二音節形容詞の“简单”や“便宜”のBは，他の〈MB〉と同様に〈什么样B〉に対するものとしても，また“哪个”に対するものとしても働く。これらが“+的”のかたちのときに持ちあわせていた限定的性格の投影であろう。

［附記］ 本稿は原 1990,「定語の指示機能」(『日本語と中国語の対照研究』第13号，日本語と中国語対照研究会，1990)に修正加筆し，古川 1994,「状態形容詞を含む名詞句の特性——”厚厚的一本书”と“一本厚厚的书”」(『中国語』9月号，内山書店，1994)で扱われていない，状態形容詞以外をも一括して論じた。

〈**注**〉

1) 朱德熙 1956,「现代汉语形容词研究」,『语言研究』1956年第1期。

2) 原由起子 1990,「"最"と数量詞の位置について」,『中国語学』237, 日本中国語学会, 1990。本書所収。
3) 原由起子 1997,「〈一个什么样的人〉と〈什么样一个人〉」, 大河内康憲教授退官記念論文集刊行会編,『大河内康憲教授退官記念中国語学論文集』, 東方書店, 1997。本書所収。
4) 朱德熙 1961,「说"的"」,『中国语文』1961年12月号。
5) 1)に同じ。
6) 宋玉柱 1995,「论存在句系列」, 中国语文杂志社编,『语法研究和探索』7, 北京大学出版社, 1995。
7) 郑贵友 1995,「"制作类"句子中的动宾双系形容词状语」,『汉语学习』1995年第6期。
8) 3に同じ。
9) 特定指示物の有無に関しては〈这样A〉,〈这样B〉と同じである。
10) 3)に同じ。
11) 1)に同じ。

〈**主要参考文献**〉

吴之翰 1966,「形容词使用情况的一个考察」,『中国语文』1966年第6期。
相原茂 1976,「構造助詞"de"の省略可能性――Inalienble possession」,『漢文学会会報』No.35, 1976。
寺村秀夫 1976,「連体修飾のシンタクスと意味」2,『日本語・日本文化』No.5, 1976。
橋本萬太郎 1977,「中国語の叙述修飾語と制限修飾語」,『中国語』3月号, 大修館書店, 1977。
鄧守信 1977, *A Semantic Study of Transitivity Relations in Chinese*, 台灣學生書局, 1977。
朱德熙 1980,「北京话、广州话、文水话和福州话里的"的"字」,『方言』1980年第3期。
陆俭明 1982,「关于定语易位的问题」,『中国语文』1982年第2期。
中川正之 1982,「中国語の名詞と日本語の名詞」,『未名』2号, 神戸大学文学部中文研究会, 1982。
木村英樹 1983,「指示と方位――「他那本书」の構造と意味をめぐって――」,『伊地智善継・辻本春彦両教授退官記念中国語学・文学論集』, 東方書店, 1983。
木村英樹 1983,「『こんな』と『この』の文脈照応について」,『日本語学』11月号, 明治書院, 1983。

大河内康憲 1985,「量詞の個体化機能」,『中国語学』232, 中国語学会, 1985。
李崇兴 1986,「宜都话的两种状态形容词」,『方言』1986年第3期。
陈平 1987,「释汉语中与名词性成分相关的四组概念」,『中国语文』1987年第2期。
中川正之 1987,「描写と限定」,『中国語』8月号, 大修館書店, 1987。
陆俭明 1988,「现代汉语中数量词的作用」, 中国语文杂志社编,『语法研究和探索』4, 北京大学出版社, 1988。
陆俭明 1991,「现代汉语句法里的事物化指代现象」,『语言研究』1991年第2期。
朱德熙 1993,「从方言和历史看状态形容词的名词化」,『方言』1993年第2期。
胡文泽 1995,「存现句时段语义」,『语言研究』1995年第2期。
古川裕 1996,「指称性词组和陈述性词组」, 第五届国际汉语教学讨论会论文, 1996年8月8日～8月13日, 北京。
John Lyons 1977, "Deixis and Anaphora", edited by Terry Myers, *The Development of Conversation and Discourse*, Edinburgh Univ. Press, 1977.

<引用文献>

黄秋耘 1981,『丁香花下』, 百花文艺出版社, 1981。〈丁香〉
戈语学 1981,「表妹」,『人民文学』1981年第1期。〈表妹〉
邓友梅 1982,「在悬崖上」, 兆岱丹编,『爱』, 漓江出版社, 1982。〈在悬〉
刘心武 1982,「爱情的位置」, 兆岱丹编,『爱』, 漓江出版社, 1982。〈爱情〉
浩然 1982,「蜜月」, 兆岱丹编,『爱』, 漓江出版社, 1982。〈蜜月〉
韩少功 1983,「爸爸爸」,『爸爸爸』, 作家出版社, 1983。〈爸爸〉
韩少功 1983,「火宅」,『爸爸爸』, 作家出版社, 1983。〈火宅〉
陈玮君 1983,「龙王公主」,『童话选』, 上海教育出版社, 1983。〈龙王〉
张炜 1988,「童眸」,『童眸』, 北京十月文艺出版社, 1988。〈童眸〉
郭大森 1989,「黑体」,『人民文学』1989年第2期。〈黑体〉
杨剑敏 1989,「诱惑」,『人民文学』1989年第3期。〈诱惑〉
史铁生 1989,「神经内科」,『人民文学』1989年第3期。〈神经〉
叶卒 1993,「金色婚姻」,『人民文学』1993年第6期。〈金色〉
储福金 1993,「结婚生活」,『人民文学』1993年第7期。〈结婚〉
中央教育科学研究所教改实验小组编 1993,『语文』第2册, 人民教育出版社, 1993。〈语文〉
铁凝 1994,『无雨之城』, 春风文艺出版社, 1994。〈无雨〉

徐坤 1994，「先锋」，『人民文学』1994年第 6 期。〈先锋〉
叶君健 1994，「大款」，『人民文学』1994年第 7 期。〈大款〉
欧阳斌 1994，「生命的号音」，『人民文学』1994年第 7 期。〈生命〉
邹静之 1994，「链条」，『人民文学』1994年第 7 期。〈链条〉
顾艳 1994，「无家可归」，『人民文学』1994年第12期。〈无家〉
余梅 1995，「平衡」，『人民文学』1995年第 3 期。〈平衡〉
刘继明 1995，「我爱麦娘」，『人民文学』1995年第 5 期。〈我爱〉
陈利民 1996，「回味菱角」，『人民文学』1996年第 6 期。〈回味〉

"V了O動量"と"V了O。"

0. はじめに

本稿は，動詞が動量詞を伴うとき，どのように"V了O動量"となるのか，その条件を探り，"V了O。"で言いきりになるための条件との関連を明らかにしようとするものである。

動量詞の位置は，（Ⅰ）動詞の直後，目的語の前，（Ⅱ）目的語の後のいずれかだが，『実用現代汉语语法』は，目的語によって次のように分類している。[1)]

1) 目的語が人称代名詞の場合（Ⅱ）
2) 地名，人名，人に対する呼称（Ⅰ）或いは（Ⅱ）
3) その他（Ⅰ）

しかし，上の分類では次のような例を説明できない。
① 母亲安慰了一下儿子。
（母親は息子を少し慰めた。）
①′*母亲安慰了儿子一下。
② 蛇得到温暖，苏醒了。它一醒，就咬了农夫一口。〈汉语〉
（蛇は暖められ息を吹きかえした。目醒めるとすぐ農夫にガブリと喰いついた。）
②′?……就咬了一口农夫。
③ 后来，小老虎胆子更大了。有一次它走到驴跟前，故意撞了驴一下。〈汉语〉
（そのうち，虎の子は更に気が強くなった。あるとき，そばまで行き，わざと驢馬にドンとぶつかった。）
③′?故意撞了一下驴。

例①，②の目的語"儿子"（息子）と"农夫"（農夫）は，いずれも人に対

する呼称で2)に相当するが，動量詞の位置が異なる。①は(Ⅰ)で，これを(Ⅱ)にすることはできない。逆に，②は(Ⅱ)で，(Ⅰ)にすると，少なくとも不自然である。また，③の目的語"驴"(驢馬)は3)に相当するが，動量詞の位置は(Ⅱ)である。これは，『实用现代汉语语法』の分類では不充分だということである。

そして，方梅1993は，目的語が"有指"(referential)，"定指"(identifiable)で，"旧信息"(given information)のとき，"VNM"(VO動量)となる，2)としているが，例①のように，この条件を満たしていても"VMN"(V動量O)となるのはなぜか，その理由は説明されていない。

本稿は，①～③のような例も含めて，動量詞の位置を決める要因を明らかにする。その際，目的語の他に，動詞の意味（即ち持続性，非持続性），更に，動詞と目的語が構成する意味関係から検討する。この動詞と目的語の意味関係という点で，"V了O。"のもつ構造的意味との関連がある。

1．"V了O動量"

（1）"V了O（人名／呼称）動量"

目的語が人名，呼称でも，例①，②のように動量詞の位置が異なる。目的語はどちらも"有指"，"定指"であるが，動詞が違う。①の"安慰"（慰める）は持続動詞であるが，②の"咬"（喰いつく）は，一回で動作が完結可能な非持続動詞として用いられている。中国語の"咬"は二義的で，"喰いつく"の他に，"噛む"という意味があるが，次の例が後者の意味で使われている。[3]
　　④　狼咬了一口鸡肉。
　　　　（狼が鶏肉をひとくち噛んだ〈≒食べた〉。）
"噛む"という動作は反復持続するもので，一回の動作による完結度が低い。これに対し，"喰いつく"は，一回（ひとつ）の動作で完結可能である。目的語が人名，呼称で，"V了O動量"となるのは，このような非持続動詞である。もうすこし例を挙げる。
　　⑤　杨同志瞪了居委会主任一眼。〈冒牌〉

(楊同志は"居委会"主任をジロリと睨んだ。)
⑥ 她喘着气，一屁股坐在床沿上，重重地推了丈夫<u>一下</u>。〈中国〉
(彼女はハァーと息をつき、デンとベッドの縁に腰をおろし、<u>ドンと</u>夫を押した。)
⑦ 他打了孩子<u>一下</u>。
(彼は子供を<u>一度</u>ぶった。)
⑧ 他踢了小张<u>一脚</u>。
(彼は張さんを<u>一回</u>蹴った。)

⑤～⑧の動詞"瞪"(睨む)，"推"(押す)，"打"(ぶつ)，"踢"(蹴る)はいずれも，②の"咬"同様，動作が実現するとほぼ同時に終了する一回完結型の動詞である。これらの動詞が人名，呼称を目的語にとると，動量詞は目的語の後にくる。

これに対して例①の"安慰"(慰める)のような持続動詞は，人名，呼称を目的語にとっても"V了O動量"とはならず，"V了動量O"となる。"安慰"は，動作の起点と終点，その間の過程を有する持続動詞である。

しかし，仮に②と⑤～⑧の動詞"咬"，"瞪"等をA，①の"安慰"等をBとしたとして，Aに属する動詞が常に"V了O(人名，呼称)動量"となり，"V了動量O(人名，呼称)"にならないわけではない。

⑦′ 他打了<u>一下</u>孩子。
(彼は<u>ちょっと</u>子供をぶった。)
⑧′ 他踢了<u>一脚</u>小张。
(彼は<u>ちょっと</u>張さんを蹴った。)

Aグループの動詞でも，⑦′，⑧′のように動量詞が目的語の前にくるが，この場合，"一下"，"一脚"の意味が目的語の後にあるときとは違う。"一下"は二義的で，"一下$_1$"は動作を具体的に一回と数えるが，"一下$_2$"は動作の回数や継続時間が少量，不定量であることを表わす。⑦′，⑧′のように目的語の前にくると，"一下$_2$"の解釈が優勢になり，⑦″，⑨のように不定量を表わす。"几下／两下"には置換えられるが，具体量を示す"三下／四下"には言い換えにくい。

⑦″ 他打了<u>几下／两下</u>孩子。
(彼は<u>数回</u>子供をぶった。)
⑨ ?他打了<u>三下</u>孩子。
(彼は子供を<u>三回</u>ぶった。)

⑨′　他打了孩子三下。

　　　（彼は子供を三回ぶった。）

"三下"と具体量になると，⑨′のように目的語の後になる。

また，⑧′の"一脚"にも同じことがいえる。この"一脚"も少量，不定量を表わし，⑧″のように"一下₂"，"几下／两下"に置換えられる。

⑧″　他踢了一下₂／几下／两下小张。

　　　（彼はちょっと／数回張さんを蹴った。）

つまり⑦′，⑧′の"打"，"踢"は，一回完結型ではなく反復，持続動詞として用いられている，ということである。このことは逆に，上述の"V了動量O（人名，呼称）"の動詞は持続動詞であることを裏付けている。

このように，持続動詞か非持続動詞かのいずれか一方に分類されるものだけでなく，"打"や"踢"のように両方の性質を兼ね具えた語群がある。"看"（見る）もまたそのひとつで，"看了O（人名，呼称）動量"，"看了動量O（人名，呼称）"のどちらにもなる。

⑩　老师看了学生一眼。

　　　（先生は学生をひとめ見た。）

⑪　母亲看了一眼儿媳妇，就匆匆忙忙地走了。

　　　（母親はちらっと嫁を見ると，すぐ慌しく出て行った。）

⑪′　母亲看了一下₂儿媳妇……

　　　（母親はちょっと嫁を見ると……）

⑪″　母亲看了看儿媳妇……

　　　（母親はちょっと嫁を見ると……）

⑩の"看"は一回完結型で，"一眼"は"ひとめ"という具体量だが，⑪の"看"は持続動詞で，"一眼"は"ちらっと"という不定量を表わす。そのため，⑩ではできないが，⑪の場合，"一眼"を⑪′のように"一下₂"に，また，全く等価ではないが，⑪″のように動量詞を含む動詞句全体を"看了看"に言い換えることができる。

（2）　"V了O（普通名詞）動量"

次に，例③のように目的語が普通名詞でありながら"V了O動量"となる場合を見る。ここでもう一度③を見てみよう。

③　后来，小老虎胆子更大了。有一次它走到驴跟前，故意撞了驴一

下。

　これは"黔之驴"の一節であるが，目的語"驴"(驢馬)は不特定ではなく，虎の子が何度か見ているという，文脈上の旧情報で"有指"，"定指"のものである。この"驴"は普通名詞ではあるが，無生物ではなく，有生独立の存在物である。有生独立の存在物で，"有指"，"定指"といえば，人名，呼称と同じである。更に，動詞"撞"(ぶつかる)は一回で完結可能な動作で，例③は，②と何ら変わらないといえる。

　動作が一回完結型，動作対象である目的語が有生独立の存在物で"有指"，"定指"となると，その動作による影響を受けやすく，対象に具体的な結果をもたらしやすい。しかし，動作による影響，変化を被るのは有生物に限らない。無論頻度は低いが，たとえばボール，ときには椅子も，"踢"(蹴る)という一回(ひとつ)の動作によって，その位置や状態に変化が生じ得る。この一回の動作の結果，対象に影響，変化をきたすことが，"V了O(普通名詞，無生物)動量"となる要因である。[4]

　⑫　小王踢了皮球一脚。
　　　(小王はボールをポンと蹴った。)
　⑬　老张踢了椅子一脚。
　　　(老張は椅子をドンと蹴った。)

　例えば⑫のように言うとしたら，それは，蹴った結果，ボールの位置が大きく変化した場合であり，⑬は，椅子を倒すなど，椅子に対する処置を意図して蹴った場合である。

　ただ，対象が無生物だと，このような処置を想定しにくいのも事実で，ほとんど"V了O(無生物)動量"とならない。

　⑭　老师拍了一下桌子。
　　　(先生は机をちょっとたたいた。)

　⑭の動詞"拍"(たたく)は一回で完結可能だが，目的語が"桌子"(机)だと"V了動量O"にしかならない。一回で完結可能でも，"拍桌子"という行為は，通常一回きりではなく，数回反復されるという事情もある。しかしなにより，この"拍桌子"は，机をたたくこと自体，つまり対象への処置を目的とするのではなく，それによって注意を喚起することを意図して行われるからである。言い換えると，目的語"桌子"の個別性が問題にならず，VO構造全体でひとつの意味を構成しているのである。

　目的語の個別性が問題にならず，VO全体でひとつの意味を構成する

とは，OがVに組込まれている，ということである。"点头"（頷く）等の離合詞もこの類に属する。"点头"は，VO全体で"頷く"という意味を表わし，誰の或いはどんな"头"(頭)であるのかなど問題にならず，自動詞に相当するものである。その他，"烧饭"(食事の支度をする)等の行為タイプ，[5]"进行／做"が動詞目的語を伴う場合も同様である。以下にまとめて例を挙げることにする。

　　離合詞
　　　⑮　五婶就向五叔点了一下头。〈家持〉
　　　　（五番目の叔母は叔父に頷いた。）
　　行為タイプ
　　　⑯　居然进灶房给五叔烧了一顿饭，鸡蛋捞面条。〈人格〉
　　　　（なんと台所へ行って五番目の叔父に食事——"鸡蛋捞麺条"を作った。）
　　"进行／做＋O（動詞）"
　　　⑰　他还建议，对观众进行一次调查分析。〈中国〉
　　　　（彼は更に観衆について調査分析するように提案した。）
　　　⑱　他先递上介绍信，又做了一番自我介绍。〈人格〉
　　　　（彼はまず紹介状を手渡し，そして自己紹介をした。）

　ここで，目的語の個別性という観点から見ると，例③の"驴"は，有生独立の存在物，"有指"，"定指"で，人名，呼称と同じく個別性が高い。次に⑫，⑬の"皮球"，"椅子"は無生物で，人名，呼称より個別性が低い。そして，OがVに組込まれている⑭の"拍桌子"や⑮以下の離合詞，行為タイプ，"进行／做＋O（動詞）"は個別性が最も低い。

　目的語の個別性が人名，呼称のように比較的高い場合，動詞が非持続動詞(一回完結型)のとき"V了O動量"となり，持続動詞のときは"V了動量O"となる。次に個別性の低い無生物のとき，動詞が一回完結型で，対象(目的語)に対する顕著な処置性がある場合に限り"V了O動量"となり，一般に"V了動量O"がunmarkedなかたちである。更に，目的語の個別性が最も低く，VがOに組込まれている離合詞等は，常に"V了動量O"となる。

　さて，人称代名詞が目的語になると，動詞の持続，非持続にかかわらず"V了O動量"となる。それは，人称代名詞は個別性に関して，人名，呼称より更に上位にあり，離合詞等の目的語と対称をなす，個別性の最

も高いものだからである。人名，呼称は，必ずしも"有指","定指"とは限らないが，人称代名詞は常に"有指","定指"である。[6]

このように，動量詞の位置を決める要素として最も重要なのが目的語の個別性である。

2．"V了一次／一趟O"

しかし，なかには，目的語の個別性が関与していないかに見える例がある。目的語が地名の場合，一般に人名，呼称と同様だが，動詞が"来／去"のときは，"V了／过动量O","V／了过O动量"のいずれにもなる。

⑲　他来过一次日本。
　　（彼は一度日本に来たことがある。）
⑳　临走前，专程去了一趟美峰学校，可惜铁将军镇门。〈竹叶〉
　　（出発前，わざわざ一度美峰学校へ行ったが，残念なことに鉄将軍が警護していた。）

⑲，⑳のように，"来／去"とともに用いられる動量詞は，"(一)次","(一)趟"が多い。この"一次","一趟"は，"一下","一脚","一眼"等とは違い，動作の持続，非持続を問わず，動作の起点から終点まで，その全体を一回と数える。"来／去"は非持続性動詞であるのに，動量詞が目的語(地名)の前にもくるのは，このような動量詞の意味に由来し，動詞の持続性，非持続性を中和させるからである。そのため，"V了動量O"と"V了O動量"の違いも顕現しにくい。しかし，顕現しにくいとはいえ，ふたつの構造の違いはやはりある。仮に，⑲，⑳を⑲′，⑳′のように言い換えてみる。

⑲′　他来过日本一次。
　　（彼は日本に一度来たことがある。）
⑳′　专程去了美峰学校一趟……
　　（わざわざ美峰学校へ一度行ったが……）

⑲，⑳と⑲′，⑳′は，stressの位置が違い，焦点のある場所が異なる。前者は，目的語"日本","美峰学校"に，後者は，動量詞"一次","一趟"にある。これは，動量詞を含むふたつの構造一般にいえることだが，

"V了O動量"と"V了O。"　　241

同じ"一次"、"一趟"でも、動詞、目的語が異なると、やはり目的語の個別が関与していることがわかる。

㉑　他看了一次病人。
　　（彼は一度病人を見舞った。）
㉒　他看了病人一次。
　　（彼は病人を一度見舞った。）

㉑、㉒の動詞"看"は、"一次"に起因して、もはや持続、非持続が問題にならないが、両者の違いは、⑲、⑳と⑲′、⑳′よりはっきりしている。㉑、㉒ともに、目的語は"病人"(病人)だが、㉑は、誰か特定の病人とは限らないのに対し、㉒は、ある特定の人物である。つまり"Ｖ了Ｏ動量"のＯの方が個別性が高いという特性に矛盾しない。

⑲、⑳と⑲′、⑳′は、動量詞の意味が動詞の持続、非持続を中和させるうえに、目的語が場所名詞で動作対象ではないことが、ふたつの構造の差異を一層見えにくいものにしているのである。

以上は、動量詞が動作を持続、非持続の区別なく、全体で一回（ひとつ）と数えるため、[7] 動詞の持続、非持続が中和される例であったが、動詞の側からも、そのように見なしやすい性質を具えているものがある。"等"(待つ)がそうである。

㉓　他等了老王一下。
　　（彼は王さんを少し待った。）

"等"は持続動詞であるのに、㉓のように、目的語が人名、呼称のとき、"等了Ｏ動量"となることも多い。それは、"等"の持続のあり方に由来する。"等"は、たとえば"参观"(見学する)等とは違い、同一動作の均質な持続である。即ち、"参观"は、見たり歩いたり、複数、異質の動作が総合的に持続するが、"等"は、同じひとつの動作の持続である。そのため、起点から終点まで全体をひとつの動作として捉えることも可能である。それで"等了Ｏ動量"にもなるが、表面的には、stress、即ち重点のある位置（"等了動量Ｏ"はＯに、"等了Ｏ動量"は動量に）が異なる以外、"等了動量Ｏ"との差は不分明である。

ところで、全体を一回（ひとつ）の動作として捉えるということは、実は"Ｖ了Ｏ。"の構造的意味と深く関わっている。"等"がその性質上、全体を一回として捉えることが可能で、"等了Ｏ動量"となるということは、とりもなおさず"Ｖ了Ｏ。"が全体をひとつの具体的出来事として捉える

構造である，ということである。次にそのことを検証していく。

3．"Ｖ了Ｏ。"

(1) 目的語の個別性

　一般に，目的語が数量詞等限定語を伴わないときは，"Ｖ了Ｏ。"となりにくく，限られた場合にしか"Ｖ了Ｏ。"で言いきりにならない。この"Ｖ了Ｏ。"に関する論文には，木村英樹1977,[8)] 马希文1982,[9)] 刘勋宁1988等があるが，[10)] これらの論文では，"Ｖ了Ｏ。"で言いきりになるものとして次のようなものを挙げている。

  a) VOが表わす事態の実現に必ずしもagentの関与を必要としない現象文的なものや，「事象性」において現象文的なものと相通じる移動を表わすもの。〈木村英樹1977〉
  b) 瞬間動詞や消滅の意味をもつ動詞。〈马希文1982〉

このa)，b)を代表する例を以下に挙げる。

　㉔　青年赶快跳起来，开了门。〈「了」〉（現象文的）
　　　（青年は急いでとびあがり，ドアを開けた。）
　㉕　他出了屋子。（移動）
　　　（彼は部屋を出た。）
　㉖　他撕了它。（消滅）
　　　（彼はそれを引き裂いた。）
　㉗　他毁了自己。（同上）
　　　（彼は自分自身を損なった。）

㉔，㉕はa)，㉖，㉗はb)を代表する例である。
しかし実際には，上記以外で，VOの表わす事態の実現にagentの関与が不可欠なものも"Ｖ了Ｏ。"となる。

人称代名詞

　㉘　女儿又教育了我。〈青春〉
　　　（娘がまた私を教育した。）
　㉙　人群忽拉散开，一队警察包围了我们。〈一半〉
　　　（群衆が突然散り，警官隊が我々をとり囲んだ。）

㉚　请原谅我又麻烦了你们。〈怀念〉
　　（私は又皆に迷惑をかけてしまって，どうか許してください。）
　　　　　　　　　　　↓
人名，呼称
㉛　呀！我委屈了孩子。〈家持〉
　　（やっ！　私は子供にひどいことをしてしまった。）
㉜　小宝把发现白色东西的事告诉了张老师。〈孩子〉
　　（小宝は白い物をみつけた事を張先生に知らせた。）
　　　　　　　　　　　↓
普通名詞
㉝　一些中央领导同志……以及各国驻华大使馆人员都看了演出。〈浮出〉
　　（中央の指導者……及び各国の中国駐在大使館員は皆その公演を見た。）

㉘～㉝の例はいずれも，VOが他動詞とその動作対象で，VOが表わす事態の実現にagentの関与は欠かせないが，"V了O。"となっている。それでは，"V了O。"成立の要件は何か。目的語の個別性から見てみよう。

"V了O。"の成否には，動詞の意味より，むしろ目的語の個別性が深く関与している。既述のとおり，個別性は段階的だが，その個別性が高いほど"V了O。"となりやすく，逆に個別性が低くなるにつれて"V了O。"となりにくい。上例でいうと，人称代名詞の㉘～㉚が最も高く，以下，矢印が下に向かうにつれて目的語の個別性が低くなる。

まず人称代名詞は，現場指示，前方照応のいずれに用いられても，常に旧情報，"定指"で，個別性が最も高い。この人称代名詞が目的語のとき，最も"V了O。"となりやすく例も多い。

次に"V了O。"となりやすいのは，㉛，㉜のように人名，呼称が目的語のときである。人名，呼称は常に"定指"とは限らず，新情報で，特定されていない場合もあり，個別性が人称代名詞より低い。だが，普通名詞よりは高い。

そして普通名詞は，限定語を伴わないとき，新情報で，不定，不特定であることが多く，個別性が最も低い。普通名詞が目的語のとき，最も"V了O。"となりにくい。㉝のように"V了O。"になるとしても，文脈上特定できる場合で，㉝は，㉝'のあとに出てくる。

㉝′ 小杨她们舞剧公演后，北京大报小报都登了文章，连英文的《中国日报》也发了消息和剧照……
（小楊達の公演後、北京の新聞は、大小を問わず、みんな記事を載せた。英字新聞の『中国日報』さえ紹介記事と写真を出した……）

㉝′が示すとおり、㉝の目的語"演出"（公演）は、既出の事柄で特定のものである。

（2） 動詞と目的語の関係

では、目的語の個別性が高いとは、動詞との関係からいえばどういうことなのか。まず、次の例で考えてみよう。

〈1〉A：我写文章（"写文章"的事）
　　　（私は書物をしている。）
　　Q：你在做什么？
　　　（あなたは何をしているの？）
〈2〉A：我写文章。（"写的是文章"）
　　　（私は文章を書いている。）
　　Q：你写什么？
　　　（あなたは何を書いているの？）

"写文章"は二義的で、ひとつは、〈1〉Aのように"書物をする"という意味で、〈1〉Qの"何をしているのか"という問いに対する答えとしてある。いまひとつは、〈2〉Aのように"文章を書く"という意味で、〈2〉Qの"何を書いているのか"という問いに対してある。[11]

つまり、〈1〉と〈2〉では、"写"と"文章"の関係が違う。〈1〉は、目的語"文章"がnonreferentialで、動詞"写"に組込まれ、VO全体で"書物をする"というひとつの意味を構成している。それに対して〈2〉の"文章"は、"日记"（日記）等と対比されるもので、陈平1987にあるように、[12] 少なくとも"回指"（anaphoric reference）ができて、その実体を具体的、個別に明示し得るという意味でreferentialである。たとえば次のとおりである。

〈2′〉　这篇文章是有关语法的。
　　　（その文章は文法に関するものだ。）

〈2′〉の"这篇文章"（その文章）は、〈2〉の"文章"を"回指"してい

"V了O動量"と"V了O。"　245

て，述部で，"文法に関するもの"と具体的に個別化している。しかし，〈1〉の"文章"は，このような個別性を問題にしようがない。

このような動詞と目的語の関係の違いを，形式上より顕現させているのが"ＶＯ了."と"Ｖ了Ｏ."である。前者は〈1〉，後者は〈2〉に相当する。このことを，ふたつの形式が，対話においてどの段階で用いられるか，という点から見てみよう。

対話のなかで，最初に問題になるのは，ある事態発生の有無である。その際"ＶＯ了吗?"が用いられ，いきなり"Ｖ了Ｏ吗?"で尋ねると不自然である。これを示す具体例を『最新中国語教本』から引用する。[13]

"ＶＯ了吗?"
　㉞Ｑ：你们班的同学都参加俱乐部了吗？
　　　（君達のクラスの学生は皆クラブに入っているかい？）
　　　　　　　↓
"ＶＯ了."
　　Ａ：我们班的同学都参加俱乐部了。
　　　（私達のクラスの学生は皆クラブに入っている。）
　　　　　　　↓
"Ｖ了哪些Ｏ／什么／谁?"
　㉟Ｑ：他们都参加了哪些俱乐部？
　　　（彼らはどのクラブに入ったんだい？）
　　　　　　　↓
"Ｖ了Ｏ."
　　Ａ：他们都参加了文化俱乐部。
　　　（彼らは皆文化系クラブに入った。）

㉞Ｑ，㉟Ｑは上掲書の練習問題で，答えには㉞Ａ，㉟Ａを想定していると思われるが，㉞，㉟の順に問いが発せられている。まず㉞Ｑ"ＶＯ了吗?"で，特定のクラブではなく，ともかく"何かクラブに入る"という事態が発生しているか否かが問われ，㉞Ａ"ＶＯ了."でその発生が確認される。ある事態の発生が前提となって，㉟Ｑ"Ｖ了哪些Ｏ?"で具体的にどのクラブに入ったかを尋ねる。その答えには，たとえば㉟Ａの"文化俱乐部"(文化系クラブ)のように具体的，個別的でreferentialなものを要求する。そこで"Ｖ了Ｏ."が用いられる。

㉟Ｑと同じ段階で用いられる"Ｖ了什么?"について，『汉语语法』

は，例㊱を挙げて以下のように説明している。[14]
　㊱　他问我昨天做(了)什么？
　　　（彼は私に昨日何をしたか聞いた。）
　　　有"了"时，这椿事件就受限，因而自然是特定，这个句子的主词"他(她)"在问说话者活动的明细，有如说"她"是个护士，负责说话者不要过分劳力。
　　　("了"があるとき，この事は限定され，従って当然特定である。この文の主語"他(她)"は，話者に行動の詳細を尋ねている。たとえば"她"は看護婦で，話者が疲れすぎないようにする責任を負っているなどである。)

即ち，㊱は"了"があると，"他／她"が，話者の余りにも疲れた様子を見て，いったい何をしたのかと質問するような場合に用いられる，というもので，"V了什么？"の答えには，㉟A同様，具体的，個別的，referentialなものを要求するということに他ならない。[15]

以上，"VO了。"は，㉞Q"参加俱乐部了吗？"が"何かクラブに参加したか？"という意味になるように，OがnonreferentialでVに組込まれており，非個別的で総合的な事態を描き，"写文章"の〈1〉に相当する。一方"V了O。"は，Oがreferentialなもので，個別的，具体的なひとつの出来事を表わし，"写文章"の〈2〉に相当する。

このことは，現象文的VOにおいても同じである。次のふたつの例を比較してみよう。
　㊲　她从张春元的住房，问到他的家眷，又从他的年令，问到他的政治面目。得，没跑儿！张春元出事儿啦！〈辘轳〉
　　　（彼は張春元の住居から家族まで，又年齢から政治的立場まで質問した。まずい，追いつめられている！張春元の身に何かあったんだ！）
　㊳　后来我也不看车了，光顾和她说话，就出了事。我见她脸骤然变得恐怖，短促地叫了一声，我飞到半空中。在空中我想：坏了。〈浮出〉
　　　（そのうち私も車を見なくなり，彼女との話に気をとられていて，事故が起きた。彼女が突然恐怖の顔つきになり短く叫んだ，と思うと，私は空中に飛ばされていた。空中で私は思った。おしまいだ。）

文脈が示すとおり，㊲の"出事啦(了)"は何事か定かではないが，ともかく何かが起きたということだが，㊳の"出了事。"は，具体的に交通事

故が起こっている。agentが関与しない現象文的なものにも"VO了。"と"V了O。"の構造的意味の違いが反映している。

更に，このふたつの構造的意味の差異を裏付けるものとして，"VO了。"と"V了O。"では，語彙的意味が分岐する場合がある。たとえば，"挂电话"には，"電話をかける"と"電話をきる"のふたつの意味があるが，"挂了电话。"となると，"電話をきる"の意味が優勢になる。"電話をかける"という行為は，目的語である"電話"の個別性，たとえばどんな色をしているかなど問題にならず，VO全体でひとつの意味を構成しているが，"電話をきる"は，既にかけている電話をきるので，目的語"電話"は個別的であり，また，一回完結型動作で，ひとつの出来事である。それで"V了O。"になる。[16]

4．"V了O。"と"V了O動量"

以上のように，"VO了。"と"V了O。"の違いは，日本語でいえば，"食事をする"と"ご飯を食べる"の違いに相当し，前者は目的語が動詞に組込まれ，VO全体でひとつの事態を表わすが，後者は目的語がreferentialで，ひとつの具体的で個別的な出来事を表わしている。日本語はこれを区別するための語彙やさまざまな形式をもっているが，そのような手段をもたない中国語は，"了"の位置が異なるふたつの構造によって区別している。たとえば離合詞は，"結了婚。"の"婚"のように，目的語として実質的な意味をもたず，ただ文法的に必要なものとしてあるのも，[17] そのことの反映である。

また，上述の"V了O。"の構造的意味は，動詞が瞬間，消滅を表わす場合と矛盾するものではない。"個別的，具体的なひとつの出来事を表わす"とは，動作，行為が実現，終了して，具体的結果が出ているということで，動作が実現と同時に終了し，達成し，その結果までを表わす瞬間，消滅動詞は勢い"V了O。"となりやすい。

そして，この構造的意味は動量詞の位置にも関わってくる。既述のとおり，目的語の個別性が高いほど"V了O。"となるが，また同時に"V了O動量"にもなりやすい。それをまとめると次のようになる。

　　目的語が人称代名詞⇒動詞の意味に関わりなく"V了O動量"。

目的語が人名，呼称⇒一回完結型で対象に具体的結果を生じやすい
　　動詞のとき"V了O動量"。
　　目的語が普通名詞⇒一回完結型の動作で，とくに対象に対して意図
　　的処置を加えた場合"V了O動量"。
　　目的語が離合詞等(＝自動詞)⇒常に"V了動量O"。
　上記は，人称代名詞の個別性を最高に，以下順に低くなるが，動作を
量化するときは，目的語の個別性が低くなるほど一回の動作による対象
に対する処置性が問題になる。
　最後に，持続動詞"等"が"V了O(人名，呼称)動量"となるのは，そ
の持続のあり方に由来し，全体をひとつとして捉えるためであった(第2
章参照)。しかしそれは裏返せば，他ならぬ"V了O。"構造自体が，全体
をひとつの具体的な出来事として捉えているということで，ここに"V
了O動量"と"V了O。"の関連性が集約されている。

〈注〉

1) 刘月华・潘文娱・故韡 1983,『实用现代汉语语法』, 外语教学研究出版社, 1983。
2) 方梅 1993,「宾语与动量词语的次序问题」,『中国语文』1993年第2期。
3) 動詞の持続，非持続は主に，郭锐 1993,「汉语动词的过程结构」(『中国语文』1993年第6期)を参考にした。
4) 北京語言学院の赵淑华先生の御指摘による。
5) 相原茂 1985,「"亲嘴"の"嘴"は誰のもの？」,『明治大学教養論集』創刊三十周年記念通巻176号, 1985。
6) 目的語に定語があるとき，いずれの構造になるかは，人名等と基本的に同じであり，また，稀れに"V了動量O(人称代名詞)"となるのも，一回の動作による完結性の低いときである。
　　看了那并马而行的驴儿将军一眼。〈石秀〉
　　轻轻捅一下说这话的女工。〈小灰〉
　　这使我不得不教训了一次他。〈中国〉
7) Bernard Comrie 1976, *Aspect*, Cambridge University Press, 1976.
8) 木村英樹 1977,「「了」と「文終止」の問題をとりあげて」,『JIAO XUE』4, 1977。
9) 马希文 1982,「关于动词"了"的弱化形式／lou」,『中国语言学报』总, 1982。
10) 刘勋宁 1988,「现代汉语词尾"了"的语法意义」,『中国语文』1988年第

5期。
11) 陆文耀 1991,『生活里的语法』,少年儿童出版社,1991。
12) 陈平 1987,「释汉语中与名词性成分相关的四组概念」,『中国语文』1987年第2期。
13) 劉山・李培元 1985,『最新中國語教本』上,第16課,中華書店,1985。
14) Charles N. Li, Sandra A. Thompson(黄宣范訳注)1979,『汉语语法』,文鶴出版,1979。
15) "V什么了?"は"VO了吗?"と同じ段階に位置する。それは、"买什么了?"が"何か買物をした?"にもなることから明らかである。
16) "那边晶晶的声音一点听不到……。我没了兴致,挂了电话。"〈浮出〉
17) C. E. ヤーホントフ(橋本萬太郎訳)1987,『中国語動詞の研究』,白帝社,1987。

〈主要参考文献〉

木村英樹 1976,「「吃了大饼」と「開了大門」——現代中国語の完了相動賓構造に関わる一つの問題」,『アジア・アフリカ計数研究』6,1976。
金田一春彦編 1976,『日本語動詞のアスペクト』,むぎ書房,1976。
李兴亚 1980,「宾语和数量补语的次序」,『中国语文』1980年第3期。
安武知子 1984,「他動詞と目的語の融合」,『英語青年』第130巻第8号,1984。
相原茂 1984,「数量補語"一下"について」,『中国語』2月号,大修館書店,1984。
刘月华 1988,「动量"下"与动词重叠比较」,『汉语语法论集』,現代出版社,1988。
中川正之 1991,「動量詞と目的語の位置」,『中国語学習Q&A』,大修館書店,1991。
伊藤さとみ 1997,「動量詞と目的語の語順を支配する法則」,『中国語学』244,日本中国語学会,1997。
呼美蘭 1999,「小説における"V了O"と"VO了"の一考察」,『中国語学』246,日本中国語学会,1999。
John Lyons 1968, *Introduction to Theoretical Linguistics*, Cambrige University Press, 1968.

〈引用文献〉

北京语言学院编 1977,『汉语读本』下册, 商务印书馆, 1977。〈汉语〉
木村英樹 1977,「「了」と「文終止」の問題をとりあげて」,『JIAO XUE』4, 1977。〈「了」〉
金近 1984,「小灰鸽历险记」,『爱听童话的仙鹤』, 人民文学出版社, 1984。〈小灰〉
陈建功 1984,「辘轳把胡同 9 号」,『北京优秀短篇小说选』, 北京十月文艺出版社, 1984。〈辘轳〉
陈慧瑛 1988,「竹叶三君」,『二十世纪中国女子美文选』, 百花文艺出版社, 1988。〈竹叶〉
巴金 1989,『怀念集』, 宁夏人民出版社, 1989。〈怀念〉
北京語言学院院編 1990,『中国語学講読シリーズ　中国ショートショート』, 北京外文出版社, 1990。〈中国〉
沈百英 1990,「孩子！你错认了」,『童话』, 重庆出版社, 1990。〈孩子〉
刘醒龙 1991,「冒牌城市」,『人民文学』1991年第 5 期。〈冒牌〉
贾宏图 1991「人格的力量」,『人民文学』1991年第 6 期。〈人格〉
阎连科 1991,「家持」,『人民文学』1991年第 6 期。〈家持〉
施蛰存 1991,『石秀之歌』, 人民文学出版社, 1991。〈石秀〉
王朔 1992,「一半是火焰, 一半是海水」,『王朔文集』纯情卷, 华艺出版社, 1992。〈一半〉
王朔 1992,「浮出海面」,『王朔文集』纯情卷, 华艺出版社, 1992。〈浮出〉

おわりに

　このたび，本書『中国語における修飾の様相』を出版できることになり，今までに研究してきたことを改めて振り返ることになった。意図的ではなかったものの，最初に「語気副詞"可"と"并""倒""却"」を書いたことが，その後の研究の方向をある程度決めてくれたように思う。この論文を執筆する過程において，所謂連用修飾成分とは異なるものがあることに気付いたことは，連用修飾成分とは何かを考えるきっかけになった。そして連用修飾成分について研究していくうちに，連体修飾成分についても関心を抱くに至ったのである。
　この論文には，深い思い出がある。これは当時大阪外国語大学大学院の学生だった筆者が中国語学会第34回全国大会(於神戸大学，1984年10月27日)において報告した「'可'について」をもとに加筆したものである。小説を読んでいて，辞書を引いただけではすっきりとわからないことがよくあるのは何故だろうか。この本当に素朴な疑問が，この発表のきっかけだった。原稿はなかなかまとまらなかったが，指導教官であった大河内康憲先生が何回も添削してくださり，発表前日も大学院の授業時間に発表の練習をさせてくださった。さらに授業やその他の時間にご指導くださった杉村博文先生や，仲間の院生の助言のお陰もあり，当日無事発表を終え，後に論文にまとめることができたのである。今日まで書き続けてきた論文もみな，小説を読んでいてわからないと感じたことをテーマにしている。わからないこと，それが種になり，その種に水をやって育ててきたつもりであるが，それが本書においてささやかでも花を咲かせ，実を結んでいるかについては甚だ心許なく感じている次第である。
　最後に，素朴で単純な動機を大切にし，それを核にして膨らませ展開していく，そうした筆者の研究態度を許してくださり，指導していただいた大河内康憲先生を始め，杉村博文先生，大学院修了後，折に触れご指導いただいた神戸大学の中川正之先生，現東京大学の木村英樹先生に深く感謝申し上げる。先生方にご指導いただいたことが，その後の研究の支えとなった。また姫路獨協大学の吉田隆英先生，山崎みどり先生が

勧めてくださったことにより本書の出版に漕ぎ着けることができた。持に記して感謝申し上げたい。併せて，本書の出版にあたり的確な助言をくださった東方書店の阿部哲さんに心からお礼申し上げる。

初出一覧

語気副詞"可"と"并""倒""却"(『中国語学』232, 中国語学会, 1985。初出時題名「語気副詞〈可〉と〈并〉〈倒〉〈却〉」)

中国語副詞"并"と日本語の"決して"(『日本語と中国語の対照研究論文集』下, くろしお出版, 1992)

"总"──修飾成分とは異なるものとして──(『日本語と中国語の対照研究』第11号, 日本語と中国語対照研究会, 1986)

"还"と時間副詞──日本語との比較から──(『日本語と中国語の対照研究論文集』下, くろしお出版, 1992)

"高兴"と"高高兴兴"(『中国語』2月号, 大修館書店, 1988)

程度副詞"很"と状語の関係について,「『姫路獨協大学外国語学部紀要』第2号, 姫路獨協大学外国語学部, 1989)

"有"構文と連体修飾(『姫路獨協大学外国語学部紀要』第4号, 姫路獨協大学外国語学部, 1991)

"有"・V・VP"構造に於けるNとVPの関係(『中国語学』238, 日本中国語学会, 1991)

"最"と数量詞の位置について(『中国語学』237, 日本中国語学会, 1990)

定語の指示機能──数量詞の位置から──(『日本語と中国語の対照研究』第13号, 日本語と中国語対照研究会, 1990)

"一个什么样的人"と"什么样一个人"(大河内康憲教授退官記念論文集刊行会編,『大河内康憲教授退官記念中国語学論文集』, 東方書店, 1997。初出時題名「〈一个什么样的人〉と〈什么样一个人〉」)

描写性形容詞と数量詞の位置(古田敬一教授頌寿記念中国学論集編集委員会編,『古田敬一教授頌寿記念中国学論集』, 汲古書院, 1997)

"V了O動量"と"V了O。"(『中国語学』241, 日本中国語学会, 1994)

原　由起子(はら　ゆきこ)
1949年、兵庫県生まれ、1985年、大阪外国語大学
大学院修了。現在、姫路獨協大学外国語学部教授。

中国語における修飾の様相
2002年2月25日　初版第1刷発行

著　者●原由起子
発行者●神崎勇夫
発行所●株式会社東方書店
　　　　東京都千代田区神田神保町1-3　〒101-0051
　　　　電話(03)3294-1001　振替東京　00140-4-1001
　　　　営業電話(03)3233-1003
装　幀●株式会社知覧俊郎事務所
組　版●有限会社加東
印刷・製本●株式会社平河工業社

定価はカバーに表示してあります。

©2002　原由起子　　　Printed in Japan
ISBN 4-497-20203-8 C3087

乱丁・落丁本はお取り替えいたします。
恐れ入りますが直接小社までお送りください。

Ⓡ本書の全部または一部を無断で複写複製(コピー)することは、著作権
法上での例外を除き禁じられています。本書からの複写を希望される場
合は日本複写権センター(03-3401-2382)にご連絡ください。

小社ホームページ〈中国・本の情報館〉で小社出版物のご案内をしてお
ります。http://www.toho-shoten.co.jp/

中国語の音楽性を追及！
中国語学管見
石田武夫著／A5判／340頁／4000円（税別）
中国の現代詩を数多く引用しながら、一貫して中国語の音楽性を追及した、中国語学に関する論文20篇を収める。

ニッポン中国語学事始！
日本における 中国語文法研究史
牛島徳次著／A5判／208頁／2718円（税別）
江戸時代から現在にいたる日本での中国語文法研究の変遷を、中国での研究と緊密にからめながら概観。研究者必読。

中国語教育者・研究者必読！
中国語入門教授法
長谷川良一著／A5判／272頁／3786円（税別）
長年にわたる中国語入門教育実践の現場から報告する、教授法論・教材論。

身ぶり・手ぶり・命名・身体特徴から中国のシンボリズムに迫る！
中国人の非言語コミュニケーション
奥田寛著／A5判／256頁／2718円（税別）
中国の現代小説や連環画を題材に、そこにあらわれる身振りや手振りなどの身体表現、人物の名前や身体的特徴のもつ象徴性を読み解き非言語表現を分析。

現代中国語学研究の最前線論文集！
大河内康憲教授退官記念 中国語学論文集
大河内康憲教授退官記念論文集刊行会編／A5判／464頁／9400円（税別）
中国語学研究の第一線で活躍する日本と中国の研究者総勢26名が執筆した、中国語学論文集。現在の中国語学研究の最前線といえる。

漢字との闘い―非識字者一掃への軌跡！
中国の識字運動
大原信一著／A5判／296頁／6000円（税別）
1920年代以降の識字事業に取り組んだ先覚者たちの努力と苦闘の跡を振り返るとともに、現在も進行中の中国の識字運動の行方を探る。

中国語教育の先人7名の列伝！
漢語師家伝 中国語教育の先人たち
六角恒廣著／A5判／332頁／4200円（税別）
中国語事始の明治初年から第2次大戦敗戦までの間に活躍した多くの中国語教師―漢語師家の中から、7名を選び、それぞれの伝記を略述する。

東方書店ホームページ〈中国・本の情報館〉http://www.toho-shoten.co.jp/